图解 精益制造047

经营的原点

忘れ去られた経営の原点

[日] 后藤俊夫 著
陶小军 张永亮 译

人民东方出版传媒
People's Oriental Publishing & Media
東方出版社
The Oriental Press

图书在版编目（CIP）数据

精益制造. 047，经营的原点／（日）后藤俊夫 著；陶小军，张永亮 译. —北京：东方出版社，2017. 9
ISBN 978-7-5060-8504-5

Ⅰ. ①精… Ⅱ. ①后… ②陶… ③张… Ⅲ. ①制造工业—工业企业管理—经营管理
Ⅳ. ①F407. 406

中国版本图书馆 CIP 数据核字（2017）第 229975 号

精益制造 047：经营的原点
（JINGYI ZHIZAO 047：JINGYING DE YUANDIAN）

作　　者：［日］后藤俊夫
译　　者：陶小军　张永亮
责任编辑：崔雁行　高琛倩
出　　版：东方出版社
发　　行：人民东方出版传媒有限公司
地　　址：北京市东城区东四十条 113 号
邮　　编：100007
印　　刷：北京京都六环印刷厂
版　　次：2017 年 11 月第 1 版
印　　次：2017 年 11 月第 1 次印刷
开　　本：880 毫米×1230 毫米　1/32
印　　张：12
字　　数：235 千字
书　　号：ISBN 978-7-5060-8504-5
定　　价：58.00 元
发行电话：（010）85924663　85924644　85924641

目　录

第Ⅱ部

CCS 经营者讲座概要

第 Ⅲ 部

CCS 经营者讲座将带来什么

序

荷马·M. 萨若松（Homer M. Sarasohn）

获悉本书（日语版）在日本将要出版，我甚感欣慰。受邀为本书作序，我更是荣幸之至。

日本从太平洋战争的废墟中获得重建，一直以来被全世界视为奇迹。然而，参与重建的我们深知这并非从天而降的恩赐。日本之所以能够有如此卓越的成果，全得益于全体日本国民朝着既定的目标坚持不懈的努力工作，以及他们的献身精神。

所谓既定的目标，正是50年前日本宣告的经济复兴。为实现经济复兴，必须具备在同等条件下与其他国家竞争的制造型企业。当然，这需要有劳动技能的人才，能够正常运转的机器设备，还需要购买物资的资金。更重要的一点，为确立企业的主要目标，有效的管理（Management）是不可或缺的。管理的未来才是为达到既定目标应集中努力的方向。

现代经营的主要目的之一是实现生产率的最大化，也就是将用一切资源实现最大产出。这一点不仅适用于生产率，同样适用于与之相关联的所有要素（技术、客服、会计、销售等）。更进一步说，人类从事的所有活动都是期待“生产率最大化”的。

实现生产率的最大化需要有效的管理体系，被称为TQC，即全面质量管理体系（Total Quality Control），它能够对照预先设定好的期望标准值来测量实际成绩。只要在规定范围内完成任务，管理人员就能保证实现预期的生产率。但是，一旦超出此范围，管理人员就会被警告必须采取适当的行动以确保纳入事业目标范围。其结果，当然是会在经济上受益。日本的产业界颇为深刻地汲取了这一教训。

以上内容是1949~1950年在东京及大阪开办的“CCS经营者讲座”中介绍的原则。当时，这些原则在提高经营质量方面效果显著。在即将到来的21世纪，为提高整体的经营质量，这些原则也一定是不可或缺的。

1999年2月10日

于亚利桑那州（Arizona）菲尼克斯（Phoenix）郊区

斯科茨代尔（Scottsdale）

谢　辞

本书执笔过程中，我竭尽所能搜集了资料，进行了实地采访。承蒙诸位多方面的指教与帮助，在此记下诸位姓名，以表谢意。

毫不夸张地说，本书的出版是在诸位的共同努力下才得以实现的。

伊藤宰（日本规格协会　书籍编辑课课长代理）/入野弘道（NEC 社史编纂室编集管理员）/冈崎宏（通信机械工业会常务理事）/唐津一（东海大学教授）/加藤美代子/岸上英吉（东京瓦斯公司　前员工）/小岛庸亨（国立国会图书馆　宪政资料室图书管理员）/后藤幸子/后藤直（Northwestern University）/制野晓子（日本能率协会　资料室管理员）/角泽真理子（日本社会经济生产性本部　生产性研究所资料室）/高桥诚之助（松下社会科学振兴财团　松下资料馆经理）/盐田宏之（日经 BP 社　编委）/千叶幸子（日本科学技术联盟规划部图书馆负责人）/西川仪市（西川电波　原董事长）/长谷川信（青山学院大学　经济系教授）/福田博（日

本产业训练协会　企划调查部代部长）/藤井彰二（松下电器产业　宣传部领导）/堀尾和世（日本经营者团体联盟　信息资料课）/前田幸夫（三菱电机　前员工）/松下正治（松下电器产业　董事会会长）/水野武志（横河电机　C-宣传部部长）/家边壮之助（管理伸社　顾问）/山下铁五郎（通信机械工业会　调查企划部部长）/横河正三（横河电机　董事会名誉会长）/吉田进［爱华（Aiwa）　监查人］/NEC技术企划部技术信息中心的诸位/庆应义塾大学、东京大学、青山学院大学、图书馆相关员工等诸位

（省略敬称　按日语五十音图排序）

前　言

本书的创作开始于两年前我与前辈进行的关于“你知道CCS吗?”的对话。对于32年置身于电子工学产业的我而言，CCS与“在战后经济复兴期普及质量管理”是同义词。并且直至这段对话开始前，我都没有改变这个看法。

“前辈告诉我要了解CCS经营者讲座中的信息在今天的意义，并向社会传播这些信息”，我由此展开了对CCS经营者讲座的史实考察。

从太平洋战争战败至1952年缔结《旧金山和平条约》(*Treaty of Peace with Japan*)的7年间，日本一直被同盟国占领。日本的最高权力机构是以道格拉斯·麦克阿瑟(Douglas MacArthur)元帅为最高首领的盟军最高司令部(以下简称GHQ)，日本实际上就是由美国占领并统治。GHQ有一个部门叫民用通信局(Civil Communications Section，以下简称CCS)，其存在本身就给美国占领统治日本期间的电气通信功能，赋予了特殊的战略性意义。

也就是说，为彻底实现日本的民主化和非军事化，必须通过收音机和电话将民主主义的信息传遍日本。但是，相关产业要从战败的废墟中实现复兴并不尽如人意，因此，CCS 极为重视通信机制造业，并且认为为迅速实现复兴就必须从根本上改变相关制造厂经营者的思想。

具体计划就是为相关的 19 家公司的最高经营干部开展最高管理层研讨会（Top Management Seminar），这就是“CCS 经营者讲座”。第一次讲座始于 1949 年盛夏，在东京和大阪分别开设每周 4 天、每天 4 小时的讲座，共为期 8 周。该讲座不仅内容新颖，而且成为了现代管理教育的滥觞，具有极其重要的历史意义。以质量管理为代表，CCS 帮助日本迅速实现了战后产业复兴并提高了国际竞争力，然而很少有人知道 CCS 是这一切的原点。

从 CCS 经营者讲座诞生以来，已经过了半个世纪。活着的相关人员已为数不多。特别是听讲座的人在当时只限于最高经营者，即使还活着也年事已高。我一方面寻找现在仍活着的听讲人，另一方面继续搜集当时的报纸和杂志等资料。通过这一系列的工作，CCS 经营者讲座在当今的意义便突显在我们面前。

其详细内容我将从序章开始论述。令我吃惊的是，目前成为日本焦点问题的公司治理（Corporate Governance）这一课题在 50 年前就已经被探讨过。与此同时，日本不仅在极短的时间内掌握了由美国传授的质量管理的方法，而且还超越了美国。虽然在产品质量上实现了奇迹般的进步，但我们是否把本应掌握的“经营的质量”抛在脑后了呢？

50年前学习的内容是什么？本应学会却并未掌握的内容又是什么？这正是本书的课题。我们将把目光聚焦在50年前及今天，同时展望21世纪。我想通过透视法尽可能阐明企业的本质。如果这些微不足道的想法能让诸位读者稍有触动，我便甚感喜悦。

著作一般都倾注着作者的热情，本书亦不例外。不仅是我本人，本书还凝结了许多人的热情。

卷首问题的发问人是日本经济新闻社的盐田宏之记者（当时是记者，现为日经BP社编委），他的前辈是日本经济新闻社华盛顿分社的董事长小孙茂（现在）。正是由于深受这两位的热情感染，笔者在无意之中对CCS产生了兴趣和热情。

承蒙当时的相关人员抽出宝贵时间，我才得以尽可能多地进行了采访，不仅确保了本书内容的正确性，还做到了有深度的描写。特别对CCS经营者讲座的创办人萨若松先生为本书作的序，我表示深深的谢意。另外，通过采访日本国内的相关人员，我不仅了解了CCS经营者讲座在半个世纪前所担负的历史意义，而且确认了它在今天的意义。如果诸位读者从本书中获益，那是接受采访的诸位的功劳，当然文章的责任由笔者承担。

1999年3月

后藤俊夫

序 章
被忘却的经营质量

1 隐藏在企业丑闻根底的东西

(1) 社会经济体系的制度疲劳

日本的社会经济体系支撑着战后的高速经济增长，十几年前起该体系被指出存在制度疲劳问题。整个日本的政治、行政及教育等多个领域都为此颇为苦恼。而这不是个别现象，体系本身确实存在疲敝。

并且，连历来堪称日本强项的企业体系中，也出现了许多问题。其中不单单是经营业绩不良这一项。所谓的企业丑闻也成为每天必不可少的话题。丑闻的本质是什么？它的原点在哪里？如何能够预防它再次发生？

把泡沫经济当作丑闻原因的见解太过肤浅。因为很早以前就已经存在企业丑闻。或许泡沫经济作为滋生问题的温床会发挥些许作用吧，但现状是，曾经的丑闻发展壮大，并不断地暴露在光天化日之下。

另外，认为丑闻就是企业的附属品这一观点也是武断的。

因为也存在专心致力于企业伦理并长期受社会尊重的企业。因此，我们弄清企业丑闻的根本原因并防止它再次发生，不但是可能的，而且是目前的当务之急。

无须回首过往，我们也知道企业丑闻有漫长的历史。在战前的日本，也存在政治丑闻。另外，从某种意义上来说，美国的现代史也可以说是企业丑闻的历史。用企业伦理一词概括之，使其成为热门话题，但很显然其争论点随着时代变迁在发生变化。为方便参考，笔者将美国的变化历程列举如下：

20 世纪 50 年代：价格操纵。劳动非人性。

20 世纪 60 年代：产军复合体和多国籍企业的政治介入。

20 世纪 70 年代：政治损献活动。不正当销售。

20 世纪 80 年代：消费者问题。内部交易。

这里有一个变化：即使是相同的企业丑闻，20 世纪 50 年代以后主要问责企业和机构，而在 20 世纪 80 年代以后则扩展到问责企业成员等个人层面。个人层面上的特点是私欲缠身、不诚实、内部交易。

尽管企业用企业理念或基本方针等不同的形式标榜理想，但脱离现实的理念只能降低社会对企业的信赖，这反而是有害的。或许 20 世纪 90 年代美国最大的课题不是终止，而是如何认真贯彻这些理念。换言之，这些理念是企业与顾客、员工、普通市民明文签订的合同。因为合同会事先规定责任和权限，所以也伴随着履行的义务。

想想日本发生的一系列企业丑闻，步美国后尘是让人印象最深刻的。并且近年来在由企业层面向个人层面的转变上，日本也在明显地加紧追赶美国。这并不是讽刺，从社会的发展阶段来看，反而是一种必然现象。

即便日本与美国都有各自固有的环境要素，但企业伦理问题基本上都是由企业的发展和社会的成熟化程度来决定的。例如，如果日本企业没有发展到全球化的程度，就不会产生与进、出口国的社会之间的关联问题。另一方面，虽然历来存在消费者问题，但只有在社会关注度极高的时候才有可能被当作消费者问题对待。

今天的日本所要面对的企业伦理问题已经接近美国的水平。并且，个人的道德能力成为了焦点，呈现出一副新面貌。这是一种新范式的开始。如此一来，企业必须放弃以小聪明应对难关的策略。新范式并不承认过去的成功经验。不否定过去的想法，就难以开始挑战新局面。

（2）Integrity

这是“诚实”一词对应的英语单词，并不是许多日本人想象的“Sincere”或“Honest”等。单用“正直”解释其含义尚欠充分。语源意义为“整合性”的“Integrity”在内容上反而更为贴切。例如德州仪器公司（Texas Instruments）在公司宗旨中就使用了这个单词。Integrity 意味着综合人格的整合性。它在根本上指言行一致，必须被整合，而不是各种情况下的言行不统一，这一点非常重要。基于此，Integrity 又被称作“真正的诚实”。

Integrity 对于活跃在 21 世纪的企业来说，是一个重要的关键词。它实际上是一个颇为严肃的关键词。首先，它必须整合以下两个方面：一是企业为获得利益而持续开展事业，二是企业忠实于企业伦理并担负社会性责任。而且，与企业有关的利益相关方（Stakeholder）多种多样，企业随时都有可能听到完全相反的要求。

在这样的环境下，企业需考虑到各种关联人的满意度，并且在所有情况下都保持言行一致。究竟应该如何实现呢？是否有可能得到解决呢？

具体的解决方案将在第Ⅲ部阐明，在那之前需要阐明的问题点和着眼点还有很多。

本书聚焦半个世纪以前的史实，问题则指向今天。这正是站在现在、过去、将来这一时间立场上来解决这个问题的一种尝试。

2 产品质量与经营质量

（1）产品质量

在此我想首先表明一点，日本战后长达半个世纪的时间，是一段不断赶超美国的历史。再往前追溯，可以说明治维新以来，日本现代化的历史是追赶欧美发达国家的历史。

日本从战败的废墟中复兴产业，遭遇了重重困难。国力极度疲敝，财阀解体和劳资纠纷等产业结构本身的变革，再加上均衡财政策略的迅速实施，使许多企业面临存亡危机，但1950年朝鲜战争带来的军需极大推动了日本产业的复兴。

经历了之后的经济高速增长时期，20 世纪 80 年代日本的产业竞争力迅速提升。在不少领域超越了美国，并且达到了世界公认的一流水平。在这一系列过程中，日本工业产品的高质量为提高产品国际竞争力做出了巨大的贡献。

其成功的主要原因，是彻底的质量管理。从经营最高层至普通员工，因所有成员共同参与的质量管理运动，诞生了“QC 圈”这样一个日本式的形态。该运动超越了企业的框架，甚至扩大到了采购方和承包方等公司外部。另外，“戴明奖”（Deming Prize）因体现了质量管理的最高水平而备受尊敬。

另一方面，美国在进入 20 世纪 80 年代以后，国际竞争力明显削弱。与此同时，突然出现了“日本第一（Japan as number one）”的好评，于是美国举国上下都在认真学习日本成功的秘诀，全美主要的经营学者每到周末都会聚在一处反复探讨、研究策略。于是，由担任惠普（Hewlett Packard）董事长的年轻委员长策划制定的《年轻人报告书》（1985 年），以及由麻省理工学院（Massachusetts Institute of Technology，以下简称为 MIT）主办的 *Made in America*（1989 年）也都公开发表了。

这两部著作都把日本产品的高质量和质量管理作为大课题进行了探讨。当时美国产品的质量问题甚至令美国人自己都很苦恼。日本产的汽车极具人气，日本产的半导体质量也比美国同类产品更高一筹。

他们认为质量问题的根本原因，在于员工在工作岗位上的士气（Morale），甚至还可追究到人才资源和团队概念上去。

另外，他们还向日本学习且重新发现了中长期经营方式的重要性，并且大胆采用了这些方式。他们放下虚荣心和面子，专心致力于搞活产业经济。经过这一系列的努力，美国的产业竞争力在 20 世纪 90 年代又再次增强了。

（2）经营质量

回首过去，日本今天仍面临着严峻的课题。课题之一是恢复企业业绩，要复苏国际竞争力，这是关键；课题之二是必须提高经营质量。

在战后发展经济实力的半个世纪过程中，很难说我们认真处理了经营质量这个问题。我们并非有意无视它，也针对每个问题做了相应的处理，只不过大多数情况下都是对症治疗，而没有排列它的先后顺序。企业呈现今天的面貌，都是优先发展经济、将业绩置于首位的结果。

产生丑闻的企业及缺乏外部监管体系的企业之所以能够持续至今，默许它们的社会价值观本身是难辞其咎的，而并非只是企业本身存在问题。

结果，直到现在问题都未得到严肃对待，而是被弃置一旁。具有讽刺意味的是，日本战后 50 年获得的奇迹般的成功，如今反而可以说是一种灾难。因为大家满足于经济的高速增长和国际地位的提高，从而失去了认真面对最根本问题的机会。

日本战后真正开始提高“产品”这一硬性质量是在 1949 年 CCS 经营者讲座之后。本书将再次明晰这一历史事实。

1950 年戴明（Deming）博士和四年之后朱兰（Juran）博士的讲义都再次强调了萨若松的统计质量管理。经过适时的反复讲述，统计质量管理开始在日本落地生根，并最终发展成为日本式的质量管理运动。

我在这里完全无意小视两位博士的作用，而是在高度评价他们的历史性作用。同时，对那些参与和推进此项运动的相关人员抱有诚挚的敬意。但是，我们也不能忘记 CCS 经营者讲座是该项运动的原点的这一史实。

那么，提高“经营”这一软性质量的活动又始于何时呢？同样也是 1949 年的 CCS 经营者讲座。该讲座明确了企业对于社会的存在意义，并提出了董事会在确保股东利益中的责任和义务等问题，还举行了包括听讲人在内的讨论。在听讲人中，还出现了迅速改革经营、大量采纳公司外部董事的事例。

但是，这些学习效果仿佛随着时间的流逝逐渐被遗忘了。但在 1950 年至经济高速增长时期的战后大部分时间里，这些意识即便淡薄也并无大碍，企业仍处于稳步经营的状态。

即便讨论过去企业环境的是是非非，也无法期待更多的成效，问题在于对今后的思考。很显然，事业周围的环境因素明显不同了，也就是企业间比赛的场地不同了。本书用“范式转移”（Paradigm Shift）来表达这个意思。

“范式”变化后，无论怎样评论都不能应对这个变化。我们需要预先捕捉变化，并且有意识地自己来转移范式。虽然不容易，但也不是不可能。在回首从过去走来的路程、朝着未来前进的过程中，就会自然而然地找到前进的方向。对历史的考察，就是这些工作中的一部分。

3 CCS 经营者讲座

（1）被埋没的前辈

战后日本经济迅速赶上世界水平的主要原因是被国际认可的产品质量。创造该契机的最大贡献者一直被公认为是戴明博士。后来旨在表彰质量管理业绩优异的企业和个人而授予的“戴明奖”就是借用了他的名字，由此看来，戴明博士的贡献的确很大。

1950 年，戴明博士关于统计质量管理的演讲引起了很多人的共鸣，特别是启蒙效果显著，而这个启蒙原本是经营干部承担的重要职责。众所周知，戴明博士在那之后频繁访日，积极支援统计质量管理的推进工作。然而，他的活动在美国却鲜为人知。

1980 年在美国播放了《日本可以，美国为何不行》的电视节目，引发了全美的巨大反响。在美国看来，日本是他们最大的竞争对手，日本质量管理的发展与戴明博士、萨若松博士等前辈密切相关，他们的功绩也是在这个时候首次被介绍给美国人民的。

该节目成为企图恢复国际竞争力的全美运动的导火索。对美国而言，该节目对重新发现质量管理的重要性及戴明博士的贡献起到了重要作用，它使质量问题成为全美关注的对象。戴明事务所的咨询电话从次日早晨起就接连不断地响起。

（2）CCS 经营者讲座

下面将视角转向萨若松。在戴明、朱兰和萨若松三个人当中，萨若松是让战后日本经营者将注意力转向产品质量的首位贡献者。关于这些前辈们的贡献，除戴明博士，在日本也只有少数人知道。

特别是萨若松，他是首位向经营最高层指出统计质量管理重要性的人，也是本书的主角之一，但却很少有人听说过他。另外，关于他活动的舞台 CCS 或 CCS 经营者讲座更是鲜为人知。

CCS 经营者讲座是 CCS 以通信机制造商的经营干部为对象开设的教育课程，它始于 1949 年，与日本最初的现代化管理相关。CCS 经营者讲座本身不仅普及至许多企业，在掀起战后一段时期最高管理层教育热方面也具有划时代的意义。CCS 在很长一段时期被当作最高管理层的代名词而备受瞩目，那是因为 CCS 经营者讲座本身满载着许多新颖的概念。质量管理也是在战后由 CCS 经营者讲座首次介绍到日本的。统计质量管理，对于当时的日本企业来说，还是一个全新的概念。质量管理是 CCS 经营者讲座的重要构成要素，占据讲座整体时间的近两成。

其中隐藏着令人更为吃惊的史实，那就是在这个 CCS 经营者讲座中已经明确提出了“公司治理”这一概念。

4　讲座始于“企业的生存理由是什么”

1949 年 9 月 26 日下午 1 时，CCS 经营者讲座开始了。在东京都涩谷区，距离现在的 JR（日本铁路公司）惠比寿站不远的日本电气通信工业同盟会的会议室里，会集了 19 家公司的经营最高层。

讲座开头突然提出“企业的生存理由是什么”这一问题。由于美国先进的科学技术实力和绝对的工业实力导致日本战败，想必听讲人预期的答案是各种合理而科学的方法吧。但与他们的预期不同，讲座是从企业哲学讲起的。

另外，实现利益是企业的目的这一回答也并不充分。讲座中还强调了以下两个要点：第一，必须思考并明确经营者原本追求的目标。第二，企业有必要考虑对公共的责任，对顾客的服务及对社会生活的影响等诸多方面。这些方面的重要性并不亚于对利益的追求。

在此指出的公共、顾客及社会生活等已经成为构成今日利益相关方的重要因素。在当时，还不存在“利益相关方”这一术语，但已经开始提倡把利益相关方满意度作为企业目标了。

企业目标要用简练的表达方式在公司内外宣传。共享同一个企业目标，能够促使公司内部工作有效而顺利地运转，还能提高顾客对公司的信赖度。讲座中提到的这个方面引起了相关听讲人的兴趣，有不少人马上将其引入公司。这些观点和内容，直至 50 年后的今天仍不过时。

讲座接下来讲“方针”，然后是“组织”。因为首先要确立方针，而后必须确定能使方针得到最有效实施的组织形式。“组织”部分的第一个课题是最高管理层的作用。所谓最高管理层，无非是指 CCS 经营者讲座的听讲人。CCS 认定经营负责人才是企业经营的最大问题点，这一点很重要。

这一部分还指出，在最高管理层担负的职责中，长期计划极为重要。另外，对根据资历和情面任用干部的例行做法提出了严厉的批评。“这样的心情可以理解，但现如今面临企业的存亡危机，该如何选择？”

“组织”部分的课题不只这些。其中的最大问题是关于对身为董事的股东的职责问题。专职董事在承担企业运营职责的同时，还必须承担受股东委托的“受托”责任。

也就是说，经营者为确保股东利益不受损害需谨言慎行，董事对此负有监察责任。讲座中还提到了公司外部董事的作用及经营阵营的更替等内容。讲座上，演讲人与听讲人之间还有如下交流：

问：在美国，是否有让不是股东但具有其他才能的人担任重要职位的先例？

答：不计其数。

问：股东任命某人在重要职位，但此人无所事事，导致公司无法正常运转。这种情况下该怎么办呢？

答：这种情况下股东不会坐视不管。解散原董事会，待新董事会成立之后再调整经营结构，辞去董事长，重换新人。如果日本的股东也能意识到这一点，不久的将来，诸位的公司也会发生这一幕吧。

讲座中还指出，鉴于当时日本的实际情况，有必要设置公司外部董事。因为如果董事会听任董事长及其他当权者的摆布，就必须设立公司外部董事。另外，还反复谈到了更换不合适的董事长及股东大会等问题。

讲座中也指出了检查企业经营的机构，想必这也是新鲜的想法吧。因为那时毕竟是 1949 年，距离现在已有半个世纪了。

5 50 年后的今天，企业的存在意义何在

企业的社会地位和公司治理等问题是目前被关注的焦点，实际上 50 年前日本就在探讨了。尽管如此，这些“向美国学习的质量管理、被遗忘的‘经营质量’”问题有半个世纪的时间都被束之高阁了。

作为社会性的企业的存在方式正是我们今天的课题，也是 21 世纪企业最大的课题。我们面对着许多相关问题点，同时也了解它本身的根深蒂固。但是，解决方法并不容易。即使有解决的初步方案，目前也很难迈出一大步。

面对新的“范式”，也并不是不知道它即将来临。但无法迈出变革的大步伐是今天日本存在的实际状况。甘愿接受现状或许会感觉良好，但无疑是一种“温水煮青蛙”的现象。失去了奋力跳出的机会，温水变成开水，最终会被开水烫死。或者也可以比作在即将沉没的泰坦尼克号上开办舞会。

半个世纪前的 CCS 经营者讲座上，演讲人向听讲人抛出过以下问题。这也是我们今天应当自问自答的问题吧。

问：是按照风习经营公司，还是科学地建设公司？选择哪一个由各位来决定。各位在事业生死存亡之际，会选择哪条

路呢？

关于东南亚诸国的前现代性，我们很容易把它当作与己无关的事指责批判。但亚洲的货币危机被国际舆论指责为“裙带关系”（Nepotism）等性质，绝非他人之事。不仅日本目前尚未克服，它作为企业和社会的根本原理依然健在。

CCS 经营者讲座也指出，通过庇护上司以谋求自己晋升等旧习是该问题的典型特征。另外，企业内部规则优先于社会的一般规则等陋习也应被视为同类。要达到信息公开的水平仍然任重道远，关于企业活动的透明性仍然存在很大问题。

关于以上诸问题，回首过去的 50 年，不得不说我们的进步微乎其微。在本书中，随着对 CCS 经营者讲座内容的了解，或许你会发现讲座中的许多内容正是我们今天所要面临的课题。

6　本书的结构

本书把我们现在面临的课题当作核心问题，一边回顾半个世纪以前的史实，一边思考企业应以怎样的姿态迎接 21 世纪。也就是说，立足于现在这个时间基点，以透视法把握过去、现在和将来这一整体，借此阐明 CCS 经营者讲座的意义。

第 I 部为“CCS 经营者讲座是如何产生的”。首先，第 1 章阐明 CCS 经营者讲座诞生前的时代背景及该讲座的目的。随着时代的变迁，GHQ 的占领方针发生了极大的变化。整个 GHQ 最初的基本方针是实现日本的彻底民主化和非军事化，然而在1947年时却转向了产业复兴。CCS起初是以通信机产业的复兴为基本方针的，所以CCS经营者讲座当然是以产业的复兴为目的，这就与以往的GHQ的基本方针产生了矛盾。不仅是GHQ的其他部门表示反对，在CCS的内部也出现了不少反对意见。第2章勾勒CCS经营者讲座的整体面貌。首先概述整体结构、教材及运营方法等，然后叙述它的历史使命、成果和界限。

第Ⅱ部为"CCS经营者讲座概要"。首先依次介绍长达8周共128个小时的讲座内容。不单纯介绍内容，重点放在与当时的时代背景之间的关联。也就是说本书也着眼于CCS经营者讲座在时代的前沿是如何创造出引领现代管理的巨大潮流的。

讲座的结构顺序依次为方针、组织、统管、运营，这是事业运营的基本，同时也是最高管理层构思经营方案时不可或缺的基本要素。

"第1章　方针"提出企业的存在目的及作为社会性存在的企业的任务两个基本命题。强调要在兼顾员工、顾客和股东利益的基础上，在公司内外宣传企业目的。

"第2章　组织"将阐明在企业的整体结构中最高管理层的作用，同时关注受托层在维护股东利益方面所发挥的作用。还将使用一定篇幅探讨董事的责任和公司外部董事的意义。

"第3章　统管"在讲座中所占比重最大。不仅篇幅巨大，内容也很重要，所以本书将分成以下三章对其进行论述。

首先，在第 3 章提出组织统管和人事关系（Human Relations）。人事关系，即使是在当时的美国也是最新的课题。

第 4 章论述质量管理。在整个讲座占篇幅最多的“第 3 章统管”中，质量管理又是最耗费时间和笔墨的。由此，统计质量管理首次被介绍至日本，世界性的高质量也由此诞生了。

第 5 章论述成本管理。虽说改善质量和降低成本是当时日本十分紧迫的课题，但成本管理既无法单独存在又无法改善。讲座中指出了向标准成本制度的转移，同时要求以作业标准作为前提条件。CCS 经营者讲座中提出的成本管理体系和内部统管是推动日本当时发展的重要原动力，关于这一点在此章中亦有概述。

第 6 章论述运营，紧接着第 7 章提出“科学处理法”。讲座中强调了谨遵 Plan—Do—See 循环，即根据事实有逻辑地计划、实行、管理这一基本流程的重要性。本书简要概括了这些科学方法在日本的发展历程，特别关注了在战前至战时的逆境下，站在推动力量先头部队的前辈们（本书称作“K 先生”）的群体形象。

第Ⅱ部我们将视线集中于 CCS 经营者讲座的内容在半个世纪以前的意义和作用，介绍其中的重要课题。

第Ⅲ部的题目是“CCS 经营者讲座将带来什么”，将畅想 21 世纪企业的未来，并提出几个问题。其中的关键词是价值创造和关联性。价值创造与第 1 章提出的“企业的存在理由”这一问题从根本上说是相同的。另一方面，所谓关联性，就是人事关系、公共关系、劳资关系等与 CCS 经营者讲座中提出的和企业相关的诸种要素之间的关联性。可以说与今天所说的“利益相关方”是相通的。

在今天，与企业相关的利益相关方种类增加，要同时满足所有相关方的利益并非易事。21 世纪，等待企业的是如何解决这些高级联立方程式。企业伦理问题的重要性也在增强。在第Ⅲ部中，为解决这两个方面的问题，我们选择了价值创造和关联性两个关键词作为具体着眼点。

CCS 经营者讲座是半个世纪以前的史实，它在那个时代充分发挥了历史作用。但是，不能仅停留于此，考虑到今天企业所面临的课题，该讲座给了我们许多启示。这确实有赖于 CCS 经营者讲座的先进性。我们发现，每当重新阅读讲座教材，都能发现新的观点，这也是对我们今天面临的问题进行二次曝光了。

历史不为过去存在，而是为明天存在。本书提出的 CCS 经营者讲座的意义也在于此。面向 21 世纪，企业将如何发展？在照亮企业前进的道路上，CCS 经营者讲座会起很大作用。

第Ⅰ部

CCS 经营者讲座是如何产生的

第 1 章

CCS 经营者讲座的目的和背景

1 GHQ 与电气通信产业

（1）GHQ、CCS

战后统治日本的美国占领军，由麦克阿瑟元帅出任驻日盟军总司令，其占领政策为电气通信产业的复兴，关于这一事实除相关人员以外鲜为人知。

太平洋战争以日本的全面投降告终，如今已经过去半个多世纪，即使对于开战一年后出生的笔者来说，战败的记忆都已模糊。首先来概观一下本书主题 CCS 经营者讲座的背景——GHQ 和 CCS，因为这对我们而言才是意义重大的。

所谓 GHQ，是 General Headquarters of thc Supreme Commander for the Allied Power 的简称。它设立于 1945 年 10 月 2 日，也就是麦克阿瑟到达神奈川县厚木机场的一个月以后。只要看一下它的组织结构，就会发现他为电气通信设置了专门的部门，足见盟军对电气通信产业的重视。也就是说，为指导产业经济界，尽管已经设置了经济科学局（Economy and Science

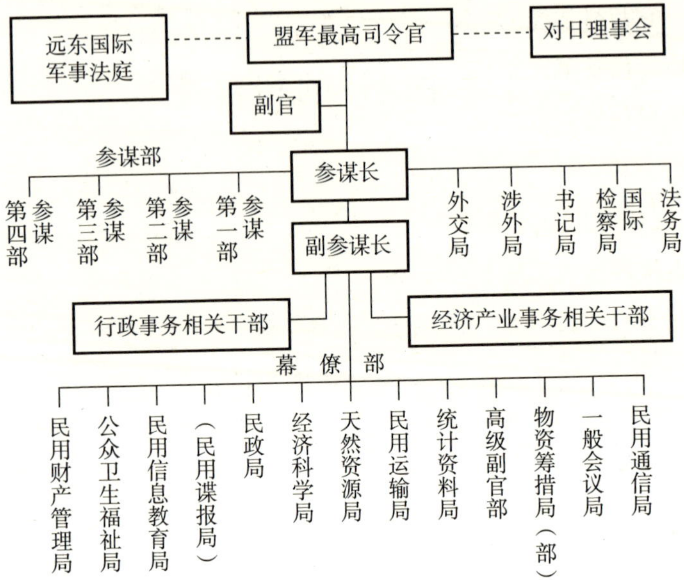

图表 1 GHQ 结构图（时间节点为 1945 年 10 月）

Section，以下简称 ESS）以实现各工业的集成管理，但偏偏在 GHQ 的 11 个部门中专设了负责电气通信产业的部门。这就是本书的主角——CCS，即民用通信局。它的负责范围包括通信控制、通信机器制造及全面研究开发，其中不仅是通信机，还包括收音机、电子管等。另外，报道内容则由其他部门即民用信息教育局（以下简称 CIE）来管辖。

CCS 的任务，规定如下：

①对日本和朝鲜现存的通信网、通信产业（包括运营、制造）及相关研究、教育设施等进行调查并做报告。

②对与前项相关的政策和手段提建议。

它与科学经济局的关系，有如下备注：推进制造完善通信网所需设备事宜需与科学经济局共同完成。由此，本书的主要阵地通信机制造业，从一开始就是由两个部门共同管理的，可以设想其中存在双方意见相反的可能性。

CCS 初期的机构主要由无线科、分析科、通信产业科和电信电报科构成，1946 年年初，组织开始扩大，并一直持续至 1948 年年末。1946 年无线科分化为国内无线科、国际无线科和广播科，后又追加了邮政科。1947 年通信产业科分离为通信产业科和研究开发科。1948 年年初，日本的递信省①被分离为邮政省和电气通信省，为与之相对应，电气通信部门的代理副次长将以前的邮政科分为国际邮政科、国内邮政科及金融储蓄人寿保险科三个部门。

1948 年年末，随着 CCS 负责的复兴、再复兴、再组织等主要计划基本完成，CCS 组织转向了缩小机构和撤销管理的阶段。1950 年及 1951 年上半年，管理权逐渐向日方转移，CCS 的人员减少。CCS 于 1951 年 10 月 3 日被废，从 1945 年 10 月 2 日算起正好持续了 6 年。

CCS 的第一代局长是 S・B. 艾金（S. B. Akin）少将，第二代是 G・I. 巴克（G. I. Buck）准将。在 GHQ 的历任局长中，20 名军人中有中校 2 名、上校 5 名、准将 9 名、少将 4 名，因此，就地位而言，比其他部门的平均水平略高。艾金少

① 递信省：日本旧制中央行政机关，主管邮政、电信、灯塔等事务，设置于 1885 年，1943 年与运输通信省合并，二战时又再次使用这一名称，1948 年分离成邮政省和电气通信省。

将是麦克阿瑟自进驻墨尔本以来的心腹部下，他活跃在幕僚部。第一代成员中，除次长P·F. 汉纳（P. F. Hanna）上校以外，无线科科长W·C. 鲍杰斯（W. C. Borgese）少校、通信产业科科长J·E. 贡赛斯（J. E. Gonseth）中校、电信/电报科科长W·L. 奥德（W. L. Oder）中校的名字都记录在册。

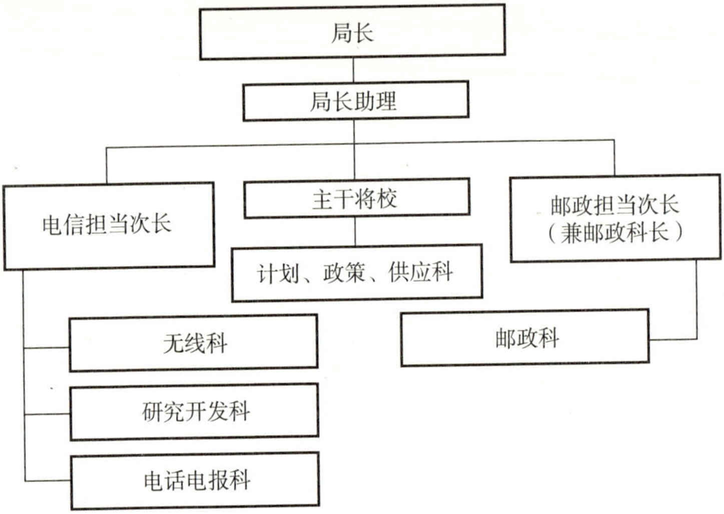

图表2　CCS的组织结构图（1950年）

另外，关于GHQ的局长下属水平，未见详细的数据。但是，根据我们尽可能了解到的科长数据，有半数以上为研究生毕业，剩下的大部分是大学毕业，都是高学历的专家。

关于GHQ，在日本也听到过“翻不了身的二三流人才有很多”这样的批评。或许员工中确实有许多问题人物存在，也存在权威主义者，但在占领体制这样的特殊情况下，总的来说还是会集了优秀的人才。

（2）电气通信产业的战略意义

那么，为何 GHQ 如此重视电气通信产业并为其设立专属部门呢？这是因为麦克阿瑟为实现日本战后的民主化，极为重视将美国精神渗透至日本的每个角落。在极短的时间内彻底渗透美国精神是十分重要的，高度重视先后顺序的占领措施也是可以理解的。

CIE 早在 1945 年 11 月就命令收音机要全天播放。对于粮食匮乏的国民来说，收音机是他们唯一的安慰，这就达到了稳定民生的目的。但是，家里收音机不能正常工作、接收管断开等情况很多。所以，收音机和接收管在黑市上卖得很快，而电子管制造厂商则在战败后无法翻身，员工即使上班，机器也无法正常运转，没有物资，无法工作。

GHQ 为复兴产业实施了五大改革，在民生方面的指示中提出了除粮食和煤炭以外还要计划生产收音机。1945 年 11 月 13 日对日本政府下达的指令（SCAPIN277）如下：要在 1945 年 12 月 1 日之前提交 1946 年度各种样式的家用收音机、修理零件、电子管的制造与流通等相关计划。其宗旨是让收音机普及到每两家共用一台的程度。

虽然 CCS 所受的综合评价很高，但在初期受指责之处亦不少。从其占领政策的性质本身而言这是理所当然的。战争结束后不久，CCS 仍把确保军用通信设施作为第一要义，将重要的通信线路都专门提供给军方，而一般公共通信只能使用剩余的少部分。为预防军需产业的复活，除全面禁止与兵器相关的雷达、极超短波无线机、对讲机等的制造和销售外，还采取了限制研究自由的政策。有望重新恢复电视机生产的研究也直至1946年6月才被允许。

但是，这些占领政策也逐步被修正。朝鲜战争的爆发对日本政治、经济方向的改变起了决定性的作用。也就是由从前的非军事化、民主化，转向经济实力的强化和远东的工厂化。但通信事业的扩充从根本上来说是占领政策最初的重要目标。

2 战败后的日本经济复兴与课题

(1) 战败时的经济水平

1945年8月15日，第二次世界大战以日本战败告终时，日本的产业经济处于一片废墟中。所有产业都深受其害，电气通信产业也不例外。日本在战前就已经在现代化上与美国有很大差距，战争又夺走了更多的东西。220万户房屋被毁、粮食极度匮乏，实际的国民生产总值（GNP）仅为战前的62%，矿工业生产为战前的31%，面临严峻的危机（两者都是与1934~1936年的平均值进行比较）。

1939年日本国内电话使用量为137万台，平均每百人仅1.9台。而美国在1945年已达到每百人21.3台。因为战争，电话损失了56万台，无线电接收机损失了300万台，剩余的400万台也是10年前统计的数据了，电子管的情况也相同。战败时，工厂的开工率下降至总生产能力的10%。

图表 3　第二次世界大战受灾情况

类别	长途电话用户	短途电话线路	长途电话局	电报线路
受灾率	48%	44%	30%	90%

（2）复兴

行业复苏的契机始于收音机的恢复生产。1945 年 10 月，GHQ 在增加粮食和煤炭生产的同时，下令生产 400 万台无线电接收机。商工省①接到命令后，制定了生产无线电接收机 314 万台、接收管 2060 万支的计划。但许多生产设备都被烧毁，再加上工人营养失调，仅收音机的生产这一项，从 8 月 15 日至 12 月末，只生产了 1.3 万台。

要修复在战争中受灾的工厂和执行生产计划，补助物资是先决条件，作为自主统管机构的相关制造厂商在 1946 年匆匆创办了日本通信机械工业会。其中的电子管部主要负责物资的统一采购和配给。同时，受物价厅的委托，还要进行电子管价格的级别认定工作。最终，1946 年共生产收音机 67 万台，接收管 260 万支，1947 年生产了 781 万支，回到了战前的水平。

1946 年，电子管的供应不足尤其显著，尽管制造了接收机，由于没有电子管，仓库中没有灯泡的接收机堆积如山。

由于工资迟迟不发，电子管制造厂中技术过硬的工人将目光转向接收管的黑市，开始独自制造接收管。这样一来，中小

---

① 商工省：日本旧制中央行政机关之一，主管工商矿业，设置于 1925 年，1943 年融入军需省和农商省，二战后重设原名，1949 年改名为通商产业省。

型制造厂越来越多。从无线通信工业会的会员企业数目来看，1948 年成立时共有 66 家公司，同年末，仅与电子管相关的公司就已经多达 60 家。如果加上非会员，生产电子管的公司估计有 100 家左右。

1946 年年初，通信产业的先驱力量——通信管的生产开始了，但由于设备、技术、物资等的荒废，质量下降，于是开始全力以赴改善质量。不久质量迅速得以改善，1948 年，通信管的平均使用期限高达 1 万小时以上，恢复到了战前水平。而在 1952 年的通信管（CZ-501-D）实际使用期限的测试中，竟达到了 13 万小时的惊人数值。这些产品是由日本电气公司（以下简称 NEC）制造，数值是在鸿巢中转站测量的。

1948 年，日本公布了经济五年计划，其中提出了振兴出口政策。随着接收管的生产量超出战前水平，开始慢慢向韩国等地出口。一旦出口，使用年限便成了问题。CCS 要求做使用期限测试，由于当时的相关制造厂不能新设测试设备，所以委托通信省电力测试所（现 NTT 研究开发本部）来做。各制造厂每个品种平均提供 100 个样品来做测试，研究所一时忙得天翻地覆，该测试共持续了两年，成果十分显著。

为响应 GHQ 重视民用通信的政策，日本政府在经济稳定局[①]设立了通信局，在商工省设立了电气通信机械局，还将电气通信关系从通信省独立出来，并设定了临时性质的电气通信省，为专门复兴并扩充公共通信。其后，CCS 为谋求电信电话

---

① 经济稳定局：指日本在二战后为稳定经济、调整相关行政机关的事务而设立的临时行政机关。

事业的合理化，同政府方面反复交涉，最终电气通信省被改组为日本电信电话公社这样一个公共企业团体。

与通信相关的制造业在 1947 年 11 月以前一直是由战后的统管机关——日本通信机械工业会管辖的，同月，GHQ 根据《反垄断法》命令所有的统管机关关闭，取而代之的是呼吁有线、无线和电线业界于 1948 年 4 月设立有线通信机械工业会、无线通信机械工业会、通信电线会三个工业会，还迅速设立了日本电气通信工业联合会（现在的通信机械工业会的前身，以下简称日通联）。

日通联成立之际，CCS 下达了命令，这从当时的时势来看是理所当然的，有相关人证实道：公文中明确表示要求会长应由大臣级别的人物来担任。可以说，这是重视该行业的证据之一。听说当时有一段轶话，几家公司因缴纳不出工业会的 2 万日元的年会费而想以实物缴纳。这让人回想起那个饔飧不继的时代环境。

如此一来，以收音机和电话机为主的通信设备的复兴开了个好头，相关机器类的生产在不断增产。1948 年年中的生产量与战前（1936 年）相比分别是：电子管为 2.7 倍，收音机为 2.1 倍，电话机为 2.2 倍，已经超出了战前水平的两倍。在其他领域，虽然消费品及用于生产消费品的机械类状况良好，但产业机械和机床还远未达到战前水平。恢复死亡的神经体系是重建经济的前提，“通信复兴”也是政府当时的口号。

1949 年 5 月，通信省、商工省、NHK、日通联得到了 CCS 的全面协助和支援，举办了第一届电气通信周。其中，作为宣传纪念活动的一环，自5月11日至19日的9天时间，在东京日本桥的三越举办了“用眼睛和耳朵学习发展中的电气通信展”，盛况空前，入场人次多达45万，令相关人员震惊。此次展览会展示和表演了当时日本国内外最先进的技术革新。最受关注的是由NHK特别企划制作的用电视播放的演出，主要唱片公司歌手每天都会演出，连续多天人山人海。

这充分证明了电气通信已经逐渐成为人们生活中的重要因素，能够得到CCS的协助和支援也是可以理解的。

(3) 通货紧缩危机和劳资对立

但是，这些状况在同年9月突然改变。1948年末公布的经济稳定九项原则中，经济基本方针转向了“道奇方针”①(Dodge Line)，即采取大幅度的通货紧缩政策。这给所有产业都带来了冲击。特别是对通信机产业打击巨大，因为这个政策致使该产业从重点投入生产走向了反面，而且当时的通信机制造业一直极度依赖官需，通信省及其他官厅所占的比重约为90%。

1948年9月左右起，开始出现赊销货款增加、产品销量不佳、经营困难加剧及由此导致的延迟支付租金等情况。1948年9月，生产量达到战后最高纪录，但就在这个引以为豪的复兴后不久，减少生产量的规定导致货物积压，租金延付、开工停止、人员削减、企业倒闭等情况在同年第三和第四季度期间

---

① 道奇方针：驻日盟军总部经济顾问道奇提出的使占领下的日本达到经济自立的方针。

不断发生。

1948 年，岩崎通信机的一工厂关闭，350 名工人被裁员；东洋通信机的一工厂被出售，裁员 300 名；日本无线裁员 843 名；安立电气一工厂关闭，裁员 600 名。这样的情况一直在持续发生。到了 1949 年，范围继续扩大，NEC 的三家工厂关闭，3600 名工人被裁员，冲电气 3000 名工人被裁员。1949 年的政府预算紧缩至上一年的 80%，合理化倾向不仅在中小企业有所体现，还扩展至大型企业。

当然，这一系列的合理化导致了劳资之间的对立加剧。各公司都陷入了长期罢工的困境。

3　麦克阿瑟元帅的御前会议

（1）重建经营的基本课题

如上所述，GHQ 将日美友好关系的构筑和自由民主主义的普及当作重要课题，为实现这一课题而把提高和普及包括收音机在内的通信机的质量置于重要地位。然而，这一最高方针的实行并非易事。因为生产已经陷入极端疲敝的状态，如前所述，设备已经化为废墟。

另一方面，产品不良这一极其严峻的问题也摆在面前。从日本今天以高品质为荣的现状难以想象当时的情况，用一句话形容：不良率达 80%。详细情况将在第Ⅱ部第 4 章阐述，CCS 十分重视这一严峻事态，屡次要求通信省进行调查和报告。

早先 CCS 为了挽救陷入窘境中的制造公司，反复进行着具体作业，如筹措生产必备物资、指导应对不良的对策等，而CCS经营者讲座成立的直接契机就是在冲电气公司的经营不良和指导其恢复经营。为支援该公司，1949年2月上旬开始的工厂调查提出以下目的：

（1）组织结构和部门之间的协调与否。

（2）文件管理系统[①]（Central Filing System）和图纸管理的必要性。

（3）经营管理和技术管理中命令系统的确立。

（4）设计开发部门的一般运营原则的确立及与制造部门之间的责任分担。

（5）明确教育培训需求（特别是行政管理、责任、监督者的职能）。

（6）应该具备的会计事务方法（把握分析制造成本和检测作业效率的数据）。

这样明确指出了具体要点，表明CCS已经具体深入到企业现场以把握具体问题。CCS从事对个别企业的支援，早在1946年就开始指导NEC和东芝等企业的质量改善并取得了巨大成果。在任何情况下都注意不失公平，这次也是将对冲电气公司的指导结果在全体业界进行普及，CCS从一开始就有了这样的计划，这一点也是它的特征所在。

事实上，在CCS的三大任务，即通信运营、研究开发、制造三个领域的重建中，前两者在1948年年末就已基本完成，

---

① 文件管理系统：由总公司收集分公司和工厂的数据进行管理的系统和方法。

即设立了与通信运营业务相关的通信省，与研究开发相关的电气通信研究所，重建工作也走上正轨，逐渐显现出成果。

只有制造领域没有实现最初的目标，因此负责该领域的通信产业科相关人员心情急切也在情理之中。现在，在 GHQ 的公文中仍能看到 1949 年年中之后有几处“剩下的时间不多了”这样的评语。即便深入探讨个别企业的特定问题，CCS 的有限人数也只能获得有限的成果。因此，必须趁早将打游击式的应对方式转向有体系的方法上去。

在这样的环境下，CCS 在结束了冲电气公司的工厂调查之后，就暂时停止了对该公司的进一步分析和指导，确立了开展面向全体业界的教育培训项目。因此，在计划教育内容方面，就有必要进行范围更广的企业实态调查。

具体选择了 6 家公司为调查对象。在以前的文献中仅记录着：2 家通信机公司、1 家电线公司、1 家电子管公司、2 家无线电接收机公司，而 CCS 公文中则明确记载了以下企业：

通信机：冲电气、富士通信机（现在的富士通）

电线：古河电工

电子管：川西机械制作所（被富士通收购）

无线电接收机：早川电机（现在的夏普）、松下电器

除冲电气外的其余各公司，也在 3 月 23 日至 5 月 11 日调查完毕。通过与各公司以董事长为首的各级管理人员、监督者、工人等直接面谈，详细调查了企业的经营方针、组织机构、管理方针、指导方法、工厂作业、各种管理方法、办公方法等。

包括冲电气公司的调查在内，调查的结果并未改变 CCS 历来的判断，反而证实了其判断。例如，调查指出：虽然各公司有意改善质量，但作为其前提条件的各项功能不完善。也就是说，完全不具备制造、检查、技术等质量管理中不可或缺的功能，随处都会触犯到优质管理的基本原理所普遍认可的原则。最终得出结论："不良率高、成本高、人均生产量过少，经营上的各个方面都存在缺陷。这样下去的话，无法在贸易方面与外国竞争。"要点为以下 9 项：

（1）关于最高经营者的经营研究已充分。

（2）最高负责人过于繁忙，在创造上花费时间过少。

（3）对企业的目标、方针、标准办公规定未予以明示，也未渗透到基层。

（4）关于企业组织的研究不充分。

（5）各经营管理阶段的责任与权限不明。

（6）企业各部门的相互协作未建立。

（7）监督力、指导力较弱。

（8）欠缺监督者的教育。

（9）对质量管理、成本统管、技术管理等统管手段的研究和实施不充分。

总之，日本的经营者根本不知道企业经营的基本知识，想当然地靠历来的习惯和自己的方式经营。按这种方式，即使再努力，企业也不会好转。

CCS 的整体构思（方案）是在 7 月 27 日制定出来的。查尔斯·普罗兹曼（Charles Protzman）与萨若松两位先生在同日的文书中断定：制造业的改革尚未完成，如果不实现这项改革，通信运营业务也无法得到改善。制造业是由包括许多弱小企业在内的 300 家公司构成的，它们都只是业余爱好者的水平。就这样全部由日本人自己来做的话，需要花费相当长的时间。

最坏的情况就是从外国采购通信机器，然而，“这并不是我们希望的方向”这一公文中的评语引起了我们的注意。

（2）最高管理层教育的导入

于是，产生了如下提案：如果业界期望的话，可以开设教育课程。提案中不仅写明了教育课程的概要和日程，还详细记录了取得业界赞同的程序。具体情况是，始终把业界团体——日通联置于首位，选择业界自主课程这一进行教育培训的最佳方法。

颇有意味的是，摆在 CCS 面前的选择项有两个：①仅公开此次的调查结果，任由业界自行判断；②将调查结果和建议提交给政府，由政府责令其纠正。但是由于民间多年来不信任政府，有可能导致表面服从内心抵抗的现象。相反，如果 CCS 冲在最前面，被动的日本人会因为过于重视 GHQ 的权威，让工业会取得主动权，CCS 则始终在背后从事辅助工作。关于这一点已有很多明文记载，想必是因为过去吃了不少苦头。

接受提案的日通联迅速设立了“运营委员会”，分别从东京选出 5 位委员（NEC、东芝、日本 JVC、日本海底电线、三菱电机），从大阪选出 3 位委员（住友电气工业、松下电器产业、早川电机）。讲座得到了日通联东京本部及大阪事务局的帮助，一切运营由委员会决定和推进。在由业界策划和运营的项目中，CCS 采取了派遣演讲人的形式。

在这一系列状况中，委员会最终决定，为改善经营方面存在的缺陷，首先要解决最高经营者的再教育问题。于 8 月末召集 58 家公司的经营干部，共 102 人在东京商工会议所接受了新人教育。随后在 1949 年 9 月 26 日至 11 月 18 日为期 8 周的时间内，日本通信机制造厂的干部每周周一、周二、周三、周四 4 天，每天下午从 1 点到 5 点，共接受了时为 GHQ 下属部门的 CCS 长达 128 小时的管理教育课程。

这就是人尽皆知的 CCS 经营者讲座。经日通联同意，在东京和大阪两地开办，大阪的日程是 11 月 21 日到次年的 1 月 21 日，也是 8 周。

来自东京 19 家公司和大阪 24 家公司的董事长和专务董事等经营最高负责人参加了该讲座。

（3）麦克阿瑟元帅的御前会议

值此讲座召开之际，还有另外一个令人关心的问题是在 GHQ 内部发生的与 ESS 之间的意见分歧问题。

以下是当事人萨若松的证言：

在麦克阿瑟元帅之前，ESS 和 CSS 的代表分别做了 20 分钟的提案发言。ESS 的主张是，如果那样做会使日本竞争力提升从而给美国带来威胁。代表 CCS 的我则强烈主张，教授濒临饥饿的战败国以自食其力的方法，从结果上来说是具有现实意义的。麦克阿瑟元帅听了我们两位的说明后，抱臂思索了一会儿站起来，然后向门的方向走去，突然转过头啪地一声打响手指，对着我命令道："就按你想的做！"

就这样，CCS 经营者讲座的开设于同年 6 月被确定下来，仅用 3 个月的准备时间就开课了。

4　CCS 经营者讲座的历史定位

(1) 历史意义

关于讲座的内容及成果将在下章论述，在此先概述一下 CCS 经营者讲座的历史定位。

第一，为日本产业复兴做出了巨大贡献。毋庸置疑，产业复兴源于为 1950 年 6 月开始的朝鲜战争提供军需，正是在这一时期日本提出企业需进行改革，所以短期而言，意义重大。另外，对于整个产业界的影响也是极大的。正如以下我们将要陈述的一样，该讲座从一开始就企图在各个产业普及，并且也是这样做的。

第二，引进了现代化管理。战争带来了巨大的空白期。在经营领域，不仅是数量上的空白。日本在战前一直学习德国式的经营学，而后管理的主流转向了美国，因此必须背负双重障碍重新开始。

例如，当时已是经营学权威的野田信夫是这样定位 1952 年出版的《企业的现代经营》一书的：

我国的书就不用说了，就连美国的书也是如此，值得一读的新书屈指可数。但是我认为，该书对通过动态预算进行“内部统管”的做法、内部统管中必要的“经济观察”、战后首次传入日本的“公共关系”等内容的叙述，可以说它是最早从整体上介绍它们的本质及实际情况的著作。

野田先生在大正10年进入三菱重工公司，历经约30年时间，积累了实际业务经验，并在经济稳定局任过职，后成为成蹊大学教授。很显然，野田先生的意思是，CCS经营者讲座介绍的内部统管制度、经济观察、公共关系等概念是由该作者首次从学术的角度进行了体系化的构建。另外，经济观察意味着从宏观和微观方面预测经济，公共关系是由Public Relations翻译过来的。

（2）占领方针的变更

占领初期，美国根据绝不允许军国主义复活的基本原则，采取了解体财阀等强制性手段，但其后占领方针逐渐转向了产业复兴。随着世界范围的冷战局势和日本国内劳资纠纷的加剧，占领军逐渐意识到要建立反共合作伙伴关系。对于何时会出现转折，专家们的意见也不一致，但大体认为是在1947～1948年左右。1947年的“二·一大罢工”也是其中的现象之一，占领地区经济复兴资金（Economic Rehabilitation in Occupied Area Fund，简称EROA）也是同样。

在此，简单回顾一下同盟国对日的基本方针。太平洋战争开始以后，美国很早就开始制订对日占领政策，1943年美国国务院方案中还包含以下一条十分极端的提案：“撤销现代工业设施，切断日本与国外的贸易往来，把日本变成农业国家。”

战败后，日本国内有学者认为将日本重新建设成为工业国家十分困难，因此提倡农业立国。GHQ 的非军事化政策正是如此强劲有力。石桥湛山认为，应当动员闲置的生产设备和劳动力并使之投入到生产劳动中，他提倡复兴生产和积极的财政；而有泽广巳的团队则主张倾斜式的生产方式。石桥湛山于 1946 年 5 月第一次荣升吉田内阁的大藏大臣①，提出了这一系列积极的产业复兴的设想。

《波茨坦宣言》声称，占领目的是“击溃日本的战争执行能力”，为阻止日本军国主义的再生，仅破坏军需生产及与之有可能相关联的重工业生产能力是不够的，必须改革强化有着对外出口冲动的经济结构本身。

关于维持日本的经济再生产，驻日盟军总司令在《初期的基本指示》中明确写道：“对日本的经济复兴和经济实力增强概不负责。”

尽管《波茨坦宣言》规定：“支持日本的经济，要使公正地征收实物赔偿变为可能，需维持日本产业”，但最终还是将目光投向了未来的“加入世界贸易关系”。

但是，国际形势的变化带来了难以预期的影响。早在 1946 年 3 月，前英国首相丘吉尔的“铁幕演说”中就已经预测了东西对立，1947 年 3 月，杜鲁门总统提出“杜鲁门主

① 大藏大臣：日本主管财政、金融、税收的最高行政机关的首领。

义”，宣称对抵抗极权主义侵略的自由国民的援助是美国的义务，展现出与共产主义对抗的姿态。

特别是中国的国民党与共产党的和平谈判结束（1946 年 11 月），中国重新开始内战，中华人民共和国成立（1949 年 10 月），以三八线为界分别成立的韩国和朝鲜民主主义人民共和国（1948 年 7、8 月）等一系列亚洲冷战局势的发展，直接导致了美国对日占领政策的转变。

总司令部迫切希望（1946 年 12 月）美国政府就延缓日本经济复兴的赔偿问题做一个了结。1948 年 1 月皇室陆军长官坦率地承认，目前的情况是，占领伊始的非军事化目的和日本经济独立化的新目的无法并存，并明确指出解决这一困境需将重点放在经济独立上，而这也是美国的方针所在。不久前，也能够看到集中消除经济实力的具体政策等动向。

最终，在 1948 年 10 月召开的美国国家安全保障会议（NSC）中，通过了《美国的对日政策相关报告》（NSC13/2），确定转变对日政策。

（3）GHQ 的内部对立

日本的产业政策基本上是由 ESS 负责，只有通信领域单独设置了 CCS 这一独立部门。即使驻日盟军总司令企图复兴通信产业，但在实际业务水平上仍是冲突不断。组织原则中纵向关系和横向关系发生冲突，也是理所当然的。同样的对立矛盾也在劳动事务中产生。通信领域中，存在着一个名为“全通”的强有力的工会，CCS 采取的方针是，绝不涉足劳务问题。

产业政策的对立，反映了 GHQ 内部关于日本复兴政策的基本思潮的对立。民政部与军政部的对立在社会上是广为人知的，CCS 和 ESS 的对立不单单是定界的斗争，它反映了那个时代的结构及其变化。

但是，记录表明，一步入这个时代，ESS 就开始了产业指导，并引入了相似的教育课程。根据记录，1949 年 8 月初 CCS 的萨若松与波尔金霍恩（Polkinghorne）、普罗兹曼等人一同去早稻田大学访问。这所大学于 1948 年 10 月接受了 CIE 和 ESS 的建议，开始策划以产业界人士为对象的大学公开课程。大学公开课程相当于今天所说的成人大学，它以普及工业管理、生产效率、成本管理、监督者管理等为目的。担任该课程的是理工学院工业经营专业人员。

正好在萨若松等人的访问期间，该计划完成，课程在 8 月末至 10 月下旬进行。名称为大学公共管理课程，听讲人是由关东地区各企业选拔出来的，共 50 名，其中也包括与通信机制造相关的人员。

他们的出差报告中只记录着访问目的是获得 CCS 讲座的背景信息，内容也只是轻描淡写的事实陈述。但是，由于 CCS 和 ESS 采取相似行动的事实是存在的，这与麦克阿瑟元帅的御前会议之间的前后关系就十分令人感兴趣了。CCS 讲座一直持续到 1974 年，甚至推广至通信机以外的产业，可以说它也进入了 ESS 的领域。这一定是一个极其微妙的问题吧。

由于 CCS 从一开始就以复活和加强通信产业为基本方针，

即使是为了占领统治，它也是最先把握时代潮流的存在。以CCS经营者讲座为首，各种各样的最高管理层讲座开办起来了。同样，还有各种各样的研讨会。然而CCS才是最先开展这类讲座的这一事实，现在却鲜为人知。

第 2 章

CCS 经营者讲座的整体面貌

1 结构

(1) 最高管理层经营讲座

首先，通过培训教材的目录概述一下 CCS 经营者讲座的结构（参照本章结尾处）。共由四章构成。

“第一章　方针”是由企业的目的、经营方针、管理方针、方针具备的性质、指导力与方针的实施、管理方针的实施、作业方针等构成。

“第二章　组织”是由经营层、组织与人事、组织类型、组织的功能、组织的思维方式等构成。

“第三章　统管”是由统管类型、统管确立所需条件、组织统管、质量管理、成本统管、适于监督者的统管等构成。“统管”即现在的计划、管理之意。

“第四章　运营”是由实施方式、协调构成。

另外还有“附录”，提出了科学处理法及组织原则。

所有章节都聚焦在最高管理层的任务上，首先前半部分提出了方针和组织这类最基本的课题。后半部分则将课题转向了统管、运营等较为贴近实际业务水平的内容。

CCS 经营者讲座的直接目的是提高质量和降低成本。但正如前述，要实现这些目的，必须要回到经营的基本问题。当然，讲座的构成也反映了这些内容。

在此，让我们想一下 1949 年的时代背景。20 世纪前十年，从弗雷德里克·温斯洛·泰勒（Frederick Winslow Taylor）开始的科学管理，在 20 世纪 20 年代上升到“管理科学”的水平，当时对于“人”这一要素尤为关心。

CCS 经营者讲座中介绍了在美国也属于最尖端或者接近尖端的经营方法。CCS 讲座的工作者中，几乎所有撰稿人和演讲人都是美国电话电报公司（American Telephone & Telegraph，以下简称 AT&T）旗下的制造公司西部电气公司（Western Electric，以下简称 WE 公司），或者贝尔实验室（Alcatel-Lucent Bell Labs）这样的研究机构出身。AT&T 是美国大型优良企业的象征。如果说统计质量管理最初诞生的场所是在西部电气公司，那么 1930 年前后的霍桑实验（Hawthorne Experiment）的场地也同样是该公司的霍桑工厂。先进的经营管理实验和方法都来自于此。

因此，CCS 讲座中，不管是科学化的经营管理还是人事管理，都不仅是当时的最新理论，还融入了在代表性大企业的现场总结的经验。实际上，讲座中不仅有与 AT&T 相关的内容，还介绍了大量的案例。

像这样，讲座一边介绍科学管理的最前沿理论，同时还避免理论一边倒的现象，尤其是立足于企业第一线的具体案例这一点受到了高度评价。WE 公司现在更名为朗讯科技公司（Lucent Technologies），本书沿用旧称。

（2）专业讲座

除了以经营者为对象的高层经营讲义以外，还设立了以下专业讲座。

（1）监督者培训　两周

（2）组织管理　　两周

（3）质量管理　　三周

这些是各功能领域的分题专论课程，以科长以上的专业部门负责人为授课对象。面向经营高层的经营者讲座是通用课程，专业讲座则被称为特别课程。专业讲座计划在 1950 年 1 月下旬开讲，并在联合会会报上发出了公告。而事实上除以上课程外，还计划在同年 4 月开设技术管理、预算及成本管理等课程。实际情况是，课程因为各种各样的因素而不得不放弃，但其具体决策的背景不甚明了。不知是听讲人过少的原因，还是日程方面的问题，又或者是除此以外的问题。

预算统管是所谓内部统管的重要构成要素，本应是最受重视的，但总觉得有点神秘。另外，由于朝鲜战争的爆发，GHQ 将注意力都转向了朝鲜，虽然他们在文献中把即使开讲也没有听讲人当作理由，但这多少有些不符合实际。

2 教材

(1) 著者、演讲人

撰写教材的是 CCS 的两位成员萨若松和普罗兹曼，他们用三周时间完成了教材的撰写。萨若松负责完成第一章的全部，第二章“组织”、第三章“统管”(质量管理等)、第四章“运营”中的各一部分。也可以说他负责的是经营管理的总论部分。而普罗兹曼则负责制造实践、产业工学、库存管理、成本管理等各分论部分。

那么下面，我们就来简单介绍一下两位撰稿人。萨若松生于 1916 年，从事收音机、无线发报机、接收机和雷达系统等新产品的研究开发，后在第二次世界大战中隶属于美国陆军降落伞大部队，退役后在 MIT（麻省理工）辐射实验室从事试制雷达的工作，后又转向了大量生产（雷达）的工作。

萨若松到 CCS 工作是在 1946 年 2 月。当时，对于 29 岁的他来说，这是一次破格提拔任命。他此时已经是无线工程师，有着卓越的才能，所以被选拔出来。以下论述中我们还会提到，在 CCS 工作的人大多数都与 AT&T 有关联，而没有这种工作经历的他能被选上也证明了他的出类拔萃。

据说他在接到赴任命令时，以为是在恶作剧，直到一位相关的上校本人打来电话，他才相信是真事。传达命令的电报中这样写道：“麦克阿瑟元帅的司令部命阁下迅速赴任。”如今电报的颜色已经发黄，但对于萨若松来说，仍然是一份值得珍藏的宝物。

他在 CCS 工作五年后，于 1950 年回到美国。他在著名的经营咨询公司博思艾伦咨询公司（Booz Allen Hamilton）积累了经验，后调到 IBM 公司担任技术企划及工程通信等重要职位。1977 年，他从 IBM 公司离职，担任美国商务部的技术指导。

10 年前，在 1989 年的《福布斯》杂志上刊载了关于他的重要报道，由此萨若松得以崭露头角。另外，他出席了 1995 年 12 月在伦敦召开的研讨会，引用了他喜爱的纽波特纽斯造船公司（Newport News Shipbuilding，以下简称 NNS）的理念。此次研讨会由 CCS 研究所主办，主题是“Lessons for Tomorrow's World from the Japanese Managerial Revolution”。

另一位，普罗兹曼出身于 AT&T 的制造部门西部电气。20 世纪 20 年代在该公司的霍桑工厂任车间主任。霍桑工厂是著名的霍桑实验的场地，是在重视工业管理方法论和人事要素的环境中建立起来的。在专业技术领域，萨若松是无线，普罗兹曼是有线通信，两位在 CCS 中都担任技术指导以辅助产业科长。从以下的回忆录中，我们获知两位是多么受听讲人的喜爱。

“战后来日的美国人，几乎无一例外都是亲日派，其中普罗兹曼尤其钟爱日本。解除 CCS 的任职后，他刚刚回到 WE 公司的工厂工作，就在巴尔的摩（Baltimore）郊外的森林中建了新居，并为其冠以‘森林之丘’（森の丘）的日本名字，从这名字足以表现出他对日本的喜爱。”（出自井上文左卫门，住友电工大阪制作所次长）

普罗兹曼回到美国后还多次访问日本，并与当年的听讲人进行过亲切的交谈。普罗兹曼也在《福布斯》杂志的报道中被介绍过。长期采访他的德内司·霍珀（Gennes Hopper），是经加藤威夫介绍与居住在俄亥俄州的他会面的。

演讲人除了这两位以外，还包括波尔金霍恩和范德格里夫特（Vandegrift）。波尔金霍恩是贝尔实验室出身，在讲座中担任整体指导。在CCS中任研究开发科科长，负责通信相关的研究及教育工作。

1948年，波尔金霍恩继帕克（Parker）之后，担任有关研究实用化的日美合同委员会的领导。他继承了帕克树立的关于研究实用化的基本方针，且一一探讨了该方针的细节，最终归纳汇总并努力将其投入到具体实践中。

“波尔金霍恩是从贝尔实验室选出来日本的技术骨干，现在他又再次回到贝尔实验室从事第一线研究工作，由此也可想象他对技术的造诣之深。通过委员会的探讨，我们也从中颇受启发。波尔金霍恩身材高挑，严谨而温和，颇有些牧师风度，我们能够与先生推心置腹地交谈，真是深感荣幸。”（出自清宫博，富士通）

“范德格里夫特是职场教育专家。在讲座中，他就公司的职场培训的实际情况及培训方法进行了课外授课。他在CCS中负责员工培训。先生身高六尺，体态丰满，颇有绅士风度。我从他的经历和广博的视野中感受到一些吸引我的东西。正是因为先生在华盛顿的电话公司担任过副董事长兼人事部长，所以考虑问题的方式极其现实，并且富有执行力。”

如上所述，除了萨若松以外，其他人均为西部电气公司或者贝尔实验室出身，都从属于在美国被称为经营巅峰的 AT&T 企业团队，他们的实际业务经验很丰富。

（2）教材

教材共有四种。第一，英文底本。被保管在日本国立国会图书馆。全文共有 225 页，另外还有许多图表和企业实例。教材是用英文书写，因年久破损已是难以阅读的状态。另外，还有日语罗马字版的藏书，可以看见“YUKIO MAEDA，Mitsubishi Electric Corp”字样的加注。这是三菱电机生产技术部员工前田幸夫的藏书。1988 年秋，没有保存自己所写教材的萨若松拜托西堀荣三郎在日本找出原文。西堀向规格协会及其相关人员一一询问，就在他想放弃的时候，得知前田手中有藏书，便把这本书的复印版寄给了萨若松。前田则决定将他手中的原著捐赠给国会图书馆。前田和八卷直躬都是 CCS 经营者讲座运营委员长加藤威夫的部下，他们不仅听了讲座，还一起办了许多活动。

英文教材还藏书于美国哈佛大学商学院的贝克图书馆中。全书共 358 页，封面完好、装帧完整。内容被修订过。这本书也随处可见日语加注，也是听讲人的捐赠书。

第二，CCS 经营者讲座上实际使用的钢板印刷的教材。这是由日通联经营管理研究会翻译并编辑的。

第三，由 DIAMOND 公司 1952 年 7 月出版的《CCS 经营者讲座》。分为《最高管理层的方针和组织》和《最高管理层的统管和运营》上下两册。虽然沿用了钢板印刷教材的内容，但也有几处不同点。对英文的翻译十分用心，有些部分被简化了。另外，还收录了讲座中的问答。

CCS 经营者讲座教材（松下正治 藏）

第四，上下两册的合订本《新版 CCS 经营者讲座》，由 DIAMOND 公司 1958 年出版。翻译和编辑都是由日通联的经营管理研究会负责。经营管理研究会是 CCS 经营者讲座听讲人自发组织的，委员长是加藤威夫［日本建铁（股份）公司董事长］。

另外还有松下电器产业留作公司内部使用的非卖品——

1993 年出版的《CCS 经营者讲座》。卷首有松下正治会长和萨若松作的序。从松下会长的《CCS 经营者讲座的回忆》中仍能感受到出席讲座时生机勃勃的气息，它也写下了已逾半载的讲座在今天的价值。据说，松下会长一直珍藏着这本教材，直至现在都当作案头常备的书籍，一有机会就拿来读一读，这是一本钢板印刷教材，他还想分享给职员们看，于是复印了这本书。钢板印刷教材的内容便由此广为人知。

萨若松的序文《企业经营的永恒基础》也是以透视法描绘了当时的状况及今天的经营环境，从内容上来说，是传达麦克阿瑟元帅御前会议的重要资料。

本书将尽可能地介绍讲座当时的原貌，在此基础上体会它在今天的意义，并且尝试把目光朝向 21 世纪。教材方面，主要援引 1958 年的版本，对其他版本是随时进行查阅，必要时比较几者的异同。

（3）标题

我想先关注一下标题。首先是日本的标题，日通联理事会在探讨阶段称之为“经营、管理讲座”，在实施阶段最终确定为“经营讲座”。“CCS 经营者讲座”这一教材名称是在 1958 年合订本出来之后确定的，之前使用的一直是“CCS 经营讲座”。当时，CCS 与“最高管理层经营研究”是同义词，因此，才对名称做了变更。由于本讲座对当时的经营高层教育具有巨大的影响力，所以仅从标题就能反映出这个时代的氛围。

其次是英文标题。从准备的过程中也可以看出它的发展。

首次以文书形式将 CCS 讲座的原稿提交给 CCS 部门是在 1949 年 2 月。那时的标题是"Engineering and Manufacturing Organizational Alignment Training Program"。

同年 7 月，当以书的形式提交讲座的全貌时，书名改成了"Management Training Course"，而实际的讲座被称为"Course in Industrial Management"。国立国会图书馆馆藏的英文教材标题为"CCS：Industrial Management"。

而在 1950 年 1 月 23 日研究开发科发布的文书中，标题使用了"Management Indoctrination Course"这一表达方式。广辞苑对"インドクトリネーション（Indoctrination）"这个词的解释是"灌输教义和思想；教化"，是表示振聋发聩的单词。日本的经营者脱离了全世界正在施行的管理方式，传递出了打好经营基础并改造之的信息。

那么这一系列变化意味着什么呢？随着时间的推移，能够很明显地获知它的地位在逐步上升。一方面就是讲座的对象范围在不断扩大。也就是说，初期是以如何让技术和制造同步化这一被限定的题目为主，后来则扩大到了整个经营过程。另一方面，讲座的性质也随着时间的推移在向高层次迈进。最初只把培训课程当作是提供知识的手段，而最终却变成了教化课程。

产生这些变化的理由之一，是日本产业界认识到自身经营方法的低劣水平及由此而产生的焦躁心情。讲座的性质虽然最初比较明确，但在进入具体准备的过程中，变得越来越深奥了。另外，由于时间有限，用"一种焦虑蔓延开来"这种表达方式或许更加贴切。

萨若松也如此感叹道：

“我自己变成了独裁者。麦克阿瑟对于整个日本来说是独裁者，而我自己也下定决心，在通信机界扮演相同的角色。”

教授民主管理的萨若松本人扮演着独裁者的角色，是一个巨大的历史讽刺。他本人也是充分认识到这一点的。但是，为了执行任务，他不得不意识到自己是在与时间较量，这也是无可奈何的选择。

产生上述变化的另外一个理由是，早稻田大学抢先一步在同年 8 月开始实施成人讲座。工业管理课程（Industrial Management Course），在日文中被称作“工場管理講座”。它的存在，以及与 ESS 的对抗心理恐怕极大地刺激了 CCS 吧。但是，现存的资料中仅有“我们的讲座是为了实现更具实际业务性质的内容”这种轻描淡写的论述。

3　运营

（1）工作委员会

CCS 安于幕后工作的这一方针是贯穿始终的。CCS 主动选择该方针是有意图的，它组织了由日本人构成的工作委员会，并将其推向幕前。日通联在 1949 年 8 月 31 日召开临时联合理事会，决定实施由 CCS 提倡的“经营管理讲座”。与此同时，迅速成立运营委员会，进入了与业界实际情况相符合的运营体制。其结果，是确定了以下运营委员：

加藤威夫　　　　三菱电机（董事、生产技术部部长兼调查部部长）

石川清　　　　日本海底电线（董事长）

岩田弘　　　　日本胜利（常任监查人）

沼本实　　　　NEC（外事部部长）

石黑直一　　　　东芝（外事部部长）

川岛良一　　　　松下电器产业（副参事）

东仪六郎　　　　早川电机（外事科长）

井上文左卫门　　住友电工（大阪制作所次长）

委员长和副委员长分别是由加藤威夫和关西方面的井上文左卫门通过互选产生的。在此，我们简要介绍一下委员长加藤威夫。他在大正9年毕业于东京帝国大学工学系电力专业，随后在三菱造船神户工厂工作，又匆匆留学英美两年。他的职业生涯中心是在分公司三菱电机神户工厂度过的。另一方面，他还担任过产业合理化审议会和劳动省技能人员培养审议会委员，并分别在早稻田大学、独协大学等高校做讲师，活动范围甚广。

CCS讲座开办之时，加藤调往日本建铁并担任董事长，他为该公司的重建贡献了力量。加藤在三菱电机时期在公司内外的活跃及见识，受到业界乃至广大产业界的好评。大家一致认为他是CCS运营的核心力量。

大正年间就有旅居海外的经验，说明加藤是当时超一流的精英。在那之后他还担任了工业管理协会和运筹学协会的理事长，不仅见多识广，最吸引人的地方还有他合理的思维方式和思想。海外生活的经历当然对他产生了很大的影响，而大正民主主义的影响也是显而易见的。他特别尊敬旧制高中时代的老师——哲学家天野贞祐，因此，德国式的合理主义思想成为他思想的中心，在他的著作中随处可见。

加藤在他 1950 年出版的著作中这样写道："企业经营是由人、物、钱这三种要素构成，如何能从道德性、合理性、经营性等方面来调和这三者，是最困扰经营者的问题。合理化，要求必须充分安排、策划并强行处理这三要素。经营者的任务是，通过对买方、员工、资本及公共的服务，接着由公司反映出来的内容。"第Ⅱ部第 7 章的内容主要考察了科学管理法，其中像这样明确指出道德性的案例，在那个时代别说是日本国内，就连在欧美也属罕见。

非常重要的一点是，日本在 CCS 讲座时期，尽管很少有人像他那样具有广阔视野和想法，但也是确实存在的。以加藤先生为代表的、信奉合理性并付诸实践的人，我们在本书中称之为"K 先生"。K 先生将在本书中轮番出现。

另外，还出现了由该讲座的听讲人组成的同好会，被称作经营管理研究会，每月聚集一次交流经验，为继续研究效力。经营管理研究会的委员长也由加藤兼任。翻译 CCS 经营者讲座教材的也是经营管理研究会，在实际事务方面做出了不少贡献。可以说，经营管理研究会中的许多成员是 K 先生群像的一部分。

（2）讲座的进行方式

讲座用英语授课，不限于讲义的形式，还包括圆桌问答及介绍案例等开放的形式。它不是学校形式的单方面讲义，而是会议类型，重视提问，属于美国作派。不但鼓励听讲人提出问题，演讲人也会反问听讲人。演讲人是“Leader”，即领导，听讲人是“Conferee”，即会议出席者。它不是单方面的讲义，而是以领导为中心召开的会议。

讲座的时候是没有教材的，每一节或每一章结束后，会将英文复印件发到听讲人手中。日后，会把临时翻译的教材分发给日通联会员中有需要的人。指南上会有附注：“虽然会有口译陪同，但如果您在某种程度上可以理解英文，我们相信会更加有效。”英文能力欠佳的听讲人，理解起来比较困难。

从以下的证言中我们也可获知，不管怎样首先要把注意力集中在讲解和讨论上。

尽量不要记笔记、不要开口说“我看看资料”之类的话。

第一次经营讲座（东京）的听讲人有 19 名，另外还有讲座的运营委员 5 名、政府机关的旁听者 4 名、大学方面的人 5 名。旁听者中通产省 2 名，电气通信省 2 名，通信研究所 1 名，东北大学、早稻田大学、东京工业大学、东京大学各 1 名。会场在日本电气通信联合会（涩谷区）。大阪也有听讲人 25 名，旁听者 3 名。讲义共持续 8 周，日程安排得特别紧张。经营者为资金周转和材料的准备而奔忙，连本职工作都难以维系下去。尽管如此，他们仍然被要求每周的周一、周二、周四、周五下午一到五点准时出席讲座。即使缺席一次，也会被质问：“上次为什么缺席”，甚至连旁听者迟到了也会被谴责，要求相当严格。

(3) 听讲人的反应

该讲座对于听讲人来说无疑是一件突如其来的事。从讲座突然被确定下来这一点来考虑，其实质是来自于占领军的劝告，即使是通过联合会自愿参加，也只不过是一种形式。但是大家都是把讲座当成是一种严格的命令来接受的。

刚开始由于不习惯，听讲人受到了精神上的折磨，再加上自己公司的工作需要处理，过得十分艰难。但是，据报告说，随着时间的流逝，听讲人觉得讲座的内容有益，资料的解释很丰富，而且演讲人也非常热情，在讲义的整个过程中再无缺席者。下面的回顾也记录了当时听讲人在讲座中的发言：

“刚开始抱有‘总之听听看吧’这样的心情，逐渐……”(出自西川仪市，西川电波董事长)

“彻底被吸引了。”(出自瀑本浩，日通联调查部部长)

“变得积极了。”(出自高桥敏男，菊名电力专务)

“我对未来好期待啊。我甚至觉得即便企业破产也要听这个讲义。我决心要一心一意按照讲义所说的实施。”(出自西川)

另一方面，美国方面派麦克阿瑟元帅打头阵，把渗透民主主义作为重大任务。从内容方面来说，讲义是传播民主经营的渠道，其运营方针也强调民主主义。

同时，讲座并不认为美国式的经营是绝对完美的，也认识并指出了日本的优点。可以说这充分体现了美国人的开放式特点。

CCS 讲座的毕业证书

This is to certify that

Mr. Yukio Maeda

has completed the course in

I N D U S T R I A L M A N A G E M E N T

given under the auspices of

Federation of Japan Electrical Communication Industrial Associations

and the

Civil Communications Section

General Headquarters

Supreme Commander for the Allied Powers

in Osaka, Nov. 21, 1949 - Jan. 21, 1950

President, FJECIA

前田幸夫（原三菱电机员工）所藏

听讲人的座谈会及随笔中，不约而同地记录了这样的印象，即萨若松及其他演讲人都非常绅士并且很热情。由于在战时灌输的是“英美人是魔鬼”的教育，所以人们在战败后对于占领军的军政十分恐惧。所以，听讲人也许已经意识到这是一种威慑式的教育了吧。

4　历史意义

（1）经营者的再教育

CCS 经营者讲座的最大成果，或许就是把重点放在涉及经营根本的最高经营者的再教育这一点上吧。战争期间，日本与欧美各国之间的差距扩大到了各个领域，在与经营相关的思考方式和手法上也不例外。要重新探讨经营的基本方向，就必须让高层转换头脑。从这一意义上来说，聚焦在最高管理层上的讲座，是极为妥当的。

在大乱阵脚的情况下，能够进行这样的研究探讨，实在是颇有趣味。前文已经概述，当时的业界从生产迅速增加突然一转，要面临前所未有的经营危机。经营者为确保生产和周转资金到处奔走，如此一来，每天都问题重重，根本没有剩余的时间。

但是，CCS 坚定地认为，只要按照以前的经营方法继续运营，企业就不可能得到根本的改善。另外，通过对 6 家通信机公司实施的调查，CCS 获知美国式的科学管理法是适用的。

CCS 通过与 1946 年以后的业界接触，更加深刻地认识到，经营者的处事方式是企业最大的缺点。

（2）高层研讨会的滥觞

CCS 讲座成为开启战后陆续由美国引进新管理教育的先锋。20 世纪 50 年代，各类经营研讨会如潮水一般蜂拥而来，而 CCS 讲座堪称先驱，是这一系列讲座中最早的一个，它在日本经营管理史上的确具有划时代意义。

图表 4　战后主要的经营教育培训研讨会

名称	对象	时间	主办方	诞生的过程和时期
TWI（Training within Industry）	第一线监督者	1950 年 3 月	劳动省	美国政府策划的解决熟练工不足的对策（1943 年完成）
MTP（Management Training Program）	部科长级	1950 年	通产省	远东空军策划的面向日本人监督者的培训（1949 年）
CCS（Civil Communications Section）	最高经营者层	1949 年	日通联	GHQ 的 CCS 策划的面向日本电气通信经营的改革
ATT（American Telephone and Telegraph）	监督者	1948～1952 年	电气通信省	为第一次世界大战后发迹的监督者提供的提高知识能力的课程

基于野田一夫任责任编辑的《战后日本经营史》（日本生产性本部　1965 年）制作而成。

图表 4 中展现了当时的教育培训中具有代表性的课程。浏览后会发现，这些课程都发端于美国。其中，CCS 讲座是以最高管理者层为对象的，从这一意义上来说，它也是出类拔萃的。

战争结束后不久，日本处于混乱期，除了技能人员培训和新入职员的教育以外，并不存在有组织的教育培训。实际情况是，培训的大部分时间都用在了如何对付工会上。其中，有体系、有组织的教育培训主要在第一线车间主任级别及经营中坚层展开，这种方式在当时来说是极为必要的。

日经联在 1950 年 4 月的例会中通过了《关于强化经营者相互启发的组织的决议》，还做了如下的宣告：

“为强化经营领导者及干部的经营者理念，推进对经营中坚层及第一线车间主任级别的教育，在经营者团体中开展相互启发运动。”

（3）新概念的介绍

通过 CCS 经营者讲座，日本引进了许多新的概念和术语。例如，“最高管理层”（Top Management）一词就是在战后初次通过 CCS 讲座被介绍过来的。“中级管理层”（Middle Management）、“政策”（Policy）等观念也是如此。

找出在那之前未被介绍到日本的概念是比较简单的。如果要追根溯源，可以关注当时报纸中报道讲座内容时一并记载的英文。例如，下列便是其中一例：

Organization	组织
Administration	行政
Function	功能
Quality Control	质量管理
Cost Control	成本统管

同时用英文记载，说明没有与新概念相对应的日文或日文表达尚未确立等情况。从相应的日文中能够看出其中的不自然，例如，将“Administration”翻译为“行政”。这仅是其中一例，还有很多概念都是通过 CCS 讲座引进的。

从这个意义上来说，CCS 讲座可以说是介绍美国经营实例及出现美国经营学热的一个契机。听讲座的高层这样赞叹道：

“CCS 经营者讲座是日本出现经营学热的导火索，其贡献甚大。他的名字和 CCS 经营者讲座的名字，我们将永生难忘。”(出自井上文左卫门)

此处所说的“他”是指与萨若松一起为讲座的准备、执笔、讲授等而奋斗的普罗兹曼，当然，从字面意思来看，每个人都是把评价的中心放在了对 CCS 讲座的评价上。

(4) 科学经营管理的引进

科学经营管理的引进也很重要。CCS 讲座的成果如实地体现在了质量管理中。了解当时情况的人都不约而同地指出，CCS 首次带来的统计质量管理的方法很重要，并有深远的意义。

当时日本的工业实力还比较薄弱，CCS 所达到的不仅是提高了产品质量这一短期的效果，在随后的很长一段时期，提升了质量管理水平，以至于使日本在全世界范围的竞争中获得了有利地位。CCS 帮助日本确立核心竞争力是有重要意义的。在向其他产业渗透这一点上也贡献卓著。

但是，对于科学性意味着什么，还有必要冷静地琢磨一下。萨若松在讲座的教材序文中指出：“经营者需要与经营有关的优良的经营技术。”也指出其前提条件是公司目标、各种方针，以及组织、成员等的确立。

如此一来，企业就具备了既有逻辑又有组织的明确目的，这种既注重局部分析又考虑全局的思维方式被称作“科学性”。因此，经营管理中的所谓科学研究法，是指像 CCS 经营者讲座的构成那样，把从企业方针到组织体制、各种管理、运营等各要素有体系地联动起来，合理地将整体贯穿起来。

关于科学研究法，教材中按照如下一系列步骤进行了说明：

（1）设定问题

（2）查明问题事实

（3）根据事实拟定计划

（4）实施计划

（5）确认实施结果、再计划

这就是今天所谓的 PDCA 循环，也就是计划（Plan）、执行（Do）、检查（Check）、纠正（Action）。当然，质量管理也是科学经营管理的一部分，但它只不过是管理方法中的一个要素。如果将科学经营管理缩小为质量管理，就大错特错了。

5　成果与界限

（1）成果

说到 CCS 讲座的成果，首先就是它在企业运营方面的直接改善效果。下面是当时报纸杂志上报道的部分案例：

· 某公司运用 CCS 讲座上获得的知识指导整个公司的科学化经营，并立即从易于执行的经营合理化开始。

· 某公司求购几十本上述教材，并要求本公司的科长们进行研究，努力培养他们的经营意识。

· 将科学处理法运用在董事会的审议中，使议案的解决变得容易了。

· 主要着眼于提高员工士气，贯彻实施员工培训。

· 迅速将质量管理提上日程，在保证质量、提高质量的同时，明显降低了成本。

· 采取预算统管，明显节约了支出。

· 明确权限和责任，由于适当地移交了权限，以董事长为首的最高经营者有时间来计划公司的未来。

· 由于进行了组织变更，明确了责任和权限，公司内的工作得以顺利进行，业绩也提升了。

· 采取了职务等级制度。

如上所述，实施的对策种类多种多样，由此我们得知，公司是从内部的启蒙开始，是从质量管理、成本管理导致的降低成本出发，是着眼于明确责任和权限、简化决策、组织改革等，来进行挑战的。

在听过讲座的企业中，有多少家公司迅速在企业运营中应用？关于这一点，并没有找到百科全书式的数据，直至现在，也无法对成果有定量的把握。一般而言，中小型企业和私企迅速引进并改善的效果显著。相反，大企业很难推进公司内部改革。关于这种状况，即便是 50 年后的今天也没有多少改观。

据 CCS 讲座的核心人物萨若松说，讲座规定听讲人必须提交毕业报告，即 Annual Report，也就是营业报告书。如果听讲后业绩有所改善，就会被认为是充分理解了讲座的内容，然后努力去实践，从而取得了成果。但是，时代背景真的很严峻。在第一次讲座结束半年后，爆发了朝鲜战争，突然要提供大量的军需，这样一来就很难科学地评价听讲的成果。

关于成果的第二方面，我们要首先回顾一下本讲座在业界内外的普及情况。在第一次讲座结业仪式的致辞中，CCS 局长巴克准将表示希望 CCS 讲座的内容能够广泛普及到整个日本，并示意要按照如下阶段展开：

第一阶段　接受了 CCS 演讲人直接指导的听讲人，回到自己公司后，首先向经营层传达讲座的内容，并亲自实践公司的合理化。

第二阶段　前述听讲人，需向未出席讲座的日通联会员，即公司最高经营者传达该讲座的主旨内容，并令其执行。

第三阶段　第一和第二阶段结束后，将该讲座的内容普及至其他产业界乃至全社会。

历来的日本经营者在公司经营方面没有一定的基准，他们动辄便会按照自己的方式经营企业。为了防止这一点并推行健全的经营，日经联认为，CCS 经营者讲座中所讲述的科学经营法最为恰当，于是开始就该讲座内容开展宣传活动。

在该联盟的机关报《日经联时报》中，1950 年 1 月 1 日号的第一版面就刊登了加藤威夫介绍该讲座的报道。紧接着，在同月的 12 日和 17 日，该机关报还刊登了听讲人座谈会的专集。

另外，在该联盟的机关报《经营者》中，1950 年 4 月号上刊登了该讲座的演讲人萨若松讲授的以《科学经营法的现状》为标题的报道。还有 7 位听讲人分别以座谈会的方式详细地介绍了该讲座，因此 CCS 讲座被广泛地传播到了整个产业界。日通联收到的询问讲座内容、期望阅读教材、希望召开讲座等各方面的诉求蜂拥而至。

日通联把 1950 年的重点方针以讲座的形式彻底渗透到业界内部，拒绝广泛普及。但到了第二年的 1951 年却确立了如下方针：从 CCS 讲座的听讲人中选出合适的人，去给经营者团体和行业团体共同举办的讲座做演讲人。考虑到主办方的要求和演讲人的情况，给他们提供了最短 2 小时、最长 32 小时的课程，并且在各地开办了许多介绍讲座的研讨会。

结果，参加讲座的人数逐年增加：1949 年有 40 名，1950 年 158 名，1952 年 1089 名，并且在 1959~1974 年间共举办了 32 次。从地域上来说，不仅在东京、大阪、名古屋等大城市，在桐生、福山等各地也有举办。另外，讲座在各个行业所涉及的范围也非常广泛。

CCS 考虑到听讲人在讲座时的良好反响，高度评价了讲座这种大范围的普及。

（2）界限

另一方面，CCS 讲座也存在几个问题。这些问题被认为与以上所说的成果完全对立。

CCS 讲座的界限是在其普及的发展过程中显示出来的。如前所述，听讲人数至 1952 年都是与日俱增的，而在 1953 年以后，召开的次数不断减少，1975 年以后就完全消失了。

原因何在？一部分人认为是由于引进了许多其他的讲座而导致了混乱。

确实，各个国家机关分别引进了美国式的管理：电气通信省是 ATT 方式，劳动省是 TWI 方式，经济产业省是 MTP，人事院是 JST，日通联是 CCS。结果导致听讲座的企业之间产生了混乱。

本书第Ⅱ部将要概述讲座的内容，同时梳理其成果和界限。因此，关于 CCS 讲座在 20 世纪 70 年代中叶开始被遗忘的原因，我们在此暂不陈述结论，但首先要提示一下考察中将要使用的关键词。能够解读讲座的关键词是“时代性”。

第一，从当时美国的管理水平来看，应该如何定位 CCS 讲座的内容？在明确如下内容的过程中，答案也会自然而然地显现出来：

· 与美国管理理论的比较

· 与美国企业实践水平的比较

· CCS 讲座的演讲人队伍水平

第二，从日本当时的时代背景来看，应该如何定位 CCS 讲座？同样，也在明确如下内容的过程中来看：

· 当时的时代背景和企业的业绩

· 需要经营者紧急处理的经营课题

· 具备将讲座内容付诸实践的能力及技术知识

不管是怎样的服务，只要供需不一致，就难以普及。这个观点也同样适用于CCS经营者讲座。

【原著】引自《目录》(另，★标记表示在本书中介绍的部分)

2　指导力★

3　团队合作

4　联络

5　结语

附录

1　科学处理法

2　组织的原则★

第Ⅱ部

CCS 经营者讲座概要

第 1 章

方　针

在整个讲座中最重要的是“第一章　方针”，结构如下：

第一节　企业的目的

第二节　经营方针

第三节　管理方针

第四节　方针具备的性质

第五节　指导力和方针的实施

第六节　管理方针的实施

第七节　作业方针

要点如下：

· 成立公司时，首先必须明确简洁完整的公司的生存目的。

· 企业必须在考虑到对公共的责任、对顾客的服务和对社会生活的影响的情况下运营。这些很重要，不亚于对利益的获取。

· 这些基本方针对集中公司的全部经营资源和努力，以及对获得公司内外稳定和信赖而言必不可少。

·最高管理层按照基本方针制订经营方针。它是指决定公司业务范围，设定企业在正常运营中应达到的目标，在大视野下明确财务、生产、销售、会计、组织等。

·由各部门负责人设定管理方针。这是关于负责领域的具体规定，包括组织图、办公规定、经营报告、委员会等。

·方针有灵活性，必须能变更、改善，并且明确、积极，组织内任何人都能理解。

·为了提高公司员工士气，要不断进行教育以让员工完全理解方针内容。

1　企业的生存理由是什么

（1）明确企业目的

教材的第 1 页，直接提出“公司的生存理由是什么”这个问题，并从事业哲学开始讲起。

把实现利益作为企业的目的是不够的。企业的目的强调两点：其一，必须明确经营者追求的原本目标；其二，不能无视公司必须考虑的社会性问题。

关于前者，为了全公司团结一致、集中经营资源、让员工安心、让顾客信赖，企业明确自己的目的是必不可少的。也就是说，必须考虑对公共的责任、对顾客的服务，以及对社会生活的影响等。作为这些基本方针的案例，我们来看一下 NNS 的企业理念：

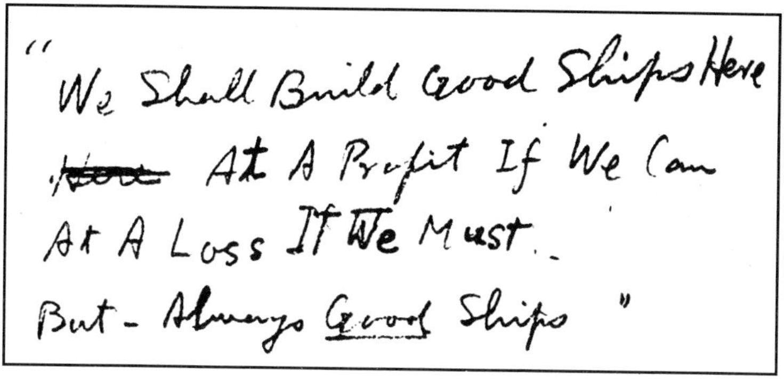
"We Shall Build Good Ships Here At A Profit If We Can At A Loss If We Must. But - Always Good Ships"

出席讲座的前田幸夫在笔记的第 1 页写下的 NNS 的经营理念

“我们要建造好船。不管是否亏本，我们就是要一直建造好船。”

这是萨若松喜欢用的案例。当时的普遍看法是，企业就是要一味追求利益的。这个理念极大地影响了有识之士。不仅 CCS 经营者讲座的听讲人在座谈会上提到过，有名的学者也做过介绍。例如当时经营学者代表之一野田信夫在其 1951 年出版的著作中介绍说：“该公司‘要一直建造好船’这个理念是由创始人设计的，一直延用到今天。”该书还同时介绍了 AT&T、亨氏（H. J. Heinz Company）、马歇尔百货（Marshall Field & Company）。

（2）实践案例

当时受到 CCS 经营者讲座的刺激，有企业宣告了自己的目的，其中有西川电波。该公司制造音响设备的拾音器和扬声器，占拾音器日本国内市场的 40%。该公司董事长听讲后，宣告了公司的目的：

“我们一直制造有价值和高评价的商品。

以此为目的合理高效地运营企业，制造出真正有价值的优秀音响设备、增进消费者的生活幸福感、促进社会文化的进步是第一要义，需员工协作、诚心对待工作，并为事业的发展而努力。

通常设备整体的性能是由部件的性能来决定的，音响部件，尤其是电波设备中的重要部分，必须基于此观点制造出优秀的部件提供给消费者，从而使之成为优秀的设备。

另外，我们必须开发音响的使用种类，以对制造机械设备、产业、经济、文化、福利等一切领域做出贡献。”

该公司明确了以上目的，还制作了公司内各部门详细的“一般方针”，并整理成一个小册子。该公司是个民企，与大企业相比拥有能够迅速行动的优点，但西川仪市（董事长）的合理行动和指导力起到了更大的作用。

另外，笔者对作为 CCS 经营者讲座推进基础的日通联的设立宗旨也特别感兴趣。如前所述，日通联是设立于 1948 年 4 月的三个工业会的联合组织，色彩鲜明地反映了以美国的无线工业会为蓝本的理念。《日通联会报》第 1 号，高调宣告了它的设立宗旨：

“RMA（The Radio Manufacturers Association）是美国无线通信机制造商协会的简称，它不仅对日本，对全世界的业界都有不可估量的影响。我们通信机制造商的事业经营不仅要追求利润，也应该为了提高日本国内乃至海外各国的文化尽最大的努力。

RMA的目的当然也在于此，我们工业会、日通联也必须为了同样的目的而运营，我们相信联合会的使命、运营方针等对于我们落后的企业非常有参考价值。”

考虑到当时日本与美国之间的天壤之别，我们必须说对“应该为了提高日本国内乃至海外各国的文化尽最大的努力”这句话感慨至深。的确，日本在战后一片废墟的情况下，日本人满脑子都在担心今天该怎样生存。志存高远、向美国竭尽全力学习的情形还历历在目。

事实上，我对1949年设立的电气通信省也宣告其方针感到惊讶。方针被收录在1952年3月发行的《CCS经营者讲座》第1卷中，共6页。但是，在合订版（1958年发行）中，不知为何被删除了。

国家机关不仅宣告了方针，在贯彻内容上也极其为国民着想，这让我再次感到吃惊。我原本想收录《电气通信省新设时指导事业运营的一般方针》的全部内容，但在这里只介绍方针开头的一节：

我们一直以考虑方便国民，通过合理的企业式的经营提供亲切、正确、迅速且充分的服务为第一要义，要协作、认真待事，为不辜负国民寄托，努力发展电气通信事业。

6页文字中，共有13处强调了“最好的服务”“国民最满意的服务”，CCS介绍了这一模范式方针也是可以理解的。

【原著】引自“第一章　方针”

第一节　企业的目的

1　公司的生存理由是什么

如果问“公司为何而存在”，大部分人可能会回答“公司的目的是获得利益”。但这个答案并不充分。因为只有这些不能让人明白公司的目的，即经营者追求的原本目标。例如对于利益这个词有以下两种考虑：

（1）以比售价便宜的成本生产产品。

（2）以比制造成本更贵的价格销售产品。

前者表示公司方面有成本意识，后者表示不管需要多少成本，只要高价销售出去就好了，这两个回答，我不知道采用哪一个。

这种回答也是利己而片面的。其忽视了公司必须要考虑的社会性方面。企业必须在考虑到对公共的责任、对顾客的服务

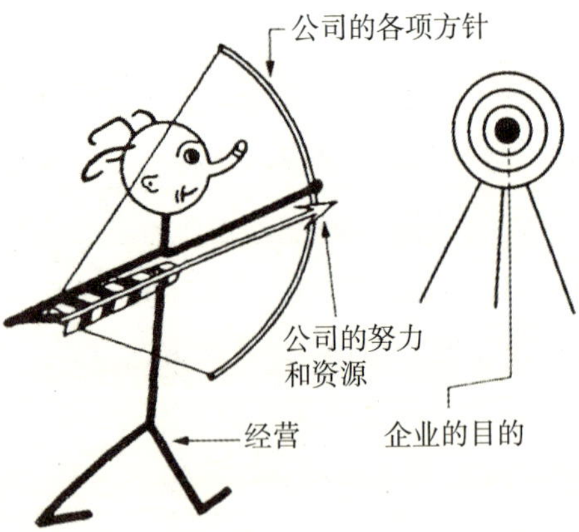

如果不给经营（图中的人）以目的（靶），就不知道公司的努力和资源（箭）的方向，那么公司的各项方针（弓）即使再好都没有用。不过这里也必须注意，作为企业整体（整个图），任何一个要素都不能独立存在，相互之间必须保持紧密的共存关系。

和对社会生活的影响的情况下运营，这些实际上才是重要的，不亚于对利益的获取。

2　公司目的的实例

美国NNS的创始人，在公司创立的时候，就对“公司的目的”发表了如下理想：

“本公司旨在建造好船。尽量获利，不得已亏本也没有关系，但我们要一直建造好船。”

We shall build good ship here; at a profit if we can.... at a loss if we must....,

But always good ships.

这是这家公司的指导精神、基本方针。这几句话表示出了企业生存的全部理由，而且显示出比起利益更重视质量、陷于困境也不放弃事业、决心去发现最好的生产方法的决心，实在意味深长。

无论什么企业，必须有这样简洁的声明来作为基本方针。由此才能明确公司的生存理由。

3　制订公司基本方针的效果

公司为什么要有基本方针？因为在基本方针中，有以下效果：

(1) 可以让公司全部的资源和努力集中于一个明确的目标下。

这是最重要的效果。由此才能让公司的活动朝着一个目标迈进。因此，表明企业的目的，如第1张图所示，才可以让拿着弓射箭的人有“靶”可射。

（2）使公司内所有方面得以稳定。

例如，根据基本方针，员工能够更好地理解自己的努力与企业整体有怎样的关系。

（3）让顾客知道可以对公司有什么期待，并取得他们的信赖。

（4）让检测公司业绩的准则成为标准。

（5）可以预先设定为达成目标需要的一切要素。

总之，公司的基础，首先要宣告公司的基本方针，即目的。当然，公司不同，目的也是各种各样，但有一点要明白，在创立公司的时候，首先必须明确简明而完整的公司的生存目的。

（3~6 页）

2 企业的社会责任

（1）与追求利益之间的平衡

那么，关于第 2 点企业在社会性方面如何呢？讲座中强调了对公共的责任、对顾客的服务、对社会生活的影响等的考虑是非常重要的，不亚于对利益的追求。为了简明扼要地明示出它们之间的关系，下面是一个美国造鞋公司的案例。

“我们的理想是，将我们公司变成更适合工作的地方，变成社会上更好的邻居，变成更好的销售商，变成更好的采购商，变成更好的投资人。每个人每天都要朝着上述理想共同努力。”

接下来是美国强生（Johnson & Johnson）的著名经营方针：

“我们的第一职责是关于顾客。

我们的产品必须始终优良，还要更好、更便宜。

必须及时准确地满足订购。

销售店铺的利益必须正当。

我们的第二职责是关于员工。

在我们工厂和事务所工作的人，无论男女，必须让他们对工作感到稳定。

工资必须公正恰当。管理必须合理、工作时间要短，车间必须清洁、有秩序。

要设置员工可以提建议和投诉的组织性制度。

车间主任和部长、科长必须有能力且公正。

给有才能的人晋升的机会，要考虑每个人基于自己尊严和优点的职位。

我们的第三职责是关于经营。

我们的经营者必须是有才能、学历、经验、才干的优秀人才。

并且必须具有丰富的知识，超强的理解能力。

我们的第四职责是关于我们所居住的地域社会①。

我们必须是好市民——支持公益活动和慈善事业，缴纳相应的税金。

我们必须维持我们公司设备的良好状态。

---

① 地域社会：指以一定区域为媒介结合而成的生活共同体。它是自然形成的，不仅是空间概念，还是人们社会生活方式和思维制度化的社会共同体。

我们必须参与促进人类进步、健康、教育和良好行政的活动，并且把我们公司的活动让社会知悉。

我们的第五职责是关于股东。

营业之日起，必须有稳定的利润。

必须积攒储备金以做研究开发。

必须尝试有野心的计划，弥补过失，防备不景气时期，支付高额税金，购买新设备，建造新工厂，发售新产品和开发新的销售模式。

我们必须尝试实践新构思。

在尝试这些新构思的时候，股东应该有公正的收益。

我们受神的恩惠，要下决心并竭尽全力履行以上义务。”

宣告这些经营方针是公司经营的出发点，也是要达到的目标。

该公司的经营方针，最初是1943年创始人的儿子罗伯特·伍德·约翰逊（Robert Wood Johnson）董事长在一张便签上写下的。虽然从中能够看到表达和内容上的变化，但是经历了半个世纪直至今天，它的基本路线也没有改变。公司内部将其称为“信条”(Our Credo)。

该公司定期召集公司在世界各国的骨干召开“信条挑战会议”，就对其的解释和应用进行彻底而反复的讨论。

在现实中当面临一些经营危机的时候，该公司依然坚持把这个基本方针作为事业的准则，从而赢得了社会的信任。其中一个例子是，20世纪70年代该公司停止发售防晒婴儿霜。尽管关于防晒用品是否有害还没有定论，但是当时大卫·克莱尔（David Claire）董事长偶然从朋友那里得知可能有危害，就英明果断地做了这个决定。

另外一个例子是，1982年发生了“泰诺”（Tylenol）中毒事件，该公司制造销售的非匹林系镇痛解热剂“泰诺”导致服用者中了毒。该公司在原因不明的情况下回收了一年内销售价值为一亿美元的药品。据后来的情报说，该药物在制造过程中并没有失误，推断有毒物质是在药品出厂后才出现的。

这些只不过是该公司把平时的信条作为危机管理方针的几个鲜活案例而已。

（2）社会责任的内容

“企业的社会责任”这个表达自古就有。“这是个自古就被讨论的问题，不过这20年左右又被赋予了现代的含义。”这句话来自于20世纪50年代中期，而不是21世纪之前的今天。

但是，其含义当然也在变化。当时“社会责任”这个词是什么含义呢？企业与社会接触的人有员工及其家庭、股东、地域社会、消费者、顾客、竞争者、政府等。在这些多角度的社会接触中，企业的社会责任要重点考虑员工、股东和消费者。稍微往大看，消费者无非是个社会普遍性的问题，就是如何调和企业利益和消费者利益，即企业的公益性问题。

企业是个政治性和经济性的存在，对社会有很大的影响。正因为如此，企业对社会负有责任。

在1956年11月第九次日本全国大会上，经济同友会做出了以《经营者社会责任的自觉和实践》为题的决议。经营方策特别委员会提交了一年多的研究成果作为企业利益和经济社会之间的调和方案。

该委员会认识到“企业现在要脱离原本单纯朴素的私有区域，作为社会各种制度的有力环节，其经营也不仅受资本提供者的委托，还受包括资本提供者在内的全社会的委托”，并指出“单个企业的利益和全社会之间自然调和的时代已经过去，经营者如果不努力向前就不会实现它们之间的调和”。

在决议中还提到，企业、工会、政府等主要经济势力之间要通过“监督与制衡”（Check & Balance）形成社会平衡，确立公平竞争规则及公平分配企业所得等。

（3）时代的先锋性

用“企业市民”来表达企业是社会公共财产这一社会性存在，距离我们已经很久远了。这是在1950年前后由以哈佛大学为主的学者们提出的。CCS讲座从1949年开讲以来，在日本不必说，就连在美国也早已遥遥领先于时代。

顺便说一下，彼得·德鲁克（Peter Drucker）也断言，20世纪40年代以前企业的最大目的就是利润。《现代的经营》（1954年）指出，作为有社会指导性的团体经营者，需承担社会责任，并下结论说，把企业利益作为公共利益，让企业利益和社会利益合为一体，才是企业最高管理层的社会责任，不过这需要近20年的时间。

另外，米尔顿·弗里德曼（Milton Friedman）创作《企业的社会责任在于扩大利益》(1970年）是之后的好多年。这位获得诺贝尔奖的著名经济学家明确表示，利益最大化的行为必须要符合在法律和伦理习惯中得以具体表达的社会基本法则，但是企业的第一职责还是利益的最大化。

3 企业是为谁而存在

在CCS经营者讲座之后五年，美国《财富》(*Fortune Magazine*）杂志实施了“对企业经营者有什么期待”的民意调查。结果，94%的人回答是“有社会责任”。企业经营者告知普通民众“企业所承担的社会责任，如何实现社会责任”，同时用事实来证明，是非常重要的。

当时的新泽西标准油公司（Standard Oil Co. of New Jersey）以“第一服务员工，第二是顾客，第三是股东和一般大众”作为公司的经营方针。

如今有一个大命题，就是“企业为了谁”，这是治理公司的核心课题。CCS讲座没有这种形式的命题。但是如开头所述，公司不只是单纯地追求利益，还应该重视关心员工、顾客和社会生活。另外，制订公司方针的时候，在最需要注意的事项里，还要明确写明“要符合经济法则、法令和规则，要与公共利益相符”等条目。

如此一来，我们就能充分认识到企业的公共性和社会责任。以此为背景我们推测，许多准备CCS讲座教材、进行演讲的人受 AT&T 相关人员的影响很大。因为作为当时美国最大的企业，垄断了电话服务业的 AT&T 考虑过公共性的问题。

另外，“第二章　组织”要重新论述股东的利益，我们不能忘记这样一个历史事实：讲座开头是在一个大视野下对企业的存在方式提出了质疑。

今天企业的规模之大，与 50 年前不可同日而语，特别是日本企业的社会影响在国内外都是极大的。因此，不仅不能无视它在社会上起到的积极作用，更不能无视它的消极影响。

收录在讲座教材中的“问答”里，没有与此次内容有直接关系的询问和解答。

但是，在之后出版的经营方面的书籍里，与社会责任相关的记述多了起来。并且，在 1955 年派遣到美国的日本最高管理层视察团的报告书里，也有几页叙述了与社会责任相关的报告和感想：

“美国企业经营的第一目的是，协调各种各样利益集团的利害冲突和见解分歧，要在所有集团获得最大的幸福且不牺牲任何人的情况下运营企业。”

报告中假定了早就存在对立的各种利益相关方，说明了企业经营的主要目的是解开序章所述的：同时满足利益相关方的高级联立方程式。

CCS 讲座预先告知了这个基本课题的重要性。

4　经营方针和管理方针

以上叙述了企业的目的，即基本方针。这对公司内部而言是心得，对全社会而言是对公司目的的严肃宣誓。

根据这个基本方针做出的具体规定是经营方针和管理方针。两者的区别是，经营方针是整个公司的大方针，管理方针是各部门的具体规定。

但还有一个区别，就是由谁来决定方针。前者由最高管理层决定，后者由部门负责人决定。讲座明确区分了这一点。关于这一点，下述问答颇有意思。

问：从抽象意义上来说，我了解经营和管理两个方针的区别，但实际上也有最高干部干涉管理方针的情况，你怎么看？

答：结果会是错的人决定了错误的方针。无论什么人都应该做与自己职位相符合的事。由最高干部决定管理方针的做法，表示董事长不信任部长，或者（只能）表示部长的做法不好。

也就是说，只要任命某个人当部长就要给他权限，要信任他、不要干涉他。如果是不值得信赖的人，就应该解雇他。

日本式的做法，实际上就因有这种“共识型管理”（Consensus Management）的特征而备受批判。各层的权限和责任没有明确区分开，反倒是共同拥有权限和责任来推进工作，这很难达到讲座所讲的状态。这也可以称为是自下向上型与自上向下型的差异吧。

问答中也强调了经营方针由最高干部决定、管理方针由部长级人员决定是不可动摇的原则，既然委托，就意味着要完全托付给对方。而日本重视共识型，采用由一人意志决定、多数管理层参与的方式。

另外，实际上也会出现到底能否严格区分开经营方针和管理方针的问题。关于这个问题，讲座认为要严格分开，不过听讲人是如何接受的呢？总之战胜国与战败国是有着明显的差别的。我们或许是一方面对来自于经济能力强大国家的信息感到惊讶，而另一方面又一个劲地拼命去理解最新的理论和案例吧。

【原著】引自“第一章　方针”

第二节　经营方针

1　意义

宣告基本方针是公司的第一要务，但只是这么简短地宣言，是不能向员工显示出达到公司最终目标所需要的全部条例和指示的。因此，在企业目的规定的范围内，要制订事业运营的一般规定，公司的组织必须是一个有机体。这就是经营方针。经营方针通常是由董事会或董事长等最高干部制订。

2　内容

经营方针决定了公司的业务范围，设定了企业在平时运营中应该实现的目的。这些方针，是公司的一般规定，通常在一个大视野下处理财务、生产、销售、会计、组织等问题。比如，内容如下：

(1) 财务方针　就发行股份、决定分红、借用资金、储备金投资等方面制订方针。

(2) 生产方针　就决定新工厂位置、转移原有工厂、集体协定、工资发放方法等方面制订方针。

（3）销售方针　就直接销售、委托销售、设置分店、薄利多销或高利零售等方面制订方针。

（4）会计方针　就预算的设计及运营，成本制度选定，经营统计和事业报告的内容、性质等方面制订方针。

（5）组织方针　就公司机构的形式、各职位名称及等级、各等级的责任及权限范围，以及其他与组织相关的一般事项制订方针。

总之，经营方针是一般规定，表示平时要遵守的章程。

（6~8 页）

【原著】引自“第一章　方针”

问答

问：在美国，所谓企业的目的，实际上到底在哪些方面？怎么运用？希望举例说明。

答：纽约的梅西百货公司（Macy's），在纽约乃至全世界都算是大规模的百货公司，它经常和附近一个叫“Gimbels”的百货商场竞争。梅西百货公司的销售方针是任何商品都要卖得比“Gimbels”便宜。即：

“We will undersell any other department store.”（比任何其他百货公司都卖得便宜。）

梅西百货会雇用 30 个人暗中装扮成客人去 Gimbels 买商品，把买回来的商品拿到化验所进行比较，如果有质量相同且价格便宜的东西，不等第二天就立刻降价。Gimbels 也同样这样做，如果自己的商品更贵也立刻降价。对此梅西会再次降价。最后甚至会降到令人吃惊的价格，这也是因为前面所说的方针所导致的结果。

另外 Sears Roebuck 百货公司也制定了一个方针：

“Customer is always right.”（顾客任何时候都是正确的。）

根据这个方针，就算顾客是错的也要看成是正确的。就算亏损也要以顾客为重。顾客购买的任何东西都能更换。就算知道顾客在撒谎也要相信他并对商品进行更换。

问：如果因为亏损公司倒闭了怎么办？

答：Sears Roebuck 百货并没有因此亏损，反而更加繁荣。因为这样做一定能让顾客满意。但是，该公司不再把说过一次谎的顾客当成是自己的顾客。

……

问：虽然知道经营方针和管理方针的差异是由制订人和方针性质来决定的，但日本的现状是，它和工会也有关系，所以公司的方针不是取决于其适用范围的大小，而是取决于其重要程度，管理方针也由董事会来决定。因此，演讲人解释的经营和管理两种方针的区别是从抽象意义上讲的，而我认为实际上也存在最高干部决定管理方针的情况，你怎么看？

答：结果会是错的人决定了错误的方针。“因为情况紧急”，这不能成为错误方针的借口。经营方针由最高干部决定、管理方针由部长级人员决定是个不可动摇的原则。无论什么人都应该做与自己职位相符合的工作。由最高干部决定管理方针的做法，就是董事长不信任部长，或者表示部长的做法不好。除此之外，没有别的原因。

问：管理方针中重要的部分也由部长级人员来制订计划，然后由最高干部行使决定权。如果说管理方针由部长级人员来决定的话，那么在美国，最高干部不就没有事情可做了。

答：确实如此。最高干部不用处理任何事。他们的职责是思考，由部长级以下人员来做事。(Top men do nothing，they are the planners.)

问：Coordination 和 Cooperation 的意思有何不同？

答：例如，因为自己一个人拿不起来椅子，所以借助别人喊着“一、二、三”拿起来，这就是协作（Cooperation）。而第三人（上司）让我和另一个人把椅子搬走，两个人共同搬，这是协调（Coordination）。进一步解释协调，例如拿桌子上的打火机时，脑子里想着就是去拿打火机。为此把胳膊伸过去，把手移到那边，用手抓住打火机，然后弯曲胳膊把其拿到身边。这时，为了脑海中拿打火机这个目的而动用胳膊、手指等，就是协调。

还差一点，就是要把时间和地点这些要素加进来。例如，技术部门要在规定时间之前把某个设计稿交给制造部门。采购部门要在所定的时间内把需要的材料交给制造部门。制造部门要在所定的时间之前完成并将产品交给销售部门。销售部门要在所定的时间、所定的地点将产品送到需要的顾客家里。像这样在一定的地点和一定的时间，把各部门有条不紊地调动起来就是协调。因此如果协调不能顺利进展，说明指导力差。这就相当于打棒球时击球手要打到投手投的球，球棒不能挥得太早、太晚、太高或太低，必须要根据正确的判断在球刚好过来的时候配合着打出去。

问：可以“没有权限只有责任”（Responsibility without Authority）吗？

答：没有权限可以有责任，但是没有责任决不可以有权限。虽然责任大于权限，但是最好不要有这种情况。就像人用扁担挑着两个水桶一样，责任和权限要平衡，这样才能工作，任何一方过重都不能工作。

（29~34 页）

第 2 章
组　织

“第二章　组织”的构成如下：

第一节　经营层

第二节　组织和人事

第三节　组织类型

第四节　组织的功能

第五节　对组织的思考

重点如下：

· 高效率的企业在经营层上有明确的区分，对各层的功能和责任也有所规定。

· 经营结构这个金字塔被区分为员工、监督管理层和最高管理层。

· 最高管理层的下级称为部门管理，上级称为整体管理。

· 这个金字塔外还有受托层。股东委托董事会代表股东的利益开展工作，董事会是受托层。

· 因此它与董事长、最高管理层在公司内部的功能和相应的责任不同。

·美国大多设置公司外部董事。因为股东想将外部董事的经验和见识活用在公司经营上，实现股东的利益。

·在董事会听任董事长等有权势的人时，必须设置外部董事。

·日本大多认为董事是成功的目标。但是，如果错选董事，企业会极度危险，因此不被工龄、私情和派系左右，而充分去了解董事的责任心是十分重要的。

·日本企业组织的缺点在于责任和权限不明确。因此董事长一方面会因忙于琐事而没有时间处理董事长本身的业务，另一方面会干涉下级、打消下级的自主性。

·日本企业还有一个问题是，有不根据能力而是根据工龄来提拔、注重面子而不进行调配的倾向。

·组织的类型，有直系组织、直系参谋组织、功能式组织。选择哪种组织要看个别情况，要在理解组织的基本概念后发展组织。

·企业不可缺少的功能有技术、制造、财务和市场。

1　最高管理层和“空水桶”

（1）最高经营干部的职责

CCS经营者讲座的重要成果之一就是明确指出了最高管理层的存在和意义。其作用在于，对公司内部功能上的责任和董事这个特殊地位的责任两个方面都做出了重要指示。

为了实现企业定下的目标，设计组织、明确权限和责任是不可或缺的。这些是现代化经营的基本要件。CCS 讲座通过准备性调查和分析，得知当时日本的企业经营在这些方面极其不完备。正因为如此，讲座着眼于最高管理层，把最高经营干部设定为讲座受众。

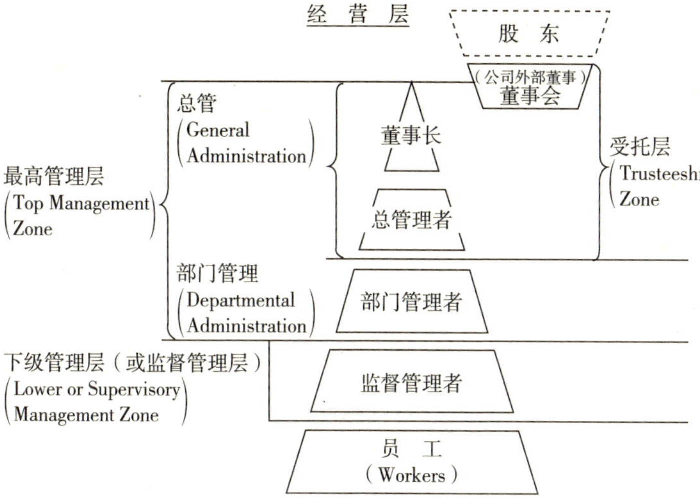

第4图

图表 5　教材中介绍《经营结构的金字塔》的第 4 图

“企业业绩不好的原因在于你们最高管理层而不是员工。”对于这一情况，不仅在讲座开始前准备性企业实态调查的报告中，在讲座上也反复强调过。同样的情况，戴明在 1950 年、朱兰在 1954 年反复说过。听讲人到底在什么时候才能深刻认识到这是自身的问题呢？

最高管理层是当时最大的问题，这一判断是极其正确的。特别是对于面向 21 世纪的我们来说，CCS 讲座不是提出了一个重大问题吗？不要急着下结论，我们先来理解一下教材。

(2) 最高管理层

我们根据教材中以《经营结构的金字塔》为题的图表(第4图)来讲。员工位于金字塔的最底层，下级管理层叫监督管理层（Supervisory Management Zone）。在这之上为最高管理层（Top Management Zone）。最高管理层又分为总管和部门管理两个部分。下一层是部门管理（Departmental Administration），上一层是总管（General Administration）。

各自范围区分如下：

监督管理层：从车间主任（Foreman）到科长

部门管理：部长

总管：副董事长（Vice President，指上级部长，而不是日本的副董事长）到董事长。

因此，CCS 讲座上所说的最高管理层，是指部长级别以上的管理人员。并且在 CCS 讲座关于最高管理层的经营研讨会上，使用的也是同样的定义。

朝鲜战争的爆发，也是日本企业学习美国的很大诱因。面对出乎预料的繁盛，所有企业都开始为企业的重建而努力，值此之际，各企业有意确立最高管理层作为企业存续和发展的典范。为了建立与新企业环境相称的企业经营，各公司争相探讨、研究重要职位组织，这个时候最好的典范就是美国的最高管理层。

就像之前已经指出的那样，最高管理层这一概念以 CCS 讲座为导火线开始备受关注，CCS 讲座成了最高管理层教育的代名词。此外，在 CCS 讲座后两年，1951 年，发行了名为

《高层管理》的书籍。该书是由最高管理层的先驱研究者保罗·霍顿（Paul Holden）等人撰写，书中也使用同样的定义。

该书初版在美国1941年发行以来，多次再版，很多人阅读过，对当时的经营者影响深远。这里把最高管理层的作用归纳如下：

（1）明确设立的计划与活动目标

（2）确立与组织相关的计划

（3）配置与企业各重要部门相适应的人才

（4）决定有效的统治方法和手段

这些也和德鲁克所述有共通之处。1959年夏，德鲁克在箱根举办的最高管理层论坛上，最先提出这些问题，他就工作要素总结道：

（1）明确企业的基本方向

（2）有效利用企业资源（企业资源包括：①人才，特别是知识能力；②组织机构；③企业资金）

（3）维持与强化经营者的社会责任、公共服务、自由经济

这些都已经在CCS讲座里有过叙述。在内容和时机上都对关心最高管理层的CCS有先驱性的意义。

但在1961年发行的经营书的前言中提到，尽管越来越关注企业的重要性，但是并没有追本溯源，而是因为紧迫性出版了此书，之后又叙述道："最高管理层是什么？对此只做一种含义的解释是困难的。"实际情况是只是像这样先使用了这一术语，还没有达到充分理解其内容的水平。

CCS 讲座就最高管理层指出了以下几个基本要点。第一，就公司内执行业务上的功能而言，它存在下级不涉及的最高管理层的固有业务。当时的董事长每天忙于各种日常业务，其实百害而无一利。一方面疏忽了最高管理层的固有任务，另一方面干涉了下级的权限，打消了他们的自主性。

(3) 空水桶

那么，最高管理层固有的业务是什么呢？是研讨公司的目的与长期规划。关于这一点，CCS 讲座经常使用“空水桶”这一表达。董事长一天什么都不做，有时间去打打高尔夫球，必须把头脑放空。但不是把脑袋变成一个空水桶，而是必须要开研讨会，只去考虑最高管理层的问题。

问：我说的做法是，管理方针等重要的东西由部长级人员来制订计划，由最高干部来实施决议。如果说由部长级人员来决定管理方针，那么在美国，最高干部不就没事可做了吗？

答：是这样的。最高干部什么都不用做。他们的本职工作就是思考，然后由部长级以下人员来实施。(Top men do nothing, they are the planners.)

(4) 权限移交与责任

我们知道，在日本强调“报联商”[①] 法则，即报告、联

① 报联商：报告、联络、商谈的简称。因为“报联商”在日语中的发音读作“hourensou”，与日语中表示“菠菜”含义的单词读音相同，所以，报联商法则又称为菠菜法则。

络、商谈，但这些与美国式的权限移交格格不入。演讲人明确说过："委任是以帮我实行为前提的，逐个受理详细的报告十分麻烦。"这句话值得关注。

下面的人是否要做某个计划，就到部长那里咨询，这是在逃避责任。因为这些事已经委任给了他们，所以没有必要咨询部长。

下面的问答很有意思，与责任的概念和实施相关。

问：处置完问题后，有没有必要提交报告？

答：下面的人是否要做某个计划，就到部长那里咨询？因为这些事已经委任给了他们，就没有必要问部长。部下跑来咨询就是在逃避责任。

问：但是上司对部下所做的事情没有责任吗？

答：不是这样的。要从两个层面来看，下层的人自己必须认真做的事情是针对他的直属上级而言的，上级如果把自己的一部分责任委任给了部下，被委任的一方就有义务去认真完成。

部长帮部下斟酌，部下得到回应并在被允许的情况下，出了问题，责任就由部长来承担。笔者在美国工作时也有个相似的经历。当时拿到一个销售部长的一周报表。如果只是看看是没有问题的，但日本人有个怪癖是想提个意见作为建议。但这就是问题，当时我就被警告，因为从提意见那一刻起，责任就由我这个上司来承担了。

既然移交了权限，部下在这个权限范围内就可以酌情处理所有事务，然后根据自己的责任和权限达到的结果得到评价。但上司如果中途介入，恐怕在成功的时候部下会主张是自己努力的结果，在失败的时候会把原因归结为上司的介入。在与业绩、升职加薪直接关联的社会，这个问题极其重要并且微妙。也就是说，从上司提出意见的一瞬间，部下就会说“我的权限受到了侵犯，没有完成目标不是我的责任，没有理由给我降薪”。

日本的主流是团体行动。从好的方面来说，是一种重视共识的经营，但其实质是一种越权经营，也是一种无责任体制。上司逃避责任并推给部下也是常有的事。也有部下承担上司责任的情况。

在 CCS 讲座中，演讲人指出：“承担上司的责任是一种坏习惯。”

问（演讲人）：在日本，有部下承担上司过失的习惯，虽然有其缘由，但客观地来看，这是正当的吗？

答（听讲人）：必须好好思考一下，这不是好事，必须尽早改正。

问（演讲人）：为什么有这种习惯？是为了保住上司的地位吗？

答（听讲人）：问题其实还在上司身上。

问（演讲人）：是上司为了保住自己的位置才开始这种习惯的吗？

答（听讲人）：是的。

这种观点，在今天也意味深远。翻看一下公司的黑历史就会发现，以前的恶习没有割断且仍在持续的情况比较多。各个层次的负责人并不会拍着胸脯说相信正义。他们会说一些诸如“虽然知道不好，但是如果自己不这样做就是在否定之前这样做的前辈”之类的理由让自己的行为正当化。

如果上司握有人事权，并且在外部不存在一个流动的劳动市场，部下就容易去讨好上司。责备说“这是保身之术”虽然容易，但是挺身而出地去抵抗却极为困难。结果就容易导致保护上司的部下晋升了，公司的丑闻也接踵而至。

那么，该怎么办呢？CCS 讲座并没有涉及这一点。现在想来，有三个选项：第一，如果有流动的劳动市场，员工就不会选择留在公司被上司批评，而有可能选择跳槽。第二，如果彻底公开信息，丑闻就很难持续出现。第三，如果形成对经营上层部门的“监督与制衡”（Check & Balance）机制，就会彻底清除丑闻的温床。

作为具体路线，董事会的改革或许是捷径。的确，哪一个都不是容易的事情。但是，要从能做得到的事入手，下决心进行结构改革。

这个问题也与责任的概念相关。全世界的企业都经常使用“负责任”这一表达。但到底是什么意思呢？CCS 讲座使用过“应负的责任制”（Accountability）这一术语，是个令人感兴趣的回答方式。

得到某种权限与责任，却不尽职尽责而受到处罚就叫“存在应负的责任”。没有尽职尽责而没有受到处罚，就叫“没有应负的责任”。应负的责任与承担的义务相近，具体而言就是被问责。自己接受任务的同时，万一没有完成任务就要甘愿受罚，这是责任的必要条件。

日语在这一点上是极其暧昧的。当说“这件事有责任”“把责任转嫁给别人”的时候，这里的责任表示业务对象的执行责任。而在“承担上司的责任”这样的表达中，责任表示未完成业务对象而甘愿接受惩罚的意思。前者未必有这层意思。

2 股东的主权与董事的责任

(1) 股东的受托责任

第2章的第二大课题，就是董事与董事会的作用、责任。

CCS经营者讲座根据资本所有、企业经营和运营三者分离的原则进行讲述。今天读来依然有很多新鲜的内容。

第4图中，“经营结构的金字塔”的倒三角形就是股东，这个区域叫“受托层”（Trusteeship Zone）。

受托是个不太被人熟知的表达，表示董事会（Board of Directors）受股东委托去有效利用资本、代表股东利益开展行动。

之前提到的董事长和最高管理者就公司内部的功能所拥有的责任，是经营与运营之间的责任，而对股东的责任则是指所有事项与经营之间的责任。所以，两者有着主旨上的区别，也就是说，有着本质的不同。所谓受托层的责任，坦率地讲，无非是监督经营者不违反股东的利益。

在当时的美国，也经常出现因董事会主导公司而碰到麻烦的情况。董事会专心于研讨、评价和制订方针，在职的职员执行业务，是自然不过的事情。监督公司的运行情况，是董事会的职能，如果公司没有运营好，董事会必须更换经营者。换言之，董事会的主要职能是监督董事长的工作，要有独立的见解，保护公司不受经营者破坏。用一句话说就是要有建设性的判断力。

CCS 演讲人对日本的董事这一概念抱有很大的疑问。也就是说，日本过于强调晋升至要职是员工的目标。我们也常常看到对董事的任命取决于工龄，还受到朋友关系、派系、人情等的牵制。演讲人通过总结这些惯例，从损害股东或公司利益的观点出发给予了警告。

董事的地位似乎非常具有威望，但是董事的人选必须从对受托层认真负责的角度出发进行选择。有没有理解如果选错了人有多危险？成为董事的人，认识到积极履行董事的责任和义务的必要性了吗？演讲人对此措辞严厉：

"我明白大家都憧憬要职，也很清楚从现今日本的形势来看，选任公司外部董事很困难。但是，是按照风习经营公司，还是科学地建设公司？选择哪一个由各位来决定。各位在事业生死存亡之际，会选择哪条路呢？"

（2）实践案例

在考虑受托这一问题本身时，笔者想加上几个考察。得到受托的董事会的职责是从股东的利益出发，监督董事长以下的最高管理层。在讲座中，也夹杂有如下问答。这里是听讲人问，演讲人作答。

答：少数股东对董事长不满意，但是却没有过半数的权利。于是就去有势力的股东那里游说，并在接下来的股东大会上成功地解雇了董事长。

问：那么股东大会需要花费很多时间吧？

答：不怎么花时间。

在美国的商法中，董事（Director）和业务执行董事（Officer）被明确区分开来。各州虽有不同，但基本原则如下：首先董事（Director）受股东所托经营公司，在董事合议下执行业务，即一个董事只要没有从董事会获得特别的权限，就不能代表公司执行业务。所以，董事会要选任执行决议的董事。

被选任的执行董事是经营者，是业务执行董事（Executive Officer）。具体而言，就是选任董事长、财务主管、公司秘书及其他若干名干事。也有些州会选任出财务总管、总经理。最初把这种美国现代经营模式介绍给日本的也是CCS讲座。

另外，公司秘书最重要的任务是制作、签署股东大会和董事会的会议记录，负责监督董事长不要歪曲决议及执行决议的经过。财务主管负责财务出纳文件，不受董事长制约。以此形成三权分立以牵制董事长的体制。

CCS经营者讲座的听讲人都是经营者，他们的反应如何呢？只要读一下当时的问答或报刊杂志就可以看出，虽然他们没有深刻反省的意思，却早早地对经营队伍做了大胆的机构改革，并以此为始在短时间内恢复了业绩。

来看一下田村制作所（东京都东大泉）的案例。该公司主要（约有200名员工）制造变压器，由于在战后通货膨胀时期的马虎经营和资金困难，陷入了极端困境。然而，在接受了CCS经营者讲座的授课后，全盘接受了授课内容并作为重建公司的手段，成功渡过了难关。

该公司在重建过程中，第一阶段先进行了以调整要职队伍为目的的组织改革，第二阶段注重质量管理。在改革的第一阶段，首先在已有的七名要职人员中，果断地将仅依资历排位任职的人员辞退，同时从公司中坚力量中选拔五名优秀人才，再将以往的董事长、专务董事、常务董事等层级简化成董事长、副董事长、董事。

另外，限制董事介入日常事务，规定其只能在董事会发表意见。在日常业务中没有分配任务就不得介入。

这种要职队伍的改革中存在着人事问题，遭到很多人反对，一时难以推行，但是承担实施全责的金井繁治（董事工厂厂长）通过游说最终实施了这一改革。

第二是全公司的机构改革。董事长之下设有副董事长和营业所长，副董事长负责工厂管理部（总务、人事相关）、技术部、制造部、会计部。在公司核心的制造部之下设置生产管理、制作、检查、资材四科。组织改革时部长、科长、股长的人事全部要大刀阔斧地刷新，比如把股长提拔成科长等。对于这种机构和人事改革，工会声称这增加了劳动强度并抗议，公司进行了说服并让他们接受。

机构改革告一段落时，再让全体员工在自己熟悉的领域接受培训，这样经营也走上了正轨。公司为了提高员工士气，在经营许可范围内每人提高3000日元工资，鼓励员工奋进前行。并趁此机会明确制定了工资体系。所有员工的平均工资达到了10000日元，再加上生产奖金，公司的工资达到了社会平均水平。

改革第二阶段重点在质量管理上，特别是减少次品率。在以前无统管的经营下次品率是15%，现在锐减到4%左右，在政府机关的检查中几乎没有不合格的产品了。

金井繁治在引进从CCS讲座学到的新型经营管理知识的时候说：

“实施改革以来，所有人都开始合理地思考了。作为经营者也第一次经营出了自信。而且公司在稳健的经营之下，员工有了安全感，工作欲望变强了，这也是一大收获。”

另外在前一章介绍迅速制订企业目的案例时提到的西川电波，也对董事进行了彻底调整。西川董事长指出：“要职人员不应该是像邮戳机或隐居者一样的存在。有必要改变他们认为别人是做事的、自己是享清闲的错误观念。”

（3）关于底本

受托这一思维方式在美国早已普及。霍顿等人在《高层管理》中也明确提到过这种思维方式。

CCS讲座的受托层、最高管理层、部门管理层的概念划分，从时代推移上可以认为都借助于该书。事实上，一位名叫茅野健的参与人证实了这一点，他说：

“波尔金霍恩也是参考了《高层管理》这本书做的讲座准备。”

但是，该书内并没有三角形的图表。只要调查一下于CCS讲座前后出版的日本和美国的经营类书籍，就会发现这好像是在CCS讲座教材中第一次出现。讲座之前没有出现过同样的图表，但在随后出版的日本国内经营学教材中能看到有几本使用了同样或接近相同的图表。但是，都没有标明出处。

【原著】引自“第二章　组织”

第一节　经营层

1　概况

在高效率的公司，经营被断然而有等级地划分成了许多层。各层的功能和责任也被区别对待。效率的高低根据功能和责任的认定、责任追求的实施程度等来测定。因而本节通过观察“经营层”这一概念，希望能给日本的各位经营者的组织研究提供帮助。

另外，需要预先说明书中的术语，文中出现的职务名称是根据权限、责任等内容来判断的，绝不可以只看职务名称，要注意不可以把它等同于自己公司的情况。

那么，“经营层”是怎样构成的呢？作为理解这一概念的第一步，我们翻到第4图（图表5）。

第4图中显示的是“经营结构的金字塔”。首先，金字塔的最底层是员工。他们才是真正从事劳动、实际制造产品、进行作业的人。

员工的上层是以员工为基盘的下级管理层。这一层叫监督管理层（Supervisory Management Zone）。

监督管理层之上是被称作最高管理层（Top Management Zone）的一群人，董事长位于这个金字塔的顶端。最高管理层又被分成了两层（Subzone）。其中，下一层叫部门管理（Departmental Administration），上一层叫总管（General Administration）。

在公司的金字塔右侧还有一个倒着的金字塔，它与最高管理层的整体管理层平行，叫受托层（Trusteeship Zone）。

2　详细分析

A　受托层（Trusteeship Zone）

1　“受托”的意思

这里使用了“受托”一词，意思是董事会（Board of Directors）代表股东的利益而行动。因此，它与董事长及最高管理层在公司内部功能上所承担的责任主旨不同。

……

B　最高管理层（Top Management Zone）

1　意义

（1）总管层

包括公司的各种主要功能。而且作为各主体功能的领导，即总管理者（General Management Executive）如常务董事，要对董事长负责。

但这时需要注意两点：第一，上述图表绝不是范本，不过是用图说明经营的基本原理。至于实际的组织机构或组织原理的应用，在之后叙述。第二，兼任董事的总管理者要承担双重责任。他们对董事长负有运用自己掌握的营业部方面的知识妥当进行总管的责任，同时对股东也负有受托功能方面的责任。

（2）部门管理层

金字塔的概念也适用于管理部门。在管理部门，总管负责人（比如常务董事）位于金字塔的顶端，其下有主要的部门功能，各自承担着一般管理功能。

（35~52页）

3 公司外部董事与公司管理

如今仍议论纷纷的是围绕公司外部董事的是非问题。在美国很多公司都设置公司外部董事，但到了今天日本才认识到这一事实，不难推测在CCS讲座的时候它是多么令人吃惊。事实上，在问答中也有很多问题是围绕这一事实。

公司外部董事是大股东自身利益的代表，或是为了公司经营要利用某个人的经验或经历而选用的。公司外部董事不是公司的正式员工，不会承担公司内部的经营责任。

事实上，在CCS经营者讲座的听讲人中，有些企业赞同讲座的说法，很快设置了公司外部董事。第1章介绍的西川电波就是如此。

“要职是员工追求的目标，要职人员不应该是像邮戳机或隐居者一样的存在，有必要改变他们认为别人是做事的、自己是享清闲的错误观念。于是我们对要职做了彻底的改废。”

结果形成了“公司内部董事只有一人，剩下的都是公司外部董事”的格局。这也得到了当时在这家公司工作过的人的证实：

“西川董事长在业界，内外关系网很广，相当有势力。他不仅仔细听取了专家的意见，还邀请像 NEC 的林卓这样有号召力的人来做公司外部董事。我还记得公司外部董事提意见说，如果把重点放在限定领域内，培养出一些大公司也会舍得投资的技术人员，就足以与之对抗了。”

该公司是业主制企业，其行动可以说是相当迅速的。西川仪市引进企业理念和制作指南也很迅速。

【原著】引自“第二章　组织、第一节　经营层、2　详细分析”

2　公司外部董事

看第 4 图可知，董事会金字塔的一部分脱离了经营层，那就是公司外部董事（Outside Directors）。在美国很多公司都设有公司外部董事。它是大股东自身利益的代表，或者是为了公司经营要利用某个人的经验或经历而选用的。公司外部董事不是公司的正式员工，不会承担公司内部的经营责任。

在日本，股东选用公司外部董事还不是很普遍。如果兼任董事的经营者能够高效、富有经验、有能力地进行正确的判断也可以，但是董事会对董事长等有势力的人言听计从，这种情况下就必须设置公司外部董事。

3　选择公司外部董事时需要注意的事项

再来看一下第4图，金字塔在总管层的下方画着一条线。那一般是因为担任部门管理的人太过于专注自己部门的事务，没有董事所需的全局性经验和背景所造成的，当然也有例外。另外，实际上，脱离自己部门而全盘考察公司全体的问题，是非常困难的。

日本的董事或常务董事这一称号，听起来非常具有威望，对兼任董事职位的任命往往受制于工龄、朋友关系、派系、人情等。正是这种惯例损害了股东或公司的利益。

仔细分析受托层的责任，就会明白选错董事是多么危险。因此，我想对当选为董事的人特别强调，有必要去理解董事的责任并积极履行自己的责任。

（37~38页）

下面说明一下董事会只有公司内部董事构成时的优点和缺点。优点是可以共享经营的细节信息并能够迅速理解，最大的缺点是存在对股东利益保护的担忧。也就是说，董事会只单纯地追认经营者的决定，缺乏客观性，特别容易造成董事长一人独大的局面，董事会不过是对董事长等有势力的人言听计从，这个时候必须设置公司外部董事。

【原著】引自“第二章 组织、第一节 经营层、2 详细分析”

4 董事会只有公司内部董事构成时的优点和缺点

优点：

(1) 聚集了公司内的重要功能的代表，所以容易研究基本问题和方针。

(2) 可以迅速施行已思考成熟的事项。

(3) 方便召开临时会议。

(4) 可以召开很多会议，所以董事会可以不断研究处理公司问题。

缺点：

(1) 缺乏客观见解，缺乏对股东利益的保护。

(2) 董事会实际上只是在追认各董事会以公司经营者的资格实施的事项。

(3) 形成了一个奇怪的局面：虽然规定董事长要向各董事汇报，但实际上是董事在向董事长汇报。

(4) 容易造成董事长一人独大的局面。

(5) 董事会虽然在专业方面有优势，但缺乏优秀的实业家。因此不可能有相称的决定。

(6) 董事会缺乏考察问题的广泛见解。

(7) 经营者负责监督，通常没有人会对其决定和行为的健全性持有疑问。

(39 页)

那么当时日本也存在公司外部董事吗？实际上战前在小范围存在过，后来曾援助过战争的干部被革职后，公司外部董事制度也就自然消失了。同时，自那以后，董事会的决议和业务执行都是由公司内部董事们来决定。另外，战前被财阀支持的企业，也有财阀自己作为公司外部董事进行监督的情况。

当时受到GHQ的强烈要求，在继承美国法律的条件下，日本正在推进旨在股份公司制度民主化的商法修正。根据1952年7月实施的修正商法，内容上由原来的德国商法变成了美国色彩浓厚的商法。修正的一个焦点就是强化了董事会的权限，这也成为促进探讨公司最高管理层职能和组织的一个重要理由。

战前日本的股份公司制度是在德国找到的范本，而实际运用的时候却成了与德国不同的东西。不过，也有人指出日本式的股份公司制度之所以成功有以下三点理由：

（1）当时的经营者很多是武士出身。由拥有重视信义、诚实、责任心等武士道精神的人经营着。

（2）因为所有权和经营权没有分离，所以股东和经营者的利益是一致的，经营是慎重的。

（3）战前，企业大多都在财阀的统治下，财阀的经营方面，实际上是财阀集团掌管董事会的工作。

可以想象，战前发挥作用的“监督与制衡”由于各种原因，在战后消失或变质了，成了今天这个样子。

图表6 公司外部董事的构成比

公司外部董事的构成比	工业	公益企业	铁路	合计
100%~75%	17（20.2）	13（37.1）	19（52.8）	49（31.6）
75%~50%	37（44.0）	17（48.6）	17（47.2）	71（45.8）
50%~25%	20（23.8）	2（5.7）	—（0.0）	22（14.2）
25%~0	10（12.0）	3（8.6）	—（0.0）	13（8.4）
合计	84（100%）	35（100%）	36（100%）	155（100%）

（参考《现代高层管理》第100页制作而成）

另一方面，在当时的美国怎么样？我们通过数据来看看吧。上面的表格，是155家大公司的案例。

像公益企业（电话、电力公司）和铁路公司这样公众性高的企业，公司外部董事有半数以上的企业占了大多数。一般企业中约2/3的企业，公司外部董事也占了半数以上。

那么，董事的报酬怎么样呢？尽管公司外部董事只能拿走通常名义上的报酬，但他们不得不背负个人的义务，所以找到理想的人还是困难的。

从当时的手册来看，约半数的公司外部董事是没有报酬的，也就是名誉职位。

美国经营管理协会（American Management Association，简称AMA）经营者报酬调查部针对美国、加拿大的3800家企业的上层经营者做过调查，报告显示，有的企业向董事会支付日薪，有的支付年薪。前者每次是25~250美元，后者通常是1000~2000美元。与日常在职人员相比很少。

最后介绍一下公司外部董事应该具有的个人资质：

（1）在事业上有与自己财务相关的利害关系。

（2）少兼任他人公司董事。

（3）熟悉公司和企业。

（4）有独特见识。

（5）富有批判意识。

（6）按时参加公司会议的意愿强烈，能深刻考虑公司问题。

（7）在事业和经营执行方面富有经验。

（8）不存在相反的利益。

4　经营技术人员的作用

1955年3月成立了日本生产性本部①。日本政府当时在美国政府的指导和援助下，再加上作为振兴经济、产业政策的一环而实施的提高生产的政策，考虑把这个本部培养成有民间基础的、推行国民运动的中坚力量。在日本经济的三大团体——经团联、日经联和日本工商会议所——的支持和协助下成立的日本生产性本部，在同年9月向美国派遣了管理视察团。石坂泰三任团长，中山伊知郎和佐藤喜一郎任副团长，该视察团针对美国现代经营理念和实际情况，进行了为期5天的视察研究后回到了日本。

他们在以《繁荣经济和经营》为题的报告中，介绍了以下6个美国企业经营的特点：

（1）计划性　　（2）开拓市场　　（3）劳资协作

（4）尊重人权　　（5）科学性　　（6）社会责任

这之中，科学经营和企业存在的意义已经在CCS经营者讲座上强调过。经过实地调查后确实有很大的冲击力。报告中对科学性这一点如下记述道：

可以说其（美国的企业）特长就是在经营管理方面的科

① 日本生产性本部：社会经济生产性本部的旧称，英文是Japan Productivity Center，简称JPC，是日本的智囊团，旨在提高国民经济，为旧日本经济产业省所管辖。

学性。他们的常识是没有数据就不去考虑业务。最初提到的“计划性”也是一样，如果没有科学性作为基础就没有意义。

……

美国企业的科学性，已经渗透到方方面面，事实上美国企业对于有必要把经营的基础变成合理的存在有深深的觉悟。不分产业，不分企业规模大小，随处可见这种觉悟。

生产性本部设立后就派遣视察团的这一举动，还引起了很多团体派遣视察团的热潮，仅仅3年时间，就有1816名最高经营者和中坚干部被派遣到了美国（有一部分是欧洲）。

海外视察团对提高美国各公司生产的影响因素做过调查（1958年实施），作为海外视察团的参考，调查回答了生产管理、劳务管理、销售战略、高层管理、经营管理等方面的问题。

经营技术这一术语不是什么稀奇的东西。它含有以下内容：

管理与其说是单纯的技能，不如说是不断地、更多地具备科学的性质。并且在已知知识的牢固基础上，获得对未知问题的攻略并积蓄经验，不断让以此为基础的原则固定化。

这绝不是在否定很多经营者的直接感觉或第六感。

5　日本企业的组织缺点

CCS经营者讲座专门把“日本的问题点”拿出来讲是在“第二章　组织”。并且，只提到过两次，分别是“日本企业组织的缺点”和“日本产业界的问题点”，除此之外就再也没有提到过。不管是什么样的组织，起到决定性作用的是组织设计，但日本的企业却缺乏这个根本。参照美国的水准，我们至少可以得出这个结论。

“日本企业组织的缺点”的主题是责任和权限的不明确性。文中指出，最高管理队伍通过介入下属的业务、不去管中间的管理层，打压了组织人员的士气。

在讲座教材的序言中，波尔金霍恩也表达了同样的趣旨：

“当然，很多日本实业家对此都有清醒的认识。但不幸的是，至今都没有对其采取过什么措施，近年来尤其是这样。”

在“现在日本产业界的问题点”上，文中批判了根据工龄晋升、优先考虑面子而不调换不能胜任的人等风习。近20年来，这些被看成是“日本式”经营体系的特点，无非是一个历史的讽刺。

有些企业在CCS讲座中学习后快速进行了要职改革，实际上也说明它们以前的经营存在问题。反过来说，也反映了日本独特的社会制度与西方的社会存在不同的价值观。但存在一个侧面，就是这种价值观作为日本的优点在发挥着作用。

对一个事实产生不同的评价乃至对立并不稀奇。评价也会受到对象自身主观力量大小的影响。即使日本的管理体系存在优点，但只要对自身的存在感认识不够，就不足以引起世界的关注。

另外，在很多情况下，一个时代的价值观会极大地左右评价。是否符合那个时代的需求，是评价的分歧点。德鲁克谈到日本式的管理体系是在20世纪70年代初期，而它达到世界水平且备受关注是20世纪80年代美国的世界竞争力状态不好的时候。以前的美国式管理体系被取代是时代所需。

回头看1949年，有必要从根本上反省一下以前的日本式组织论。首先，为了弥补战时的不足，有必要启动学习程序。但是，全部跟风美国就是最好的选择吗？

最后附加一句，在英文教材中没有“日本企业组织的缺点”及“日本产业界的问题点”这样的标题。虽然像第I部那样，一开始也有明显的几处对章节进行了划分，但是英文教材被翻译成日语时做了相当大的调整。从中也可以看出听讲人对讲座的期望。

但是，带有日本问题点的标题，反映了在翻译教材过程中委员的认识。之所以这么说，是因为通过比较不同版本的日语教材，我们发现，“日本产业界的问题点”在出版的教材中只有第二节子项目中的一个部分，而在第2版教材中却加上了一个小标题，变得更加醒目了。“日本企业组织的缺点”从第1版开始就只是一个小标题。

字里行间我们能感受到一种新的挑战气息，日本是为了从战败中走出来，追赶美国。

6 组织设计

第二章前半部分阐明了最高管理层的职能，包括和股东之间的受托关系；后半部分讲述了企业内组织的设计，并且在内容上占了八成。这是因为，萨若松等人觉得日本企业的基本问题是组织方法的研究。在讲座之前进行的针对企业实际情况的调查报告中，有9个条目是主要问题点，其中也包括“对组织的研究不充分”这一点。

从当时的情况来考虑，恐怕听讲人是不能简单理解本章内容的。为什么呢？因为组织设计是将企业目的和实际的组织运营结合起来的结构，其中包含的要素极其复杂。直系参谋组织的概念是新的，责任和权限方面也促进了以前想法的转变。此外，在美国考虑到构成组织的人（即人事关系）并进入实用阶段是在1950年前后。综合如此大范围的着眼点，组织设计才有可能。

所以，演讲人从思考组织开始，分别解释了企业需要的各种功能。为了给人以具体的印象，还介绍了丰富的企业案例。美国的案例不仅只有两家小公司（虽说小，但一家公司的规模有3000名员工），还有一个“日本某公司”案例，对其进行了比较详细的解说，并带有组织图。

参考英文教材，这个部分就更加有意思了。另外，在英文版中还放入了美国通用公司（General Motors）的案例，但用下面的一句话，省略了通用公司的案例。

“但是，因为这类超大型企业不能作为参考，所以我们把目光转向小企业吧。”

讲座整体采用听讲人参与的形式，特别是“组织”的某些部分能看出听讲人存在理解上的困难，听讲人根据资料实际制作组织图的顺序也被记在了教材中。据说在讲座上学到的知识，回到自己公司后就可以应用了。

在学习了第 3 节“直系参谋组织”等组织类型后，还布置了课外作业：

“分析自己公司的组织结构，并作出决定，是采用直系型，直系参谋型，功能型？还是这些类型的综合体？这个作业有两个目的。第一是熟悉实际的分析方法。第二是做准备，以便能够理性分析和应用讲座中所讲的各种基本原则，并能在自己公司得以实际应用。”

这个作业关注到了细节，尽可能涉及了日本的实际情况并旨在去实践它，但教材中也有很多不完备的地方。特别是“第二章　组织”的构成杂乱无章。比较一下教材的初版（分两册出版）和第 2 版（共一册出版）就会发现这一点。

简单叙述两者的区别，初版的第 2 节把级别不同的主题混在了一起，有难以理解的地方，第 2 版对此进行了修改。例如初版第 2 节把“科学处理法”与“补充　企业组织的思维方式”放在了一起，而第二版则把它放在了“附录”里，相当谨慎地编辑了第 2 节和第 5 节，充分考虑了节与节之间的联系，并带有逻辑性。而第 4 节只是把“构造”变成了“功能”，内容是完全相同的。

【原著】引自“第二章　组织、第一节　经营层”

3　结语

A　日本企业组织的缺点

以上明确了经营各层的功能和权限类型。各位也许会认为这太专业或太笼统了。但尽管如此，我做这个说明是因为我确信，我们通过观察日本公司的经营后可以发现，即使日本的经营者知道这些事项，也没有在逻辑上和最合适的时候去实际应用它。

（1）在日本没有区分开责任和权限来提高各层经营者的效率。

董事长连小问题都要处理，这样就没有时间做董事长的本职工作了。常务董事，本应去规划和协调自己负责的组织整体，却只去关心一些琐碎的事情。结果，尽管是他的下属负责这些琐事，但由于没有正确规定自己的工作，又没有真正的责任和权限，最终是一片混乱状态。不仅如此，由于上级经营者的妨碍和干涉，下属工作的时候，他们的自主性和兴趣也大多被摧毁了。

（2）难以维持组织步骤。

前面提到妨碍和干涉，但希望大家不要误解这一点。以董事长、常务为首的所有从事经营的人，都要去关心组织的某一部分发生的事情，如果有什么不好或需要改善的地方，自然要着手矫正。但在矫正期间，不能扰乱组织。我们所说的妨碍和干涉，是指像董事长这样的高级经营者，直接对下级监督者或员工下达指示，而不通过两者之间存在的各管理层给出说明或暗示。在美国，这种直接干涉被称为“短流”（Short Circuiting），就是避开中间管理层的意思。

（63~64页）

【原著】引自“第二章　组织、第二节　组织与人事”

2　目前日本产业界的问题点

下面想简单涉及一下现在日本产业界中存在的实际问题。

第一，不管工作能力如何，根据工龄晋升。有时候也会根据“举荐”，把某个人放在重要职位上。不管是哪种情况，如果那个人能力不够，就会使公司蒙受损失。

第二，只要给某个人一份工作，尽管那个人能力不够，为了不失“面子”，也很难派他去做其他工作。所以我想指出一点，在我们晋升那个人前要去确认他的能力，这样才能大大降低以后的困难。

（72~73 页）

【原著】引自“第二章　组织、第一节　经营层、3　结语”

B　科学处理法的必要性

为了让公司的功能高效化，有必要对经营采取科学处理法（注：科学处理法是科学经营中必不可少的方法，本讲座中很多地方都讲到过，归纳总结后放在了卷末）。虽然我们热爱并理解传统，但是与此同时，在日本以外存在不拘泥于传统而不断前行的产业国。不用说也明白，如果日本的产业还以原来的方法发展，将来会怎么样？

我们依靠科学的顺序建立了经营层的概念。所以我们相信这个原则是确实有益的。但要实际应用后才能产生价值。那么，怎样实际应用呢？

C　实际应用分析经营层的方法

在运用经营层原则时首先要做到以下几点：

(1) 研究讨论自己公司的组织，并将现在的职务划分成适当的层次。

(2) 考虑各经营层应当承担的责任类型，并与各职务实际承担的责任进行比较。

(3) 研究讨论权限的移交，观察权限与各层的责任是否一致。

(4) 规定符合各经营层的责任、权限。

(5) 对现有人员进行培训，使之符合与经营地位一致的必要条件。如果现有人员不具备这种能力，要选择有能力的人并对其进行培训。

问答

问：Responsibility 与 Accountability 有什么区别？

答：某个人被赋予某种权限与责任后没有履行而被处罚的时候，就是有 Accountability；如果没有履行也没有受到处罚的时候，就没有 Accountability。而 Accountability 中存在接近义务的负担，不是抽象的而是具体的。是要追究责任的。

问：之前说过，科长在调查股长工作状态的时候，亲自看一下股长下面的车间主任的业绩也是一种方法，但是这在日本却很难。在美国也许可以顺利执行，但如果在日本这样做，会导致感情变淡、心理不平、关系破裂。

这种调查在美国非常普遍吗？

答：车间主任不能若无其事地对股长说：“不和我一起巡视车间吗？”要注意问法、措辞等，不能让股长或车间主任认为自己不被信任。无论是工人，还是车间主任、股长、科长、部长、董事，甚至是董事长，都有一定的薪资。这个薪资是完成一定的工作量获得的。没有理由不去确认他们是否做了与薪资成正比的工作。如果车间主任很优秀，要证明给科长和股长看自己做了哪些工作。如果有人说“你不信任我吗”，那是因为他对自己的工作没有信心。如果有自信，不论谁来巡视都应该心平气和。甚至有许多来自美国的人来调查麦克阿瑟元帅的工作。对于麦克阿瑟元帅做得好不好，时常还会出现意见对立的情况。

问：在考察业绩、下面的人提出异议的时候，美国会成立异议申诉机构来进行协调吗？

答：会的。在美国公司，工会中就有委员受理员工投诉的地方，这个委员与经营者一方的委员组成委员会进行协商处理。劳动合同中就已经规定了起诉的手续。当委员会不能解决的时候，也可以委托给公司以外的第三方来解决。

（64~68 页）

【原著】引自“第二章　组织、第一节　经营层”

问答

问：由股份民主化来分化股东，选任代表股东的要职会不会很困难？

答：股东以投资的利益为目标。当经营方不能实现这个目标时，股东就会投诉并更换要职。这种事在美国每天都会发生。在日本，股东也会有这种意识。但不知道这种意识什么时候会到来，所以要职人员必须从现在开始展示出自己的本领来。

问：与选任要职相关的说明事项，在日本也同样会根据商法的规定实行。但在日本，很多人习惯上认为成功的目标就是担任要职。即使杜绝这种风习，急招公司外有能力的人，因为这些人基本上都占着现在的职位，也会由于反垄断法的关系而无法杜绝。即使选拔出来有能力的人，也只是作为董事会的成员，如果安排他们在一家公司任职就变成了公司里的人。要如何考虑这一点呢？

答：我明白憧憬要职是风习，也很清楚从现今日本的情势来看，选任公司外部董事很困难。但是是按照风习经营公司，还是科学地建设公司？选择哪一个由各位来决定。各位在事业生死存亡之际，会选择哪条路呢？

问（演讲人）：我明白日本人憧憬要职的情感，但在这里我想问的是，这种情感是基于认识到就职后的责任呢？还是成为要职后就可以安然坐在金字塔的顶端呢？

答（听讲人）：我认为是基于前者。想爬到更高的职位，是想做更大的工作，这是人类本能所带来的进步欲望。

答（演讲人）：您说得对。但是从公司的实际情况来看，无论是谁当选要职，他都没有要职人员应该有的决断力，不敢下判断，还不如下面的人了解工作内容。因此，当要职人员对下面的人说要怎么做的时候，下面的人往往就会说“这样做不行，要那样做”。要职人员要站在指导下属的立场上，而不是被下面的人牵着鼻子走。要职人员必须指导下面的人如何做事情。

问：在美国，公司外部人员担任要职的情况多吗？占多大比例？

答：因公司而异。某些要职人员专门负责出席理事会。这些人因为背景广、经验丰富而被选出来。还有很多保险公司的要职人员担任银行等其他公司要职的情况。

……

问：美国的理事会是怎样的？身为副董事长却不任要职的情况，在日本是不存在的。在美国，副董事长未必任要职，是这样的吗？

答：在大公司，有担任要职的副董事长。而在子公司，副董事长大都任要职。

问：在美国，存在董事长不任要职的情况吗？

答：存在。

问：在美国，有连股东都不是却因很有能力而担任要职的案例吗？

答：这种案例多到数不清。

……

问：福特公司的情况怎么样？方便的话，能谈一谈股东与福特公司之间的关系吗？

答：在福特公司，共有五位股东。其中三人是福特家族的人，股东很少。公司的命运取决于这几个人的根本方针。现在的董事长是亨利·福特（Henry Ford）的孙子。他在4年前28岁的时候当上了董事长，现在32岁。他就任后改变了公司的结构。亨利·福特既是个怪人又是个传统的人，他按照自己的风格制造汽车。1926年，因为其他汽车公司也开始制造出好汽车，福特的汽车几乎卖不出去，面临破产，所以他改变方针，决定放弃以前的T型车，开始制造A型车。虽然改变了对外方针，但没有改变公司的内部方针，从上至下所有机构都由福特独裁。第二代人E·福特在机构设置上沿袭了他父亲的做法。但到了第三代人B·福特的时候，从根本上改变了公司的经营方针。B·福特在哈佛大学的工商管理专业学习过新的科学经营方法，在公司进行了实际应用。也就是设立了6名参谋（Staff）和1名经理，经理抓生产，其他6名参谋分别负责其他部门。经理经常听取这6名参谋的意见，分析来自社会的信息和经济界的动向，并作出应对方案。与此同时，在公司内部，全面进行组织化，明确权限和责任，认真衡量各部门的协调（Coordination），积极地去统管（Control）和指导。最终挽回了以往落后于其他公司的局面，重建了福特曾经的辉煌。

问：在人事方面，当副董事长把自己的权限委任给制造部长的时候，决定实施的是副董事长还是制造部长？

答：是制造部长，不需要得到副董事长的批准。

问：在事情处理完后，有没有必要提交报告？

答：委任是以帮我实行为前提的，逐个受理详细的报告十分麻烦。当然也有些事情是要汇报的。因此是否受理要基于正确的判断。下面的人是否要做某个计划，就跑到部长那里去咨询。但这些事因为之前就委任过了，所以没有必要去问部长。但是部长帮部下斟酌的情况下，出了问题，责任就由部长来承担。部下跑来咨询就是在逃避责任。作为人，一旦处于一个高的地位，总想知悉方方面面的事情，这不是没道理，但也并不是什么好事。下面的人能自己处理的问题还专门拿到上司那里去，是因为想逃避责任。

（44~49 页）

第3章

统　管

“第三章　统管”由以下章节构成：

第一节　统管的形式

第二节　确立统管的必要条件

第三节　组织统管

第四节　质量管理

第五节　成本统管

第六节　监督者对统管的应用

本章讲述组织统管与人事关系，第4章讲质量管理，第5章讲成本统管。“统管”这一术语现在不怎么用了，但这里保留原词，并在本章末介绍内容。

下面先整理一下贯通原著第三章的重点：

·组织是达成企业目的和方针的手段，通过统管才能发挥效果。

·这里所说的统管，是指包括从设定目标、计划安排到管理在内的全部活动。

·统管必须根据事实来进行。

· 在企业运营中，将分工的活动整合成一个协调的活动，这种协调极其重要。协调才是干部们统管时最重要的一点。

· 有管理制度才能提高协调效果，因此要有组织图、各种报告文件、组织运用的规定等。

1　组织统管

组织统管的重点如下：

· 在组织统管中，有必要把组织结构、职务分担、责任权限的移交、方针、作业方法、事务手续、报告及分析调查进行标准化处理。

· 组织图可以明确表示出组织。不能简明表述组织现状的组织会产生混乱，我们不提倡。同样，如果不能明确记述职务的文件，也会出现问题。

· 认真听取负责人的意见来制订计划很重要。

· 组织统管也是质量管理和成本统管。

组织统管是对组织的统管，即计划和管理。统管这一术语，在 CCS 经营者讲座中包含从计划到管理的广义的概念。另外，这个术语会在本章末尾处加以解释。

那么，只是制作出来组织是没有作用的。第 2 章论述了组织应有的元素，在这里再提一下组织的计划方案到运营的过程。为了真正让它不变成有形无魂的状态，什么是必要的呢？

组织统管的第一步是分析现状。首先从业务责任分担是否平等、是否有重复开始。虽然只追求理想而忽略现实就会出问题，但还是强调要探索以理想为目标，实行必要的人才教育，朝着理想一步步变更组织，最后达成目标的道路。

好像每个时代都会有人发牢骚说“有理想但没有人才”，这一点 CCS 讲座在第二章也提到过。演讲人解释过美国的状况：

“我们在日本社会经常听到这样的言论。我们在美国也有过同样的经验之谈。我们只是去考虑人才的不足，而事实上不一定不足。理由是，我们往往不想任何办法去测定我们自身的能力和业绩，或者不采取激励、奖励的措施。这种情况很多。”

演讲人叙述道，只要着眼于潜力，那么自己公司的人才就不会比别的公司差，所以如果先制订计划，明确必要的人才特征，准备朝着目标的教育培训、评价及鼓励，就有可能实现目标。

演讲人十分重视组织图。这有两层含义：第一，组织图具体展示了企业的方针。第二，在考虑统管时，组织图是有效的工具。

补充一些说明，第 2 章叙述过以下内容：

· 组织是企业基本目标的逻辑性的、实际性的结果，而统管是组织的逻辑性发展。

这个表达有点让人难以理解，下面让我们换种说法讲。所谓组织，是合乎逻辑地思考实现目的、最合适的策略的存在。而统管是最大限度地发挥组织中的策略的行动。

“组织遵从策略”是被频繁使用的表达。为了完成面向企业目的和实现目的的策略，组织图具体展现了有效的资源配置。

也就是说，在组织图中，不仅能看到企业的目的，还能看到实现目的的策略。教材指出，健全而合理的组织能够简单容易地用图说明。相反，复杂而难以理解的组织不仅不合理，还容易发生成员混乱的情形。成员是否能容易而正确地描绘组织图，所有人是否能理解自己在组织中的位置，是一个组织的试金石。

2　指导力和人事关系

本节的中心思想是原著“第六节　监督者对统管的应用”。重点如下：

·统管是“指挥、指导和抑制”，也就是说它无非是各阶段管理者的功能，其根本在于实行统管时的各监督者。

·关于监督者的统管功能，第一要理解经营培训中公司的基本方针和机构。监督者自学的同时，还有责任培训部下并让他们圆满完成工作。

·经营培训不是空谈，而是让他们参与策划并有计划地、连续地去实施。

·重视和部下的日常接触，与其充当指导者不如示范。

·不能轻视对工作的管理，尤其是对例行公事的管理。培训部下正确而迅速地执行业务。

·选出能执行被赋予责任的人才是人事统管的核心。职务分析、职务规定和评价都很重要。

·尤其是对监督者的评价中包含指导、创造、经营、计划等统管能力，必须设定业绩考核并客观地推进。

·统管方式和统管方法，或者和统管相关的资料、报告，都不过是单纯的工具（Tool）。

·员工的士气可以概括为他们对工作的满意度，公平、稳定、晋升、认同和参与策划是其主要的促进原因。

（1）指导力

在 CCS 讲座中有几处提及经营时与人相关的一面。

第 1 章：指导力　　（领导能力）

　　　　人事方针　（人事、劳动、福利）

第 2 章：人事类型　（人才的适材适所）

第 3 章：人事统管　（人事评价）

　　　　员工的士气（员工满意）

可采取的方法有很多：

第一，经营的根本在于人，这是基本观点。这个观点与经营者所需的指导力有关，强调如下：

·成功最需要的因素不是强大的组织和完善的设备，而是贤明的指导力。

·公司的组织中也配备了许多工具和设备，由人构成的经营管理层要利用这些工具和设备完成自己的职责。

第二，与指导力相关，领导不要指使部下而要做示范，这样部下会自然而然地紧跟其后。接下来向听讲人展示了民主指导力的方法，演讲人也在到处使用这些表达。

·民主的指导者，不会指使或虐待部下，而是给部下带头，宛如黑暗中的明灯般为部下指引道路，要采取行动以给部下信心，只要沿着这条路前行，就一定能够到达预期的地点。

·公司的经营者如果让员工紧张、处于恐慌状态，他就是暴君，与其说他是指导者，不如说是催命鬼（Driver）。

·指导者必要的资格是想象力、崇高的目标、勇气、廉耻心、独立心和孜孜不倦的学习精神。

·保持沉默，让部下去认识到自己应该做什么，如果这样指导，部下就会自己去思考和分析。要让他们去思考自己能为公司做什么贡献，自己有什么样的想法，这样能提高他们的干劲。

第三，要肯定人的潜力。从中能体现教育的重要性。

·人才不足只是我们这样想而已，事实上未必不足。

·不管是谁，只要经过适当的培训，都能改善工作状态，这与能力无关。

·思想进步的经营者都承认培训是公司各阶层管理者的责任和义务。

第四，要把员工看成一个理性和感性兼备的人。

·随着公司的壮大，公司必须更加人性化。

·方针要明确而有积极性，并且让组织内的每个人都能理解。

·建立正确公共关系的一个条件是，让公司员工充分了解公司的实际情况。如果员工充分了解了公司，下至保洁人员、上至董事长都会热心投入到公司工作中。

第五，虽然不能说到了奖励和干部自由交换意见的程度，但开放门户要作为干部的任务。比如，以下是WE公司的《员工关系——给有部下的人》中的一项：

·就员工福利和公司利害相关的问题，要赋予他们与干部自由讨论的权利。关于福利问题和公司利害问题，员工和各位或者经营者讨论时，各位的任务是要向各位的部下保证，带有同情但不带有偏见地考虑问题。

·也不能逃避下层监督者的意见。因为不管怎么说，这些下层监督者，才是决定这个方案成功与否的关键。

·必须带有参与日常工作策划的心情，同样也必须带着同样的心情面对培训。

我们知道以上五点是互相关联的，整体上展现了CCS讲座的一个特点，就是经营时与人相关的一面。可以认为是抢先得到了20世纪50年代中期从美国介绍来的“人事关系”这样一个概念。

或者也可以用“民主统率”一言以蔽之。日本当时盛行与科学管理并行的民主主义。不仅如此，一般认为在美国也有一种倾向，组织运营的程度越高，就越是民主统率，并且还能提高效率。

大型零售企业西尔斯·罗巴克公司（Sears，Roebuck and Company）尝试的结果显示，越是实行民主统率的分店，业绩就越好。这是历时6年的调查结果，公司在职务设置上减少层级划分，从董事长到底层的售货员，共简化成四个层级。结果，权限被移交，员工的士气也得到了提高，他们千方百计地想办法搞创意，充分调动自己的能力来工作。

统帅，仅靠命令是不能发挥最高能力的。换句话说，必须要注意，没有部下的支持，就不能实现高度的统率。

【原著】引自“第三章　统管”

第六节　监督者对统管的应用

1　引言

统管是“指挥、指导或抑制”。也就是说它无非是各层经营者的功能。车间主任，也就是第一线监督者，统管一般员工，股长统管车间主任，科长统管股长，这样依次下去，也适用于更高层的监督者。

到前一节为止，我们叙述了经营事业需要的各种统管和统管方式的概念。这里综合考虑前述的统管这一词汇的含义就会明白，之前叙述的各种统管方式，不管哪一个都是为“指挥、指导或抑制”各种业务而设计的。

组织统管、质量管理、成本统管、预算统管、工资统管、重要人员，以及办公方法统管、生产管理、产品种类的统管等各种统管方式，都是以低成本制造优良产品为目的，“指挥、指导或抑制”监督者和一般员工的。

前面已经指出，这些各种统管方式的具体实施必须依靠经营各部门优秀的专家。同时，如果不充分考虑实施部门监督者的提案、劝告、建言等，就不会获得最好的结果。

无论统管方式多么优秀，或者正确把握业绩的资料和报告多么完备，如果事实上实施这些统管方式的各位监督者不去努力实施，也不会有任何效果。因此我们要铭记，统管方式和统管方法，或者与统管相关的资料和报告只不过是单纯的工具(Tool)。把这些方法加以实际运用的是各层监督者，他们才是把各种统管加以实行的媒介。我再强调一次，只提供方法是不够的。无论是多么精准的方法，如果没有人知道它的使用方法，就没有任何用处。员工如果不知道怎样使用工具或者为什么使用，就不能工作。同样，各层监督者如果不知道怎样使用作为经营手段的统管方式或者为什么使用，也不要期待他们能获得什么好效果。尤其要搞清楚，为什么要用这种统管方式而不是那种，这是把这种方式加以实际应用的基本原则，也有助于理解统管的目的。

各层监督者必须这样带有分析性地思考和理解为什么要进行统管，如何来实行它。还要加上健全的判断。并且，理解了它的基本原则后，才有可能进行健全的判断。

2 经营培训计划（Management Training Program）

作为监督者的统管功能，第一是实施经营培训计划，以理解公司的基本方针和结构。监督者还必须知道和成本构成、会计构成、预算相关的基本事项等。并且要培训监督者研究与各个监督者有直接关系的各种统管方式，或者分析统管方面的资料和报告，摸清并克服工作障碍。监督者有自己学习和培训部下的双重责任。在实施各种统管的时候，为了达成各种目的，他们还有让部下分担责任并开展工作的责任。

虽然所有监督者必须同样理解与公司有关的基本事项，但并不意味着各层经营者都必须接受完全一样的培训。车间主任没有必要有部长一样的广泛思维，但车间主任必须理解自己承担的工作在质量、成本方面和上司有同样的责任。另外，他也必须知道，部下没有完成工作量、生产残次品、过度使用资材等为什么会对公司的财务方面带来不良影响，以及为什么会给员工自身的工作带来不好的结果。他必须能够培训自己的部下，用浅显易懂的语言告诉他们与质量、作业量有关的原则，以及为了达成公司目的而与每个人相关的责任。换句话说，就以上事项，必须培训车间主任“指挥、指导或抑制”的能力。另外，对车间主任以上的监督者，也必须按计划进行与各层经营者对应的培训。

就经营的培训或者教育而言，必须时常注意以下两点：

(1) 不要考虑与日常工作没有关系的培训、教育等。培训不要流于形式，像学校教室那样的氛围几乎不会有效果。接受培训的人诚然都是学生，但实际上又不是。他们现在是正在指导事业进步的人，另外这些人中还有人可能成为未来的指导者。他们必须保持参与日常工作策划的激情（Feeling of Participation），在培训时也必须保持这种情绪。培训必须要有计划。

(2) 培训一旦结束，不能认为已经完全达成了目的，完成了课程。一般情况下，健忘或只根据自己的经验、意见对某件事做出个人的解释，是人类的通病。所以必须在方方面面加以培训。即使懂了，也要在每天的工作中反复回忆自己在哪些方面忽视了或者等闲视之了。定期培训部下，激发他们的情感，调整他们的情绪，是各位监督者的责任。

最重要的培训之一就是经常接触部下，但是这一点却时常被忽略。另外，发挥真正的指导力还要靠日常的接触。我们看了别人的工作方法学习各种东西，不知不觉就吸收了周围人的规矩、想法或工作方式。所以至少从某种程度上来说，我们是在追随别人的脚步。因此，关于真正的指导力这个问题，展示出最好的范式是极其重要的。有人说过："公司的经营者如果让员工紧张，处于恐慌状态，他就是暴君，与其说他是指导者，不如说是催命鬼（Driver）。"

（313~318页）

（2）人事关系

在美国，明确人事关系的重要性也并不是很久以前的事。1927年左右开始的有名的霍桑实验，是在芝加哥郊外WE公司内巨大的霍桑工厂进行的。以埃尔顿·梅奥（George Elton Mayo）为中心的研究小组为了提高工作效率，加入了各种条件进行实验，结局并不令人满意。究其失败原因，发现人事关系是影响工作效率的重要因素。

CCS经营者讲座中反复讲述过，AT&T的影响无处不在。对于经营来说，最重要的与人相关的一面也是一样的，AT&T是以霍桑实验为首的各种先进研究的平台，也是经营理论的实验工厂。这个面向最高管理层的讲座正是在这样的经营氛围下准备的，这样前述富有先进着眼点和先进案例的介绍才成为可能。

WE 公司的内部规定和案例随处可见。《员工关系——给有部下的人》也是其中一例。

50 年前就已经论述过员工满意的概念，这也并不十分令人吃惊。振奋士气的原点是员工对工作的满意度。从人生来平等的观点来看，员工满意被分析成以下 5 个要素：

· 期望给予公平的心情

· 期望稳定的心情

· 期望有晋升机会的心情

· 被认可的心情

· 参与策划的心情

最后的这个参与策划意识，是极其重要且先进的一点。概要如下：

· 不论地位高低，不论是谁，都希望自己也和那件事有关系。必须好好分析人性的这一面。

· 如果能让他抱有也想参与公司事务的心情，那么对提高效率和生产帮助将甚大。

· 但是，这些问题往往被经营者等闲视之。

最后，本部分归纳了和部下的接触方法，整理出 4 个要点：

· 不要有去发现错误的消极态度，而是要批判和分析性地去寻找改善、提高的可能性。作为互相有着共同目的的团队一员，让所有人都有参与策划的愿望最重要。

· 部下也同样是人，有着和我们同样的感情，不得已斥责部下的时候，要选择没有别人的时候和场所。

·不和部下直接联系就给他下达命令，或者让他开展工作，他都会不愉快。不要忘记无视别人会让他感到无情冷漠，所以要尽量避免。

·优秀的指导者，是不用说话就能让部下了解应该怎么做的人。

美国有代表性的企业十分重视改善和员工之间的关系。比如，新泽西标准油公司对员工关系的信条如下：

（1）把员工当人对待，而不是物品。

（2）制订员工工作安全、福利和节约奖等方面的具体政策。

（3）工资国内最高或者比最好工资还高。

（4）给予公平的晋升机会。

（5）公司的经营方针第一要服务员工，第二是顾客，第三是股东和一般大众。

在1955年日本生产性本部组织的最高管理层访美视察团的报告书中，一项已经叙述过“尊重人性”这一点。内容如下：

至少美国有代表性的大公司的首脑对员工的想法，近年来有许多革新，这有目共睹。也要承认，他们弱化了原来以利益为主的狭隘观念，对员工，把始终保持优质劳动作为最高方针，为了实现这个方针，彻底实行有组织有计划的对策。

其背景之一是资本所有权和经营权的完全分离，不再绝对优先考虑以前的股东利益，而是认识到“把优先考虑重视员工当成惯例”。还有一个重要原因，就是优先考虑员工最终会反映到生产性上。

【原著】引自“第三章　统管、第六节　监督者对统管的应用”

6　员工士气

作为监督者的统管功能，最后一点是关于员工士气。这里说的员工是指在公司工作的所有人。士气到底是什么呢？其基本要素是什么？归根结底是员工对工作的满意度。可以多方面考虑这个问题，但其中被视为极其可靠的东西，就是在美国陆军发行的 *Civilian Personnel News Letter* 中托马斯·瑞德(Thomas H. Reid)陈述的那样，接下来介绍一下：

“关于人事问题及其解决方案，不管是产业界还是政府都是一样。为什么呢？因为人事统管是以人为对象的技巧和科学。因为无论是穿员工服还是穿官服，无论是从公司拿工资还是从政府那里拿工资，都一样是人。

一般认为，在产业界，人事统管必须更加科学，而不是更有技巧。在高效经营之下，机会主义的方法是行不通的。虽然说人事统管也是科学，但它又不像会计业务那样精密。朝着有组织的考虑这个方向，就已经是相当大的进步了。

制造工业是把原料加工成产品，但在人事统管方面，原料是人性，产品是工作能力和对工作的满意度。如果管理得当，就能同时收获这两种产品。特别是根据全体员工对工作的满意度，就能决定他们对工作感兴趣的程度、士气度、整个组织效率的高低与否。

制造业者为了仔细研究原料，也必须充分研究作为原料的人性。要用化学家对物质进行化学分析那样的态度进行这种研究。因此，要在逻辑上找到解决这个问题的道路，首先要分析与工作有关的满意度有几个要素。分析结果显示有下列5个要素：

（a）期望公平工资的心情

想活下去是人的本能，工资是关系最密切的重要要素。从对工作的满意度这一点来说，和工资的额度一样，公平也极其重要。员工在意的不是自己工资的多少，而是是否公平这一点。清洁工比部长的工资低却依然很满足，是因为大家认为这很公平。但是，同样是清洁工，如果同事的工资比自己高，就会感到不满。问题点是技能和工资的关系是否合理。

（b）期望稳定的心情

员工期望的稳定有以下3个类型：

（1）每天的稳定　生病了工资怎么办？

（2）每年的稳定　怎样不丢工作？怎样用平均年收入维持生活？

（3）一生的稳定　退休了会怎样？是否有退休金？怎样解决离职了也能安心生活的问题？

（c）期望有晋升机会的心情

尤其对年轻人来说，这是重要要素。他们有自然想晋升的欲望，也想知道有没有机会。因此，必须要有‘能力提高了就一定会晋升'的业绩考核和晋升制度。

(d) 被认可的心情

这是最不花钱的要素，但常常被忽视。部下的工作做得好的时候，监督者不要忘记表扬他。我们必须想到，表扬部下虽不需要任何经费，却能提高士气和增加生产量。

(e) 参与策划的心情

这也可以被认为是前项的被认可的心情的一部分，但实际上不只是那些，还指共同工作。不论地位高低，不论是谁，都想自己也和那件事有关系。必须好好分析人性的这一面。一般人如果衣食住行满足了，接下来就会投入一些美元参加俱乐部或者协会等。他们不顾时间和其他困难，去参加这些外面的集会。如果培养了他们这种想要参加什么活动的心情，其效果实际上是很大的。于是，和参加外面的集会一样，如果能让他们抱有想参与公司事务的心情，对提高效率、增加生产帮助甚大。但是，这个问题也往往被经营者等闲视之了。"

以上的5个要素形成了员工对工作的满意度。必须要在好好分析这些要素的基础上周详计划、巧妙实行。优秀的监督者只是个好人是不行的。要渐渐淡化待人的技巧，加强待人的科学。

(327~330页)

那么人事关系究竟是什么呢？在这里介绍一个很有趣的报告。它是1958年工业关系专业视察团的报告书。

"我们团成立的时候，根据美国政府的指示，上次（1956

年5月赴美）那个视察团叫人事关系团，这次叫工业关系团。”

报告书接着说：“工业关系这个词比较新颖，当时在我们团内部，还不能自信地给以明确解释。”但是，这些概念已经在10年前的CCS讲座中介绍过。也就是说，工业关系是作为包含所有劳动关系和员工关系的概念被介绍的。劳动关系指处理劳资和工会关系，它以劳动合同和劳动协议为中心，旨在劳资的繁荣发展。员工关系则处理雇佣、配置、培训、安全、职员等级。另外，职工关系（Employee Relations）也是同样的含义。

人事关系，在内容上以上司和下属之间的相互关系为对象，处理士气勘察、交流、监督者的态度等。它是人事管理的一部分，虽然没有在CCS讲座中见过这一术语，但在概念上的确符合本项提到的内容。

CCS讲座把公共关系（Public Relations）也作为工业关系下面的一个概念，笔者将在最后一章讲解。

另外，美国政府之所以选择用工业关系这一术语，一方面是因为它意思丰富，另一方面是因为对视察对象工会的关照。

那么，关于人事关系，存在以下疑问。这些疑问不是CCS讲座的，而是其他经营讲座的，作为参考，可以反映出当时的情况。

问：日本以前就没有相当程度的讨论或者学术性的东西吗？

答：没有。

或许是我过于武断了，记得日本以前把人事关系叫人性因素（Human Factor），被翻译成“人的要素”。但是，“人的要素”关注的是精神乃至肉体上的条件，并没有注意到心理学上人与人之间的联系性。

(3) 人才的培养与评价

CCS 讲座在人的统管中也强调过人才的适材适所问题。其根本是强调人要配合工作，不能配合人去改变工作和组织。在现有员工的能力、经验、经历下策划组织是最简单的。如果从人开始改变，就不用考虑工作的内容，但这才是最危险的，长期来看效率会下降，还会引起混乱，值得注意。

为什么呢？因为省略了对工作或组织应有部分的考察这一基本而又必不可少的程序，还因为现在选出的人才如果不在了，就必须重新考虑工作或组织安排，没有持续性。

因此，以工作的功能为基准来策划组织才是理想的。可以说人应该选定和培训适合自己的工作，绝不能为了配合人而不断地变更工作内容。

不论什么人，都很难对这一基本想法持有异议。越是认真接受讲座内容的听讲人，就越会陷入进退两难的境地。

演讲人劝他们一方面要高举理想的大旗，另一方面他们要好好巩固脚下，这确实是一个困难的局面。正因为持有的资源极其有限，才首先要明确基本路线，尽可能决定有效率的道路。这不仅是人才的问题，即使是 50 年后的今天，它也确实是必要的一步。

明确了基本路线，作为之后的具体操作，人才的评价很重要。从员工到监督者，再到管理人员，评价是越来越难，而讲座强调要重视基于现实的客观性。越是上层的管理者，就越要有指导、创造、经营和策划等统管能力。必须制订业绩考核并客观地进行评判。

业绩考核的英语原词为“Merit Rating”，指用于考核成绩或业绩的用纸、运用规定。业绩考核已经在美国被广泛实施。因为他们个人主义的传统强大，雇佣关系依靠合同结成，所以从职务的责任与权限到业绩评价、加薪和晋升都是表里如一的，所以员工当然会极其关心。

关于业绩考核，讲座中例举了美国政府机关的样式。这种制度不仅是晋升，还是加薪的基础。无论成绩好坏，被评价的部下能看自己的考核表这一点是很重要的。在这个案例中，考核和审查的人签名后，拿给本人看，如果本人不服，则有和自己上级协商，甚至起诉的权利。

这种雇佣合同的概念在日本作为一种实体鲜为人知。而且将成绩评价的结果揭示给本人看，甚至根据双方一致的意见而生效的想法，即使到今天仍然是少数。

在美国工作，有不少困惑在于和日本国内工作的差异。其中，人事关系上有很多不同。基本的思考方式不同也是理由之一，此外还因为管理对象是活人，更因为如果是自己的部下，就必须自己独自去面对，没有逃避的余地。一般职务通常每半年考核一次成绩，管理职务和专业人才通常一年考核一次。在成绩评价的同时，还必须评定下一期的业务目标，并且渡过最大的难关，即谈判加薪考核方式。不仅是美国，在有雇佣合同、权利意识强的国家和地区，都在重复上演相似的情形。在日本，一般企业都与这个情形无缘。

50 年前出席讲座的听讲人，是以怎样的心情接受雇佣合同的呢？他们是把它作为不同次元另一个世界的问题，仅作为参考消息听听就算了呢？还是作为日本迟早也会发生的课题侧耳倾听呢？

1940 年左右，美国几乎不存在例行选拔、培养计划，即人事调动图表、接班人的计划、个人的考核记录、个人的启发计划等。之后在 20 世纪 50 年代进步显著。发现并有计划地培养占据主要地位的人才，是大型企业在制订综合长期计划方面不可缺少的一步。

制作人事调动图表、接班人的计划、各级干部职位的培养计划，也成了理所当然的事。这种变化，是和 CCS 经营者讲座并行开始的。

（4）科学研究法和人

在人事关系中，意识到人的讨论有很多。不仅是人类的理性，感性也是重要的主题。那么这种着眼点和科学管理法之间有矛盾吗？

确实，自霍桑实验以来的人事关系，被置于克服了泰勒开创的科学管理法中存在的问题点的地位。但是，把劳动者作为人来对待和科学研究法之间，基本上是不矛盾的。因为正是将以前着眼于物的科学经营理论和关于人事关系新的见解综合起来，才能追求新的管理理论，所以既要以科学管理法为基础又要扬弃它。

在CCS讲座中关于人的要素，要尽可能尝试去追求科学研究法。比如说公平性是提高员工满意度必不可少的条件，为了实现公平，正确的数据是前提条件。把统管基本分为“人的统管”和“基于事实的统管”，也是根据同样的宗旨。前者说的是人性，会有偏见和先入为主的观念，往往受到一个人的态度或经验的影响，而容易变得独断专行。后者虽然说的是非人性方面，但却是大家都能理解的民主方法。

经营的对象归根结底还是人，只用纯粹的科学难以应付。然而，追求科学研究法是有可能的，不仅如此，还应该把它作为一个大前提尽可能地去追求。

在科学研究法这个前提下，要有科学的工具。没有工具，即使叫作科学研究法也没有用。那么，在CCS讲座的时候，日本的企业是什么情况呢？能掌握当时职务的真实情况吗？还有，能数据化地管理上班时间吗？为了让科学研究法的工具PDCA循环运转起来，掌握这个真实情况是大前提。但当时的状况又处于一个什么样的水准呢？下面简单概括一下。

首先，掌握职务的实际情况是困难的，因为雇佣关系这个基本结构。下面钢铁制造商的例子，代表了当时的真实情况：

“1950年左右的现场管理组织结构是部长—科长—股长—（技术人员）—车间主任—组长—伍长—班长—员工，职务调查员进入现场后，越调查就越会发现，负责人的地位只是身份上的，并没有明确职务的内容。”

事实上，基层的员工并不是被企业雇用的，是被老板雇用的。老板带领着自己的小组，和企业签署雇佣合同。因此对于企业来说，组长以下只是“黑匣子”（Black Box）般的存在。从这种状态转变到如今的雇佣合同关系的时候，会因行业和企业而不同。

在“黑匣子”中，管理和标准化都是在纸上画的饼。为了实践科学研究法，必须从这个根本的第一步开始前行。

另外，在战前的日本还没有形成决定合理工资的基准。但是日本在 1942 年左右已经开始引进职务等级制这个概念。员工的基本工资占全部收入的大部分。关于工厂工人，引进了车工一级等按照职业种类、等级的工资体系，还开始引进与产量相符合的绩效工资等奖励政策。但这些都是先进案例中的例外，其根本还是以封建的身份制度随意决定工资金额。

与劳动有关的科学研究法的原点，是明治维新后引进来自欧美先进企业的技术。这种现代经营的开端，常常是引进外资的合资企业打头阵。NEC 是从 WE 公司（1899 年）、东芝的前身东京电气是从美国通用公司（1905 年）引进的外资，同时还积极推进引进技术，这些都是具有代表性的案例（括号内的时间表示引进的时间）。引进外资，和单引进技术相比，各种技术知识会通过业务流入日本，所以其教育效果不可估量。

一般说到引进的技术，常常想到的是工学体系的技术。但是，回顾经营发展的历史就会发现，经营技术的引进，也起到了极其重要的作用。比如，在 NEC、WE 公司的资本和技术合作的内容上，就有关于工厂管理技术知识方面的条款。

所以，可以认为泰勒等人的科学管理法，在战前的日本也达到了最先进的水平。实际上，据说日本引进打卡制度（Time Clock）是在1903年，NEC最早。

引进打卡制度有以下目的：

（1）培养员工的时间规律（士气）

（2）是工资制度的基础记录（工资）

（3）是管理制度的基础记录（管理）

同时，旨在引进下述四点经营技术。第一是创办工具商店。不向外面订购制作产品的工具和模型，全部都由自己公司生产。第二是引进绩效工资制度。按照产量支付工资，一天制作多少产品就支付多少工资。第三是引进成本计算制度。即引进个别成本计算制度和总成本计算制度。试验研究也是成本计算的对象。

第四是引进发票和报告制度。拥有54%股份的WE公司，作为NEC的母公司，从单品成本、工厂开工率、生产效率、股东情况到最新动态，都要有详细且大量的报告。每月的资产负债表、损益计算书自不必说，各机种的销售额、成本率、工厂开工率、生产效率、运转率、人员构成、成本来源，费用明细、折旧、资金收支、设备等固定资产的获得与报废，实地盘点的情况、资本构成、各种经营比率、股票价格、股东构成等公司事业的全部报告，都是应尽的义务，特别是样式和报告的期限都被做了严格规定。

WE公司示范的这四点制度是相互关联的。这一点很重要，需引起大家的注意。它是把这些制度包装形成科学管理的体系，在效率技术人员的指示下被引进日本的。

这些也可以说是现在的经营工程学（Industrial Engineering，以下简称 IE）的基本内容。于 1908 年左右完成。在日本刚开始成本计算的时候，它已经作为一种制度被确定下来。

勤务管理数据，是这种科学经营管理体系必不可少的基础数据。成本计算也是这种综合体系中的一翼，如果不能正确掌握作为基础数据的劳动时间，成本管理体系就发挥不了作用。

我们将在第 5 章论述成本统管体系。其实有成本统管体系在内的综合经营管理体系的企业，在战前数量并不多。就这些企业而言，由于领班学徒制，没有发挥出功能的企业也不在少数。

这种落后的局面，再加上战争时现代化经营的倒退，战争结束后，日本的企业还背负着战败带来的国力疲敝，并苦于多重不利的条件。我们必须在这种时代背景下去理解 CCS 经营者讲座的意义。我们要谋求引进或再次引进科学管理法，同时必须致力于追赶发达国家重新开始的人事关系等。

【原著】引自“第三章　统管、第六节　监督者对统管的应用”

(7) 结语（监督者对统管的应用）

部下时常会说，或者虽然不说但时常在想：“是你让我做的这个工作，为什么你还必须调查我？你不信任我做的这份工作吗?”所以我们时常会面对一个问题，就是应该怎样调查部下的工作状态。

上述那样的部下的态度令人十分遗憾。他可能会想是上司驳了自己的面子。或许是对自己被调查感到愤慨，并提出抗议，或者不再对工作上心。但是，这样做的人，就不能说是公司的一员了，他的工作也可以说已经停滞了。那么，如果不调查，怎么能确定他的工作是好是坏呢?实际上，和部下接触的方法是最为重要的。如果给部下的印象是在找他的碴儿就不可以。他们一定会感到不满，这就是所谓的人性。在部下或同事的跟前说:“到底怎么回事?”让部下难堪，就是在驳他的面子。

如果制定了管理方式，规定好了责任和权限，剩下的就是怎么做的问题。为了统管工作，必须确定好该做什么。这个时候不是去调查人，而是去调查工作。这和检查员调查质量、车间主任调查员工的工作完全相同。因为各层经营者对部下的工作负有责任，所以为了让上司正确了解公司的现状，就要去确认他们是否在正确开展工作。另外，上司们如果不去确认方针或计划是否在按照规定实行，就不能推进工作。

那么，以确认的目的去接触部下的时候，有哪些注意点呢?

(1) 去见部下的时候，不能采取找碴儿的态度，而是应该持有批判性、分析性的看法去看他能不能做得更好。前者的态度是消极的，后者的态度是积极的。在工厂，检查员以有没有残次品的态度去检查产品时，其一是为了遵守公司对于质量的评判，其二旨在通过团队配合排除故障原因，以更好地工作。这个团队合作的想法和共同合作的心情，才是监督者在分析部下工作的时候应该采取的基本想法。

(2) 询问部下或给予部下建议的时候，必须让部下深信他们是有着共同目标的团队中的一员。所以，“我是你们的上司，按照我说的做”这种旧式的做法是行不通的。像瑞德所说的那样，让所有员工拥有参与策划的心情是最重要的。

(3) 不要忘记部下同样也是人，他们有着和我们一样的感情。指导者不要总去斥责他们，不得不斥责的时候，要选择没有其他人在的时间和场所。

(4) 不论是谁，不和部下直接联系就给他下达命令，或者让他开展工作，他都会不开心。上司不要忘记无视他人会让他人感到无情冷漠。

(5) 优秀的指导者，是不用说话就能让部下了解应该怎么做的人。如果平时以这样的态度指导部下，部下就能自己思考、自己分析，还会去想自己能为公司做点什么，结果就能提高部下的士气。这样做是检测指导者的高明之处和能力的真正基准。

问答

问：在今天培训的说明中，叙述了车间主任必须通知工人公司的会计事务。意思是把公司所有的经济情况都向最底层的员工公开吗？而在日本只是向工会做若干说明就可以了。

答：并没有那么夸张。比如，就是告诉他们浪费资材会对费用造成什么样的影响，或者损坏设备会多么浪费资材和劳动力，让大家节约资材、检修设备等。

……

问：对于半成品的评价实际上非常困难，在美国是怎么做的？

答：如果知道了成品的价格，也就知道了各个工序中使用的材料和劳务费，就能评价各个工序和半成品了。(第28图)

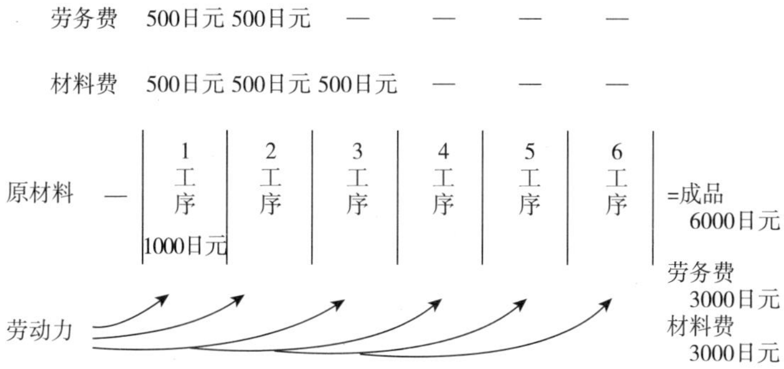

问：在美国，盘点半成品的时候，工厂也休业吗？

答：一年实际盘点一次。这个时候工厂要休业。每月的盘点，是通过估算由各个工序的监督者汇报估算结果，然后由会计来核对。所以，一年一次实地测算的时候，如果出入较大，监督者就会被申斥一番。必须进行很多次盘点的公司，说明其不经常进行资材管理等，或者说明监督者没有做好工作。

问：在美国，如果没有履行规定工作，会如何加以处置或处罚？

问（演讲人）：日本是怎么做的？

答（听讲人）：有很多办法，比如减薪、谴责、写书面检查等。

(关于这一点，有着各种讨论：书面检查或者训斥是否正确、上司委任的责任和权限是否充分等等)

答（演讲人）：指导性有两个方面。第一是消极的一面，部下犯了错，受到训斥或被处置。对部下本人来说也许是得到了一个教训，但这并不是一个好方法。

第二是积极的一面，从一开始就教导他们如何防止犯错。

第 4 章

质量管理

质量管理的重点如下：

· 产品质量才是企业经营和作业的基准，不把经营基础放在质量上的企业，不会以自己的产品为荣。

· 质量管理的第一阶段是设定质量标准，第二阶段是设置维持标准的检查人员。检查的目的是防止生产上的失败。

· 近年来，比检查更重要的事情是维持工厂作业在一定的水准上。其目的是降低成本，方法是统计质量管理。

· 统计质量管理的基础是概率论，通过质量管理的偏差，探明产品不良的原因，提高质量。

· 质量管理部门要充当顾客的代理人，向顾客保证质量。尽可能将制造现场和日常活动分开设置。

· 质量管理部门的任务是根据管理图管理制造工序、调查质量、调查顾客的意见。

· 统计质量管理对制造商和顾客双方都有质量、成本方面的好处。

· 为了通过设定质量管理制度而获得成功，经营者必须确信它的优点。

1　质量管理的重要性

教材中质量管理占了很大篇幅，有58页，相当于整本书的15%。CCS经营者讲座的直接目的是用低成本制造出好的产品。在第三章的成本统管中也同样涉及了降低成本，正好有质量管理内容一半的页数。可以看出重视质量的确是事业的原点。而且，在为期32天的讲座里，质量管理占了6天。尽管听讲人是最高经营干部而不是专业技术人员，讲座内容还是占有如此大的比重，说明这是计划实施CCS讲座的目的。

说起质量管理，要从产品质量的重要性开始。世界钢铁大王安德鲁·卡内基（Andrew Carnegie）在自传中说过：

“是否关注质量，对从董事长到员工所有人的影响，是无法替代的。事业最坚固的基础就是质量，接下来是成本。”

他强调经营者要重视质量，并且把经营的基础放在质量上。他还指出，产品的质量才是公司经营和作业的直接基准。

经营者对质量重要性的认识，无论强调多少次都不过分。这正是卡内基所说的，CCS讲座中也反复强调过：

“经营者仅知道自己工厂制造了多少优质品和残次品是不够的，更重要的是还要认识到残次品存在的种种原因。知道这些，就有助于知道不合格产品出现的责任在哪里、应该把精力放在哪里。

设定和应用质量管理制度的时候，为了取得圆满的成功，公司的经营者必须确信质量管理制度能获利。"

那么，在听讲的最高经营干部中有多少人能够实际认识到质量管理的重要性并进行实践呢？关于其状况和成果，我想在解释完统计质量管理后再做归纳。

【原著】引自"第三章 统管、第四节 质量管理"

1 产品质量

卡内基通过努力脱离贫困并成为世界钢铁大王，他在自传中提到他所相信的成功秘诀时，说："所有的制造公司，都不能轻视检查人员，而应该重视他们。这样做，可以确保产品质量的高水准，可以教育员工努力生产出优秀的产品。我还没有见过不努力就获得成功的公司。在竞争激烈的今天，所有问题都可以归结为价格问题，事业上要想大获成功，质量是个重要因素。因此，是否关注质量，对从董事长到员工所有人的影响，无法替代。另外，干净整洁的工作环境和工具、修缮完好的厂区和环境，比我们想象的要重要得多。事业最坚固的基础就是质量，接下来是成本。"

卡内基的话在今天几乎被所有公司认可。不把经营基础放在质量上的公司，不会以自己的产品为荣。并且，不能管理质量的公司，也难以统管其他各种功能和业务。换句话说，即使说产品的质量才是那家公司经营和作业的基准也不为过。

（229~230 页）

2 引入统计质量管理

(1) 质量管理在经营中的地位

CCS 经营者讲座的功劳之一，是战后第一次把“统计质量管理”的概念介绍到日本。统计质量管理又叫 SQC（Statistical Quality Control）。根据概率论，很多现象都被证明可以绘制成正态分布曲线。所以，虽然看起来自己公司制造的产品是随机地发生不良，但这只不过是表面现象，如果知道真正的原因和发生的频率，就可以对它们进行管理。

也就是说，首先要制订质量标准，超出这个标准范围的残次品就会被识别为错误，只要将注意力集中到减少、消灭错误的部分就好了。另外，不用全面检查，通过抽样检查就可以获得同样的检查结果，而且还可以把检查成本降到十分之一。

接下来，列举几个 CCS 讲座的成果和研究课题。首先，第一个成果就是从企业的观点明确了质量管理的重要性。给经营者印象特别深刻的是，井上文左卫门（住友电工）下面的证言：

“我第一次听到‘质量管理’这个词和内容大概是在 1948 年，是小林先生（小林宏治　NEC 玉川工厂车间主任）教给我的，而 Industrial Management Forum，即现在的 CCS 经营者讲座让我正确理解了这个概念。这个 Forum 对我帮助特别大的一点是，它让我极其正确地理解了质量管理这个功能在管理的整个领域中是个什么地位，有多重要。”

很多企业以 CCS 讲座为契机引入质量管理，是从完善体制开始的。

·出席CCS经营者讲座的董事长和干部，着眼于质量管理的重要性，进行以日科技联SQC研讨会（后述）出身的人为中心的体系教育后，1950年夏天董事长就把质量管理的实施命令下达给了各工厂的车间主任。(古河电工)

·1949年10月，在质量管理方面的权威西堀荣三郎博士的指导下，(电话）拨号盘工厂尝试实施后，就取得了3个月内不合格率减半的效果。1950年成立了质量管理委员会，努力向各个工厂普及。同年6月在品川工厂的改良科和蕨工厂的生产技术科中设置了质量管理科。(冲电气)

·在电气通信省负责检查的部门及电气通信研究所的指导下，生产部检查科设置了质量管理室，确定了质量管理负责人，并重点对此教育，同时还图谋引进外部知识。这是4号电话机取代3号电话机登场的时候。(岩崎通信机)

·从1949年6月开始巡回检查方式，但不包括统计质量管理的要素，所以在1950年5月把“质量管理的巡回检查方式”整理在内。(富士通信机)

但是，设立专门部门并不能解决所有质量管理的问题。在辅导过井上质量管理的小林宏治也叙述过如下感想：

“产品的质量受企业所有部门的影响，反过来也会对它们有所影响，因此很容易明白质量管理与企业所有部门有关。……经营者必须牢牢把握与经济互相影响的Quality Level。质量管理的方法必须普及到企业的所有部门。

在我们工厂，已经模仿了5年质量管理，虽然取得了一些成果，但总体上还是没有达到令人骄傲的地步。5年来的经验告诉我们，原因是还有些地方没有普及。”

（2）改善业绩的成果与推移

成果之二是质量管理的直接成果。冲电气取得了3个月不合格率减半的成果。在这里，我想介绍一下先于其他公司引进质量管理的NEC及东芝的案例。

NEC在战后的新型质量管理，始于1946年5月。直接的契机是CCS上任了一名WE公司的质量管理专家，他叫马吉尔（Magill）。我们来看看当事人小林宏治（当时为玉川工厂车间主任）的证言：

“马吉尔到任CCS的第二天就说‘质量管理很重要。总之我先来讲课’。我和西尾两个人每天都去GHQ待上半天。我们也多少意识到不依赖统计的方法是不行的，但从实际情况来看，获取合成树脂的材料十分困难，考虑一下未来也许能找到解决的方法，于是抱着这样的心情去听了课程。

但是马吉尔说：‘我认为不仅是通信，质量管理还应该普及到化学、钢铁等各个方面，所以把NEC变成个模范工厂吧。’”

日本第一个成为质量管理科科长的西尾实的证言如下：

“根据我的记录，1946年10月9日，我陪同小林宏治先生去了GHQ的CCS。初次见到了马吉尔，不久得到了他关于统计质量管理的辅导。首先从统计制造通信管的各工序的不合格情况、制作管理图开始，10月25日，他传授了根据加速寿命试验推算寿命长度的方法等。”

把NEC当成模范工厂的构想既不是一时兴起，也并非偶然。这是因为NEC自1899年创立以来，和美国的WE公司关系密切。马吉尔本人在战前曾计划去NEC出差，但由于一些原因没能实现。上任GHQ第二天就邀请NEC，和这个背景也不无关系吧。

在这样的背景下，马吉尔为了去除复兴通信网的拦路虎，提高通信用电子管的质量，从1946年10月开始指导主要供应商NEC统计质量管理的方法。NEC在1947年2月，在公司内创设日本国内第一个质量管理科，把当时平均使用寿命只有3000小时的电力增幅管CZ-504-D的寿命很快改善到超过2万小时，证实了统计质量管理的效果。

马吉尔也竭尽全力指导改善通信电缆。在苦于绝缘纸质量不好的时候，他提议同时使用黄瑞香纤维，并强烈建议试制巴川制纸。另外对电缆制造商，彻底调查纸卷机的断纸原因，打开了提高市内电缆质量和生产的端绪。

马吉尔于1947年5月卸任，继任为萨若松。白崎文雄（通产省电气通信局长）下面的话也证实了这个背景：

“1946年，在通信院设置资材局之后，一个重要问题是确保载波电子管。当时，大约30万千米的电信电路中约有2万千米，大约60万千米的市区电路中约有15万千米属于盟军专用，但是由于载波电子管的补给不足，电话中转站故障不断，令盟军十分头疼。

我是补给的直接负责人，几乎每天都要被司令部传唤，并被威吓道：‘消极怠工就毙了你。’有线用的电子管只在NEC玉川工厂生产，有设备但是排气不佳，承包商岩城玻璃公司因食物不足，员工们下午都出门买东西去了，几乎无法工作。而且，在成品率只有6%的情况下，示意引进统计质量管理来提高生产，从本国叫来萨若松率先在日本的工业界发声，这都是加勒特（Garrett）背后的功劳。”

在马吉尔卸任的时候，虽然已开始出现改善质量的一些案例，但距离全面取得显著效果的程度还很远。另外，加勒特作为CCS的产业科长，是个有实力的人，但据说之后因为虚报履历、滥用职权的谣言四起，被强制遣返了。

萨若松在1948年开始运用美国陆军的质量管理规格（Z1）指导NEC玉川工厂。他想通过运用美国在采取备战生产体制时，对军需品进行的质量管理，大量生产出好产品。当时公布的战时规格是Z1，构成如下：

Z1.1：质量管理入门

Z1.2：分析数据的管理图制作方法

Z1.3：生产方面质量管理的管理图制作方法

他于1948年春天第一次介绍到日本的管理图方式是质量管理的有效手段，并在一部分工厂中得以实施。

东芝也同样在二战结束后不久，请求CCS的加勒特来进行统计质量管理，并由萨若松具体解释。下面来听听西堀荣三郎的证言：

“最初听到质量管理这个词是在GHQ。我和NEC的园部先生两人作为学生，在GHQ的教室接受过萨若松等人的个人教学。那个时候是第一次知道管理图。它是我至今仍期盼的东西，想好好学习它。

那个时候我败给了东芝。日比谷图书馆有日本唯一的质量管理参考书，我坐在那里拼命学习。有 Electrical Engineering 和 American Quality Control……”

总之，那是一个为了追赶在战时大幅落后于欧美国家而拼命努力的时代。那时好像明治维新时期，各领域都开始向外国老师学习的时代。另外，日比谷图书馆属 GHQ 管辖，是知晓海外事情的唯一信息源。它是学习新事物的所在。

萨若松在 CCS 经营者讲座正式开始前，尝试过各种各样的形式进行质量管理教育，在质量管理开始阶段随处能看到萨若松的影响。例如通产省和通信省也都有质量管理的学习会。

受到马吉尔、萨若松这些人无私奉献的影响，K 先生也开始蠢蠢欲动了。与小林宏治、西堀荣三郎在企业现场的活动一样值得关注的，是唐津一的活动。他在 1948 年进入通信省电气试验所，当时是一名统计质量管理的旗手。

(3) 顾客代理人的质量管理

成果之三是以顾客的观点定位质量管理。CCS 经营者讲座使用的下列表达，简明扼要、提纲挈领，令人吃惊：

“质量管理部门是顾客的代理人，要向顾客保证产品的质量保持在确实的水准。这样经营者也能清楚公司产品的质量。”

最近的着眼点的确是追求顾客满意或顾客价值。开始于战后的新的质量管理，意义多是指出了站在顾客立场上的质量管理。

遗憾的是，没有记录显示这个发言给当时的参加者留下了深刻印象。无论怎么寻找听讲人的座谈会和手记，都没有找到与此发言有关的内容。也许当时的参加者认为这个发言在概念上是理所应当的，就没有在意它。的确，没有找到认真接受这一实践宣言的踪迹，真是令人遗憾。

而且顾客代理人把顾客满意作为目的的质量管理的理念，随着时间的流逝早已风化了。在重视顾客满意的 20 世纪 80 年代之前，这个重要的信息一直冬眠了 30 年的漫长时间。

但这个着眼点未必是 CCS 讲座的原文。在朱兰的名著《质量手册》(1951 年) 的开头也清楚地记载了设计、方法、工程技术、采购、机械使用、作业、检查、销售及使用是构成质量的重要因素。CCS 讲座的确先于手册发行，但是手册中的大部分内容已经以论文的形式先行发表了，所以萨若松非常有可能拿来参考。

事实上，把 CCS 讲座的教材和朱兰的手册相比，可以看出质量的两个定义（设计上的质量与实际的质量）、设计上的质量和成本的图表（第 16 图，手册中的 Fig. 4）、与质量成本有关的讨论等没有丝毫差别。

另外，事实上朱兰和戴明也都重视顾客的观点，而 CCS 经营者讲座对这一信息更加决断："质量管理部门是顾客的代理人，要向顾客保证质量。"

另一方面，也听到过批判CCS讲座的质量管理的声音。其中一点是内容过于专业、很难理解。教材里的确存在对概率、频率或正态分布曲线之类的说明，还能看见与标准偏差一起存在的1σ、2σ、3σ的说明。自然现象与社会现象出现的频率可以用正态分布曲线来预测。整体现象数量的2/3叫1σ，剩余数量的2/3叫2σ，以此类推，3σ就是整体的97.5%。如果把产品质量的偏差控制在这个范围内，整体的质量就平均化了。

这种统计学的说明不过只有几页纸，都是非常概括式的内容。但是，回想当时经营者的一般背景，能够推测出这些内容还是让人十分费解的。既没有听过统计方法，出席的人还大多是文科出身，并且还是用英语解释，对听讲人来说很困难。下面是当时质量管理专家唐津一的证言：

“萨若松的统计质量管理的部分让人很费解，讲座一结束，大家就有很多问题。”

围绕所讲的统计方法，大家开始议论纷纷。

“实际的引进过程中存在许多出乎意料。例如，关于产品偏差的分布是正态分布还是二项分布？管理限度是2σ还是3σ？再加上物理学家、数学家的参与，日本的质量管理理论总是理论先行，而最重要的质量意识却在企业内‘缺席’。由此，质量管理未必会顺利进行下去。日科技联还请戴明博士到日本参与讨论，戴明博士直接解释了质量管理为何物，我才找到了质量管理的道路。”（小林宏治）

但是，回顾这个混乱的经过，我认为责任不在CCS讲座。

在萨若松 1950 年卸任前，他明确指出：

“质量管理必须是实用的。虽然有人批评 3σ 法是不科学的，但它不仅能实现超过工业要求的精确度，还能被员工、技术人员和事务员简单使用，3σ 法是个好方法。是（批判者）太被数学束缚了，不是吗？”

在美国，3σ 法也很普遍，其中也有戴明博士的支持，不久就结束了争论。日本专家对于统计学的争论，给实践带来了没有必要的混乱。

3 质量管理与检查

还有一个批判是，CCS 经营者讲座过于强调检查的重要性，检查人员把质量关。如果是那样，的确和所有人都关注质量这种所谓“日本式”的质量管理性质不同，或许必须要对日本质量管理的进展所做出的贡献打折扣。

但这个批判也被认为与事实不符。笔者的判断依据有三点。第一，教材把实施质量管理的第一阶段设定成确切的质量标准，在第二阶段设置确保标准质量的机关，即检查人员。

以下引用几处与此内容有关的地方。首先，是质量管理的整体与检查的作用。

· 实施质量管理的第一阶段是设定确切的质量标准，第二阶段是设置确保标准质量的机关，即检查人员。

· 检查的目的不是发现生产上的失败，而是防止失败。

· 生产出产品后通过甄别残次品，不是让产品合乎设计规格，而是为了在最初就必须生产出合乎设计规格的产品。

第二，在解释统计品质管理上，涉及检查的作用变化，更加明确指出维持作业标准的重要性。下面介绍文章开头的一节。

·质量管理以前只通过检查来施行。也就是说在优质产品中甄选出残次品后再上市。但是，现在的检查有了不同的解释。意思是用检查的结果反映出工厂的生产情况，它是检验公司内部关联或影响制造的所有要素的基础。

·换句话说，它明确表示，公司以前是满足于挑选优质产品给顾客，而现在更关心的是将工厂的工作维持在一定的水准内。

第三，提议从这个观点出发，把质量管理人员重新设置成技术部门，并从作业活动中分离出来。

·制造人员有责任生产合乎标准且高质量的产品。生产产品时就要保证质量，通过检查是不能将残次品变为优质品的。

·质量管理的目的是通过早期发现生产过程中残次品的倾向而防止残次品产生。因此，质量管理部门在生产过程中必须尽早抓住机会，测定所有影响质量的因素。要在所有工序完成之前进行检查，不可以只是等待不良的信号。

另一方面，批评 CCS 讲座过于重视检查的人，是将教材接下来的内容作为论据。

·产品的质量，甚至公司的批评，在很大程度上受制于相关检查人员的技能、判断和诚实度。

但是，这句话只触及了检查人员的重要性，冷静地通读上下文就会明白没有重视检查人员。如果指出存在这个问题，那么原因应该说不在 CCS 讲座本身，而在于实践的一方。

不过，萨若松也没能预料到，日本会出现所有人参与的质量管理及 QC 小组。预言者不是万能的，戴明也是一样，关于这点，我之后另作叙述。

以上就是 CCS 讲座指出的主要要点。在问答中，也针对质量管理和通常在工厂进行的普通检查之间的关联性，交换了意见，围绕两者间的重复进行了讨论。CCS 强烈主张采用或设置质量管理体系，就实行而言，叙述如下：

·除通常在工厂进行的普通检查外，还要决定进行质量管理检查。首先重新设置质量管理部门，要有自己的用于试验检查的机器和专门的工作场地。

·检查部门和质量管理部门重复拥有检测仪器、试验仪器等，乍看起来是浪费，前者去检查，质量管理部门计算前者检查来的数据，这种分工方法是失败的。

·即使看起来不经济，但是投资给质量管理的钱会立即成倍返还。考虑到它的利益，检测仪器的投资金额等并不是问题。

4　时代背景

在讲述戴明博士及日科技联的解释之前，先提一下当时的时代背景。

太平洋战争的 4 年间和在此之前的 10 年间，是军事优先的时代，公共电气通信事业在人力、物力、财力方面已是穷途末路，特别是在战争末期，几乎不可能增设新的设备，只不过是勉强生产一些国防用的电话而已。另外，按季保养设备的用品也几近于无，往往是把撤下的零部件修理后再使用。因为人都被应征入伍当兵或做勤务去了，所以维修人员严重不足，技术水平极其低下。

结果，公共通信网的服务沦落到了如下的惨淡地步：

（1）接听事故（误接、不接、谈话中断等）及通话上的事故（音量低、杂音大等）多发，费用计算错误等，使用者投诉不断。

（2）电话线和电话机故障导致电话不通，恢复需要很多天。

（3）用户即使申请了也很难开通电话。

GHQ 经常收到强烈的要求和指示，要改善这些电话连续事故。甚至还有记载显示，市内交换局、长途交换局的服务恶化，连 GHQ 推行占领政策都受到了影响。相关人员从商社借来贵重的汽车坐着去访问 GHQ 本部，当时虽然叫汽车，但却是破旧的木炭车，驾驶的时候引擎肯定会熄火一次。

1946 年秋天，GHQ 强烈要求改良电话拨号盘，于是实施了改善调查。研究了弹簧和凸轮等主要部件的结构、材质和工作方法，致力于延长寿命的设计。各家公司根据同一规格的说明书制作试验品，通过寿命试验发现其弱点并加以改良，实现了 30 万次程度的寿命。

为了有效推进战后经济复兴，产业政策开始抓集中生产，不同的产业有不同的具体方法：

（1）根据生产指示乃至生产计划进行集中生产的方式。（氨法苏打、钢铁等）

（2）分配资材，采用预约订购制、循环联票制，集中生产方式。（油脂加工部门，特别是肥皂、涂料、纤维等）

（3）技术的高度化、国家机关制订产品的规格化、标准化。（设备，特别是电气通信设备等）

（4）价格政策——单品生产价格的单一化。（肥料，特别是硫酸铵、铝等）

（5）金融、融资政策——金融机关及抵押资金专用账户的融资选择。（各个部门）

这样一来，电气通信机工业中的集中生产，采用了加强产品规格化和标准化的方法。国家机关通信省电气通信研究所（通研）制定的检查制度也被采用。因为 NEC 在战前引入了美国资本，所以这个规格标准在 NEC，在通信机制造的技术方面也处于最高水准。这给其他公司带来了巨大冲击。也就是说，对于 NEC 以外的各家公司来说，技术的极度高度化迫在眉睫，当时引起了一阵被称为“通研旋风”的恐慌。

各公司像这样在包括质量管理在内的各方面拼命努力，结果是早在 1950 年就实现了超过世界水准的高性能电话机的实用化的目标，4 号电话机有流线型的崭新设计，在 1948 年决定由 6 家公司分担。同一个部件集中在一家公司生产，相互交换后组装电话机，在 1950 年 3 月就完成了 6000 台用于商业试验的试用品。

面向通信机产业复兴的应对方案确实很早。例如在钢铁业界，美国钢铁技术使节团第一次来到日本是在 1948 年 11 月。GHQ 的工业科长博恩（Bohn）等干部和美国派遣来的企业干部同行视察了日本的制铁工厂。日本钢铁协会派遣钢铁调查团到美国是在 1950 年，第一次接受了钢铁经营的方式、Line and Staff 的组织体系、IE 等，以及之后成为合理化构架的想法。

我们已经看到，美国专家的视察指导在各个领域都开始于创设 GHQ 的时候。战后第一次访美是外务省代表团，第二次是通信业界的视察团（1994 年）。不过视察团去的大都是与电气通信省等电话事业运营相关的人员。

5　质量管理的真正成果

CCS 的马吉尔和萨若松提示到，虽然日本的质量管理已经拉开了新的一幕，但它真正的开始，得益于戴明和朱兰两位博士的贡献。在此我想以与 CCS 有关的部分为中心叙述一下其中的原委。

首先，聘请两位博士来日本，创设了开辟“戴明奖”之路的日本科学技术联盟（日科技联）。日科技联是在 1946 年 5 月继承了战争时期的技术者团体而创设的。十几万的技术人员在茫然若失的时候，赋予科学家和技术人员生活的目的和自信，创造符合他们本来使命的活动场所，帮助他们完成充满信心的工作，是日科技联设立的目的。

日科技联没有找到具体的事业，依然在摸索阶段，但却接受了质量管理。以下是高级主管小柳贤一的证言：

"文部省的马场（重德）先生是电力方面的技术专家，听他说过 CCS 的事，他说统计质量管理是最好的。我提拔马场先生当了行政负责人，之后邀请水野（滋、东工大）先生、三浦（新、三井化学）先生、渡边（英造、三菱矿业）先生、后藤（正夫、总理府）先生也加入了进来。"

加藤威夫也有证言：

"我急于扑在质量管理上是因为有统计学做基础。做到不出错是非常有魅力的。我在 1948 年看到了一本 1947 年出版的叫 *Production Handbook*（《生产手册》）的书，这个 1947 年的修订版添加了一章内容，叫 Quality Control（质量控制），里面有 Control Chart（管理图）。于是我推荐小柳先生日科技联要采用 QC（质量控制）。"

在这里不要问哪个影响力更大。不管怎么说，日科技联在采用质量管理的过程中，受到过 CCS 讲座的影响这一点是非常重要的。加藤威夫是 CCS 经营者讲座的运营委员长，这不必说，他还是本书中那个"K 先生"的代表性存在。

日科技联在 1950 年 3 月创办了《质量管理》月刊杂志。是世界上继美国出现的第二个质量管理专业杂志。下面概述一下该杂志，并阐明日科技联和 CCS 讲座之间的关系。

刊登在该杂志创刊号上的编辑阵容中，与 CCS 有关的人员如下：

编辑顾问　加藤威夫　（三菱电机董事）

　　　　　小林宏治　（NEC 董事）

编辑委员　茅野健　（电气通信省通信研究所机材实用化部门管理科长）

园部进　（NEC 玉川事业部）

宫城精吉　（日立制作所茂原工厂技术部部长）

我从不足20人的编辑人员中只选出了与通信机产业有关的人员，却已经明白日科技联受到CCS讲座的影响之深。

创刊号开篇文章《工业经营与统计质量管理》（小柳贤一）中说，“通过实施统计质量管理，用革新方法创造实际的巨大利益，为此，经营首脑的深刻理解和前进的决心是非常重要的”，同时指出“让所有员工清楚企业目的”是前提条件。这里引用了CCS讲座中提到的NNS的案例，强调企业理念的重要性。另外，在创刊号中还提到了纲领，是“统计管理要确立适合我们产业界特点的方法”。

此外，在该杂志4月号上，加藤威夫以《从经营上看质量管理》为题，叙述了CCS讲座的精髓，内容如下：

“之前的质量管理以检查为主，……但并不是限定在这个范围内，而是使用初期检查、程序检查、工卡模具检查等多种方法，努力做到不出现残次品，……多是根据多年的经验和负责人的魄力决定的。如果经营者能下定决心把质量管理作为管理工具、公司的对策，它的具体内容就会发挥作用。”

在4月号上，小林宏治也刊登了一篇文章，叫《质量管理有多少效果》，他就质量受所有部门影响的同时，也给所有部门以影响这个话题，谈了自己的体验。

另外，萨若松在卸任之前也两次刊文，分别是1950年7

月号的 *The Role of the Engineer in Industry*，和 8 月号的《问 MR. H. M. Sarasohn 质量管理的诸问题》。

由此可知，日科技联受 CCS 讲座的影响很深。形成这种基础的就是技术人员之间的人际交往。如前所见，西堀（东芝）和园部（NEC）是企业人，同时又是质量管理人，互相分享仅有的资料，他们是共同学习的战友。通过这种人际交往，交流时代中最先进的见识是必然趋势，也是推动日本复兴的原动力。

相反，似乎也可以窥见质量管理正统之争的现象。小柳贤一就是证人。

“日科技联与某个团队存在质量管理的正统之争，……我们可以直接或间接听到这类说法。这是在 1950 年 2 月到 8 月左右之间的事。听到这种说法，令人非常难过，坦率地讲，令人不快。

为了将统计质量管理移植到日本，第一个举起铁锹到荒凉的日本的恩人，如果大家没有异议，我认为是 MR. H. M. Sarasohn。”

其背后虽然有一个重要原因，但或许是受到了 GHQ 内部 ESS 和 CCS 之间的权力斗争的影响。ESS 与商工省联合、CCS 与电气通信省联合，在日美之间进行了激烈的霸权之争。

戴明博士在 1950 年访问了日本。GHQ 内部的 ESS 也参与了这次访日，由戴明博士写给小柳的信件可知，访日的行程是在 ESS 企划统计科长的指挥下。这可能也是 GHQ 内部之间权力斗争的结果。另外，来自 ESS 企划统计科的舒尔茨

（Schulz）出席了 SQC 基础课程的结束仪式，并发表了祝词。

追溯历史，戴明博士第一次来日本是在 1947 年。1947 年戴明博士从印度来到日本，目的是指导 1951 年第一次实施的国情调查。总理府统计局是其对应窗口，遗憾的是质量管理的相关人员并没有接触到戴明博士。但与戴明博士会面的后藤正夫，之后加入了日科技联。

1949 年日科技联聚集了大学、产业界和政府中的有志之士，组建了质量管理研究小组（QCRG），并以此为核心进行了质量管理的研究和启蒙普及工作。QCRG 与政府毫无关系，它为了使日本企业趋于合理化，提高日本人的生活水平，未来向世界出口优质的产品，有志之士们考虑必须使 QC 适用于日本企业，从而组建了该小组。首先持续进行了与统计质量管理有关的文献调查，然后从还原成果的意义出发，自 1949 年 9 月以后开展了约为期 1 年的研讨会。

1949 年 9 月，QCRG 开始了第一届质量管理基础课程的讲习会。第一届以企业的技术人员为对象，是每月 3 天，为期 12 个月的长期课程，第二届之后变成了每月 6 天，为期 6 个月。教材采用以美国规格和英国规格为主的日语译本。

在学习 SQC 基础课程的过程中，笔者通过文献知道了戴明博士的名字，在寄稿到该杂志的同时，邀请他到日本演讲，结果他欣然答应，并在《质量管理》中叙述了原委。戴明博士在 1950 年春天打算再次来访日本，并于 1949 年年末的时候把这个消息通过信件寄到了翻译他著作、和他有书信往来的东京大学的森口繁一那里。因为森口也是日科技联的成员，所以把这个消息也告诉了小柳。因此，邀请就成型了。

另一个说法是，CCS 的萨若松推荐了戴明博士。萨若松因为知道战时生产局时代戴明的工作状态（他工作优秀），就迅速用无线电话邀请了他。

不管哪个是决定性的，同年夏天由于日科技联的衷心请求，戴明博士来到了日本，他不负众望，日本的质量管理迎来了新的局面。从 1950 年 7 月 10 日开始，历时 8 天，共有 230 名技术人员参加了这次授课。

面向部长、科长和技术人员的统计质量管理，重点如下：

（1）如何通过运转高质量的 PDCA（设计、生产、销售、调查、再设计，即所谓的戴明循环）提高质量？

（2）重视统计上的偏差的美感。

（3）以管理图法为中心的工序管理的思维方式和管理图的使用方式。

记载显示，在箱根进行了为期 1 天的课程，不仅面向技术人员，还面向经营者，在让人理解经营高层的重要性方面，给予了非常好的刺激。

1950 年日科技联以《统计质量管理的基础理论与应用》为题刊行了讲义记录，1952 年刊行了它的日语版，被奉为经典。该讲义解释了管理图、抽样检查等 SQC 的基本方法，引起了很大反响。戴明博士虽然是调查取样方面的专家，但他不用难懂的学术性解释，而是突出如何应用的观点，因此很容易被理解并广受好评。

基于讲义记录的销售收益，日科技联设立了戴明奖和戴明应用奖。另外，如果没有最高管理层和中间管理层的理解，没有各部门的共同努力，就不会取得质量管理的成果。在这个认识广泛传播的过程中，全公司有组织地推进质量管理的案例逐渐变多了。

为了真正在全公司推行质量管理，得到最高管理层的理解和支持是最重要的，这在 CCS 经营者讲座上也强调过。而且戴明博士也强调过，但依然不够。毕竟推行的人是年轻人，很难让经营者认真接受。

小柳贤一读过 1951 年出版的朱兰的《质量管理手册》，于是在 1952 年举办的美国质量管理学会上遇见朱兰的时候，就邀请他到日本演讲。

关于 1954 年邀请朱兰在日本召开讲习会的重要性，简述如下：

（1）实施了针对高层和中层的大规模质量管理教育。有董事长特别讲座（箱根和六甲，各 2 天。参加人数为 80 名）、部长科长课程（早稻田大学和大阪商工会议所，各 10 天。东京参加人数为 150 名）。

（2）事前到工厂参观学习，尽力掌握实际情况。视察了昭和电工、日本工学、日本钢管等企业，做出了“过于重视制作管理图，必须采取范围更广的质量管理”等重要指示。

（3）在叙述采购检查、工序检查、最终检查等检查方法的同时，教授了质量保证、诊断、帕累托图（Pareto Chart）。帕累托图是现在QC七道具[①]之一。

（4）强调认识管理工具QC，特别是高层对质量的认识的重要性。

在此之后，还开设了轻井泽的质量管理研讨会董事特别课程和质量管理研讨会部长科长课程。

聘请世界权威朱兰来提高经营者对质量管理的关心度，这个尝试取得了成功。以朱兰博士的讲义为契机，日本的质量管理从以前工厂现场的技术主体QC转向了面向整体经营的QC。

对普及质量管理做出过贡献的团体，除此之外还有很多。日本能率协会也从1949年5月开始聘请西堀荣三郎当顾问指导SQC。1945年2月成立的日本规格协会也于同年6月开设了质量管理讲习会。

到了1949年左右，主导日本质量管理的各个团体都在积极开展活动。1950年上半年SQC的导入进一步发展。1951年，日本能率协会举办了QC讲习会，日本规格协会成立了质量管理方式研究委员会，开始制作管理图、抽样检查等日本工业规格（以下简称JIS）。日本规格协会也在朱兰来到日本之后，开设了部长科长课程。

不能忘记的是，工业标准化是SQC的前提。1946年设置了工业标准调查会作为调查审议机关，1949年制定了工业标准法，就是所谓的JIS。

---

① QC七道具：指帕累托图、鱼骨图、矩形图、管理图、散布图、检查用纸、图（棒形图、折线图、圆饼图、带形图等）七种。

这种质量管理，特别是统计质量管理的源流就是 CCS 经营者讲座。另外，回顾美国的统计质量管理的成长历程，就能发现这也是有道理的。CCS 经营者讲座中的质量管理理论成为日本统计质量管理的先驱，这一历史性作用和给各方面带来的影响力一起受到了高度的评价。

先驱们未必是完人。戴明在 1950 年的讲习会上做过重要的发言：

“通过检查得到优质产品的方法，是极不经济的，……检查本身不会提高质量，质量管理也不只是检查。”

在小柳看来，借用在抽样检查方面著名的道奇（Dodge）的言论，戴明想说的本意是“如果期待质量，就一定要做出质量。也就是说一定要制造出有内在质量的产品”。

戴明虽然敏锐地指出了质量的重要性，却没有明确说出它的具体方法。但是，应该不会有人因此去否定戴明博士是先驱的评价吧。戴明指引了方向，而受其教导的日本人创造出了具体的方法。美国人创造了概念，而日本人对它进行了具体化。

朱兰下面的发言让人议论纷纷：

“技术人员不应该分散到现场去。”

技术人员在技术部门发挥着指挥官般的作用，他说现场按照指示如实进行作业就好了，这自然会让听讲人感到混乱。

历史总是这样编制而成的。没有必要要求先驱们都完美无缺。应那个时代的要求，发布根除弊害的信息是先驱们的作用。规划和实行 CCS 讲座的萨若松等人作为导师，也发挥了巨大的作用。

6 科学质量管理的前期历史

科学质量管理在美国是1931年由贝尔实验室的休哈特博士确立的。通过基于此管理图对生产工序的检验和基于抽样理论的检查，第二次世界大战中在美国的军需生产中普及。

休哈特1915年在WE公司工作，1918年进入贝尔实验室，成为了一名研究人员。1924年发表了《运用统计学数据分析物理及技术》，1926年发表了《修正测量误差引起的数据》、《管理图法（Quality control chart）》，1927年发表了《质量管理》，1930年发表了《商品制造中的经济质量管理》等。管理图法是质量管理中最重要的方法。

另一方面，朱兰博士也出身于WE公司。在霍桑工厂引入质量管理，当了十几年的部长。期间，他和因确立质量管理方式和选择培训方式而出名的迪什（Duch）、罗米格（Romig）两人共同研究，并在1928年公开发表了实验结果。之后，他作为工业技术部长，负责了4年该公司的质量管理工作。像这样，美国的电气通信产业开始了统计质量管理。不仅在理论上，实践应用也开始了。

日本引进和发展质量管理，几乎是再现了美国的发展轨迹。这不是偶然，而是因为完全受到了产业特性的巨大影响。即，既有先端精密性，又有能通过大量生产收集许多数据的环境。

另外，英国的皮尔逊（Pearson）也在1935年发表了名为《面向工业标准化和质量管理的统计方法》的论文。这样一来，1930~1935年期间大致完成了质量管理的方法。

那么，这些方法被引进日本后怎么样了呢？

在东京电气公司电灯科承担提高白炽灯质量的石田保士，对这些论文十分感兴趣。对机械出身的石田来说，这是个未知领域，对统计处理的基本解释都让人难理解，尽管如此，他仍然努力钻研并活用在了提高质量上。这是20世纪20年代的事。

他通过拜托山内二郎（东京大学教授），收集了几乎全部统计学的资料和藏书，从镰仓的私宅搬到了永田街。其中还包括费希尔（Fischer）等人的很多原著。

石田自己也制作了管理图。从外国的专著中把看到的内容形象化，独创了与众不同的长条横幅“卷轴”，并把质量管理实际应用在电灯泡制造的现场。尽管很有效果，但知道“卷轴”存在的人，在公司里也非常有限。

战前因为技术保密，所以是禁止公开的。

这个石田保士也是K先生之一。作为实践科学道路的先驱，他不局限于只是追赶发达国家，还亲自致力于具体的工具，对于他的这种独创力，应该给予高度评价。率先介绍质量管理理论的北川敏男（九州大学教授）等人，也可以是K先生。他们在战争时期到现场实践，被认为是科学研究法的推进者。石田保士虽然和学者交流过，但在实践上却是个孤独的K先生。

之前已经叙述过，日本战败后不久，接收管的质量问题很严重，再之后却成为世界上首屈一指的供给国。这一转变的背后，得益于以 CCS 经营者讲座为开端的战后统计质量管理的巨大贡献。还有日本对这些在战前开始的理论和实践的积累。在东芝公司内部，至少存在以石田保士为首的研究会，有大家共享和继承的机会，比如西堀荣三郎就参与了其中。

不仅如此，战前的技术人员之间的交流也发挥了重要的作用。它就是由 5 家公司组成的电子管技术委员会。这个委员会 1941 年 2 月发端于川西机械、东京芝浦和日本无线 3 家公司。同年 6 月，NEC 和理研电子管工业（后来合并成日立制作所）也加入进来。

在太平洋战争中首战告捷的海军航空队，呼吁增产飞机，要求加大生产航空用无线电和电磁武器用的电子管。于是为了提高成品率，5 家公司反复进行了技术交流。

有句谚语叫“罗马不是一天建成的”，同样，技术革新也不是某一天突然到来的。战前和战争期间，统计质量管理的应用或理论探讨也在各地持续进行着。有些人是孤军奋战，有些人是组成小组不断钻研。他们的大部分努力，看似在战争末期销声匿迹了，但即使表面上看不见，却可以说是像地下水一般在为战后的振兴积蓄力量。

日本社会上的很多人是通过 1949 年的 CCS 经营者讲座，才第一次听到了统计质量管理。尽管如此，由于加速推进实践，日本的质量管理早在 20 世纪 60 年代就已经引起了世界的瞩目，成功创造了日本式的质量管理。在这个背景下，我们不要忘记那些如地下水一般的K先生。

换言之，正是因为这些“地下水”的存在，以CCS经营者讲座为原点的统计质量管理才得以展开，日本式的质量管理才得以开花结果。尽管CCS经营者讲座强调过，但却没有形成公司治理或企业伦理。此时的差异难道不是受到这些“地下水”的巨大影响吗？

【原著】引自“第三章　统管、第四节　质量管理”

1　产品质量

……

就产品的质量而言，是指一种表现出该产品和竞争公司产品的比较、某个商品和其他商品的区别、同一生产线上制造的产品等级等方面的特性。

质量这一概念包括两个方面：一方面，是和竞争公司产品相比较的时候确定产品的特征；另一方面，是表述某个产品有多大的完美度。

总之，通常质量不是绝对的，是相对的。某个物品的质量没有办法和标准质量相比，或高或低，或好或坏。质量不是绝对的，是有变化的。因此，在规定允许的变化范围时，首先就对质量做出了恰当的定义。

用于决定产品质量的特性，有尺寸、材料、形状、化学成分、机械功能、精加工及外观等。

这些可以分为（a）设计上的质量（Quality of Design）和

(b) 实际上的质量（Quality of Conformance）。前者是设计上指定的质量，后者表示实际的产品与设计规格有多少一致性。

设计上的质量包含着特定的问题，就是技术人员和经营者要一直保持产生某种结果的价值和为了这个结果所需的价格之间的平衡。比如说打火机，如果卖 1 日元就会有很多买家，因为从打火机的使用价值来考虑 1 日元很便宜。但是，如果价格涨到 1000 日元，买家就会变得非常少。因为这与打火机原本的价值相比，1000 日元实在太贵了。

像这样，即使谋求提高尺寸精度、化学纯度或质量特性，如果在增加产品价值的同时抬高成本，因为改善质量而增加成本，也不能保持与提高产品价值之间的平衡。

因此，设计技术人员一直面对的问题是，在给产品恰当的质量标准的同时，还要把成本控制在成本允许的范围内。

……

质量的成本是一个要去考虑设计上的质量还是实际质量的成本问题。

因此，经营者和设计技术人员无论如何都必须解决产品的质量成本和质量价值之间的平衡问题。

这个问题与很多要素相关。例如，顾客间评价的维持，工作人员的技能和机械的精密度是否符合设计上要求的质量，成本统管，成本和质量的经济关系等。

……

2　检查

检查人员的工作主要是进行决断，按照技术部决定的质量标准来判断产品质量。

因此产品的质量及公司的评价，极大程度上取决于检查人员的技能、判断和诚信。

另外，为了满足质量管理的要求，要有多个检查规格。

……

这些规格，通常由设计人员或者技术部里面的团队准备。不同情况下，生产技术人员也能制订规格。由谁来制订规格，取决于经营者把责任分派给谁。

当然所谓的质量，在制造产品时就已经被规定好了。通过检查是不能将残次品变为合格品的。

因此，制造符合质量标准的产品是制造人员的责任。这种责任分担方式，在几乎所有公司里，才是在组织结构上区分制造人员和检查人员的主要理由。

制造人员承担质量的责任，检查人员检测生产了多少高质量的产品。因此，制订质量标准、制造和检查，在制造类公司里都有着分开进行、同等重要、独立存在的功能。

检查独立于技术和制造，使承担维持公司在质量上的评价的检查人员，相对于其他两个部门具有了某种程度的权限，并让他们寻找没有达到质量标准的原因。

不能达到设定的质量标准，是指（a）技术或者产品的设计不好，和（b）制造流程失败、能力不足、不能制造出符合设计和规格的产品这两者之一。

也就是说，在连续生产出残次品的时候，检查人员可以在发现和铲除原因之前，让制造人员停止生产。

同样，在最初的设计不合格的时候，检查人员可以要求技术人员变更设计。

从这一点上来说，检查的目的不在于发现生产上的失败，而更在于防止失败发生。

（230~236 页）

【原著】引自“第三章　统管、第四节　质量管理、5　实施统计质量管理的具体事项”

5　决定产品批量

研究完以上内容，就必须决定如何对待每个产品了。也就是说，要决定生产的批量。应该是一天的总生产量算作一批呢，还是一台机器一天甚至一小时的产品总量算作一批呢？此时，便于处理产品的方式和生产率（Production Rate），是决定批量的主要因素。但是，无论在什么情况下都要先严格制订好批量标准。

决定批量的大小非常重要。大约两年前发生过这样一件事：日本某个电子管工厂有 6 台制造相同型号电子管的 Sealex 牌自动机器（Sealex Machine）。这 6 台机器 1 天的总生产量算作 1 批。但是，每批一定会出现 3%的残次品。也就是说，不合格率太高，需要超额生产一些电子管，这增加了检查费用，很不如意，也很浪费。

于是经过种种考虑，决定 1 台机器 1 天的生产量算作 1 批，结果就变好了。原来是所有机器中有 5 台几乎是正常工作，而第6台有18%的残次品，所以以前由于这1台机器的原因，导致1天的总生产量都不合格了。但是，根据新制定的批量，5台机器的生产量是合格的，还明白了第6台机器是引起各种问题的原因。

……

7　资料的收集与整理

下面要考虑的问题，是如何收集和整理检查数据。

除了当前在工厂进行的普通检查以外，还决定进行质量管理检查。后者由质量管理部门进行，该部门自己要有检查用的机器，还要有专门的工作场地。

问答

问：工厂的日常检查和用于质量管理的检查分别进行，不是在重复和浪费检测仪器吗？光靠工厂的检查，然后由质量管理部获得检测报告，不可以吗？

答：这种解释是以假定重新采用和设置质量管理体系为前提的。因此，妨碍制造部、检查部的日常业务，增大费用的做法，也与质量管理的目的本身相反。所以，要与工厂分开设置。检测仪器、试验仪器等也许是重复浪费，但只是一方检查，另一方计算的做法是行不通的，这种案例之前已经有很多了。所以，一开始就分开。双方都使用同样的检测仪器虽然看起来是浪费，但用于质量管理的钱立即会以数倍返还。考虑到其中的利益，检测仪器等这些问题就不在话下了。

……

问：用于检查质量管理的检测仪器和在工厂普通检查用的

工具有些不同，你觉得呢？

答：我也有同感。工厂检查是保护性的检查，而质量管理的检查是想知道各种情况，目的是不同的。所以，检测方法和使用工具也不会相同。然而两者最终会合并。也就是说，如果在可控的范围内走上正轨的话，那么两者就会合并，一方负责检查，另一方只负责事务上的计算。但是，在最初实施的时候还是应该分开。

（258~260 页）

第 5 章

成本统管

在第 3 章中提到，成本统管是仅次于质量管理的重要课题，要点如下：

· 为了在每天都变动的事业环境中实现预期的业绩，成本管理是非常重要的。在日本，经营者对成本不够关心，而且成本管理的重心始终在把握原始成本，即过去的实际业绩上。美国的多数企业采用的预计成本表示将来发生的成本水准，而标准成本表示应有的成本水准。成本计算的终点是必须实现标准成本。

· 成本统管有拟定和管理预算、收集和分析成本数据两个阶段。制作预算的时候，经费分为固定经费和可变经费，这在制订符合生产水准变动的合理经费上是很重要的。因此，必须从平时预先整理出与固定经费、可变经费相关的数据。

· 在进行成本管理时，以下统管是必要的：

组织统管：完善针对有效运营事业的组织结构和运营方式，是成本统管中最重要的部分。根据组织计划、组织图、职务说明书、分担业务规定等，为分担职务、移交责任和权限、明确方针、作业方法、事务手续制订标准。

生产管理：由生产计划的决定和执行构成。生产计划由财务、技术、制造、营业、劳资等公司的主要部门来参与策划制订。另外，针对计划的变更，要每月研讨1次，或者至少每年研讨4次。

材料管理：要相互协调生产管理和采购功能，确保生产所需的材料是最小限度的。

薪水工资：规定适当的职务等级和人工成本，确认工资与贡献度相匹配。

人员：定期检查每个部门的功能和人员的变化，去除不需要的部分。

产品：终止对业绩没贡献的产品。

·最高管理层为了在规定的时间内精准实现成本管理，要迅速准备和活用生产预计表、预算、制造报告书、损益计算书、销售业绩等资料，要整体统筹把握全局，但不要涉及自己任务以外的细枝末节。最高管理层之下的监督者也是同样。

1　提倡经营管理体系

从上述要点来看，本章虽然叫“成本统管”，但我们发现它无非是在整体上提倡现代化的经营管理体系。这种经营管理体系是为了有效运转PDCA循环，及时找到问题点，快速采取必要的行动。而作为基础的数据必须从企业各部门收集。这些数据最终落在了金钱数据上，但原来还包括工作数据和技术数据，的确是一个覆盖整个公司的综合性经营管理体系。

就像会计人员喜欢使用“会计就是经营管理”之类的表达一样，它指出一种从向后看的金融家般的实际业务管理到向前看的计划管理的范式转移。

经营管理体系还指出了几个重要的事项，这对当时日本的多数企业来说是提出了新的概念。首先让我们回过头来看看这几个概念。

最重要的一点是以预算管理为支柱的内部管理体系。在事业环境变化中，必须要慎重计划，而不是听天由命。为此，要事先制订事业运营的基本方针和经营上细致的方针，还要事先设定目标。另外，全公司的预算一旦决定下来，各部门在制订目标的同时，制订实现目标的计划也成为可能，在全公司各部门协调之际，预算也承担着中心柱般的功能。

美国从 20 世纪 20 年代大恐慌时期开始认识到预算管理的重要性。因为事业环境已经和之前只要造出来就能卖出去的时代完全不同了。

日本早在大正末期就强调过预算统管的重要性。当时是合理化运动最盛行的时期，在 1932 年达到顶点，契机是国际预算统管会议的召开，及很多被发表的学术成果。但是，与现实的企业运营的水平似乎还存在着很大的差距。

伴随着以科学管理法为基础的经营管理会计的发展，企业内部的会计部门也发展了起来。也就是说，经营计算制度不限于财务会计，还朝着以管理会计为中心的经营管理发挥预算统管作用的方向发展。对此，要重视设置会计监管机构。财务会计的任务只是完成簿记借贷对照表等单纯的决算报告，与此相对，后者则是承担着成本计算、预算统管、经营比较、短期损益计算制度等经营管理的任务。前者是事后把握，后者是面向将来，后者的作用在科学研究法上更受重视。

这里的科学研究法是什么意思？我们可以理解成它是设定经营标准，根据这个标准统管经营活动，并从物理、时间、价值等角度量化这个经营活动的过程。把经营管理的科学化、自动化、数量化作为物理基础，这里的计算制度下的经营管理才有可能统管。

2 标准成本制度

（1）先驱性引进与前提条件

与成本统管有关的第二点是成本计算制度。CCS 经营者讲座指出，日本的成本管理始终在把握原始成本，属于事后把握过去的实际业绩，很难预测未来，很难为达成目标采取必要的行动。

美国的多数企业采用预计成本，更先进的企业采用标准成本。前者表示将来发生的成本水准，后者表示应有的成本水准。预计成本多是指向未来，只预测未来是什么样。标准成本常常通过明确与目标之间的差异，多指向目标的达成。CCS 经营者讲座明确指出，标准成本才是成本计算的最终目的地，才是理应去实现的目标。

但是会计制度并非只是理想，而是作为支撑每天企业活动的中枢，同时在很大程度上依赖着企业活动。会计制度的内容和运用的水准是根据日常从企业所有活动中获得数据与否，数据的精度和速度来规定的。

如第 4 章所述，作业不标准或不正确把握劳动时间，就很难向标准成本制度过渡。作为经营管理体系的会计制度本身就构成了一个体系，在 CCS 经营者讲座以来的日本也加速完善了各种体系。

但是，并非是等到战后，昭和初期日本就已经开始先驱性地引进了标准成本计算。这是与上述预算统管论的进展并行的动态，它不仅与一般会计制度相关，而且在科学管理法的着眼点上也表示出关心。

会计数据不是为了过去而存在，而是旨在指向未来。战前的产业合理化及统治经济的政策也要求朝着这个方向发展。

这里来看一下战前就开始的先进案例——三菱电机。该公司在 1923 年与 WE 公司技术合作以来，积极采取美国式的科学管理法。它作为一种有效的方法，在金融危机乃至世界恐慌中渡过前所未有的萧条上起到了效果。

首先，该公司在 1927 年采用预算主义，在 1932 年开始实施标准式统管法。它是代替以前实际成本制度的标准成本制度，责任成本制度色彩浓重，比如按照产品种类、成本部门等来决定标准预算等。

以完善设计标准、制造标准、作业标准、原材料标准等为前提，才有可能实现标准成本制度。该公司先行进行作业研究，设定标准时间，所以准备充足。其实作业研究就是泰勒所提倡的任务管理，是由该公司的加藤威夫从欧美引进的极其先进的理论。几乎大部分企业都还没有进入作业研究的领域，所以即使希望引进标准成本制度，也是难以实现的梦想。

（2）前进一步，倒退两步

介绍三菱电机的案例是有原因的。是想指出一个事实：即使有这样先进的制度，但在抗日战争开始后的经济统管下，会计制度和财务运营都受到了诸多制约，这个制度也不得已搁置了。

根据日本《国家总动员法》，为了筹措军需品，企业被强制实施由军方规定的成本计算制度。也就是说，1939 年发布了陆军成本计算纲要、1940 年发布了海军成本计算准则，不准采用标准成本计算。因此，该公司不得不从标准成本制度倒退到实际成本制度。

但该公司的科学管理法并没有在战争中枯竭，而是存续了下来。这才得以成为战后复兴的源泉，如同表面上看不出来，却一直在暗处涌动的地下水一般：

“前几天本公司还确信标准成本制度有进步性，期待着某一天可以复活，在发票样式上绞尽脑汁地保留标准项目。在保存这一制度上做出的努力，是战后领先其他公司一步复活标准成本制度的重要原因。”

CCS 讲座也指出“虽然有公司在战前采用过预计成本或标准成本的方式，但现在是原始成本，还没有恢复到以前的制度”，并承认了战前存在先进案例和倒退的事实。在倒退的背后，还存在下面的情况：从海陆军的监督工厂到监督管理工厂，军方的统治逐渐加强，最终军方统治企业的全部，在这个过程中，发生了变质。

军队的成本方式的特点，就是只支付发生成本的彻底的原始成本主义。军方给保证成本，是对企业有利的制度，特别是在要求增产的时代。

在战前作为例外存在的科学管理法的先进案例，也不得已在军方的主导下被搁置了。在向精神主义倾斜的时代，美国推动了科学管理的发展。

在排除科学管理变成反常的竹枪精神①的时候，已经预知战争失败的人绝不在少数。

战败时两国的动向形成了鲜明的对比，日本蒙受的损害是毁灭性的。倾举国之力的战争失败了，除失去了宝贵的生活和经济资源外，战后的复兴也遇到了巨大的障碍。

与这种局势对抗，确信并力图保存标准成本制度进步性的企业是宝贵的，它只停留在公司内部相关人员的记忆中实在是太可惜了。战争时期的科学精神，应该作为日本引以为豪的财富长期被记录下来。而且谋求先进思想和像地下水一般蓄积的行动，也应该永远放在全体日本国民的记忆里。

对于 K 先生来说，标准成本制度才是科学管理的实践工具，废除它，就意味着向竹枪精神屈服。

---

① 竹枪精神：竹枪意指像用竹子制成的枪一样简陋的武器，竹枪精神是指只要有精神，即使用简陋的武器也能取得战争胜利。

3 内部统筹

(1) 主计长制度对业务 (line) 和参谋 (staff) 的分离

在CCS经营者讲座晚些时候，1951年7月产业合理化审议会向通产省提交了《企业的内部统管大纲》报告，该报告由一般部会①财务管理分科会完成，该会议的委员有野田信夫(离开三菱总部去了成蹊大学)、古川荣一(一桥大学)、松本雅男(一桥大学)、高宫普(东京帝国大学)、中西寅雄(东京帝国大学)、小高泰雄(庆应义塾大学)等当时具有代表性的经营会计方面的专家学者。此外，还有金子佐一郎(十条制纸常务)、西野嘉一郎(芝浦制作所专务)等来自企业的人士也参加了这个会议。

内部统管，是以企业的最高方策为基础、经营者在考虑企业整体的视角上策划执行活动、调整实施方案、评价实际业绩的一种机制。就是通过数据分析管理的方法来实施企业上述活动。因此，CCS讲座中也曾强调过，预算管理是其中心内容。

以下内容指出了内部统管的必要性：

(1) 随着企业规模的扩大和经营内容的复杂化，经营者如果不以完备的内部统管组织为基础，就无法顺利、合理地运营企业。

(2) 日本的经济容易受到政治动荡和外国经济的影响，为了防御，有必要确立企业的内部统管组织。

---

① 部会：指各部门定期召开的会议。

（3）对商法修订后引进的董事会制度的应对。

（4）充分接受引进外部审查制度。

实现内部统管的必要条件如下：

（1）组建独立的统管部门以实施内部统管。

（2）在统管部门确立企业的主计长制度。

（3）明确规定各部门的权限和责任的范围，尽可能把权限移交给下属部门。

（4）对内部统管的对象，即执行部门的执行活动进行直接管理制度的完善。

（5）正确理解最高经营者和各执行部门的上层管理人员。

大纲中最重要的一点是引进会计管理制度和主计长制度。其中，前者是立足于计算制度进行事业活动的计划、实施、协调和评价，与CCS讲座中的内容相同。

关于后者主计长制度有言为证：

“我认为最初的集会是在昭和25年（1950年）3月左右。到底采取哪种制度，各方专家都给出了自己的意见，但他们一致认为，通过我国最滞后的财务，谋求经营管理组织的合理化非常重要。美国的先进制度中有个主计长制度。所以决定对此进行研究，于是古川、高宫两位专家开始查阅美国的文献。”（西野嘉一郎）

主计长制度当时在日本是近乎未知的概念，在CCS讲座的“第二章 组织”中介绍过两次。下面介绍其中之一：

“会计部长（Comptroller）是会计人员的最高领导，管理着会计部门。这个名词来自于法语Compter，表示‘计算’的意思。会计部长要对‘综合管理人员’负责。”

在美国，1924 年就已经发行了评价主计长制度的著作，从 1947 到 1949 年又刚好发行了新书，所以拿来作为参考，经过每周一次的热烈讨论，到了 1950 年 6 月就发表了该大纲。另外在美国，Controller 和 Comptroller 这两种写法是同时并用的。

大纲的前言如下：

“在我国经济自立道路上最紧急的课题是企业的合理化，只有经营者综合运用设备资财、劳动力、资金，最高程度地发挥经营效率，才能完成这一课题。为此，全面实施以计算统管方法为基础的企业内部统管势在必行。但一般而言，我国大部分企业现在还处于不足以实施内部统管的阶段。”

当时，认为要内部统管的另一个理由是内部审查，后面将有论述。

接下来讲述与主计部门相关的要点：

· 主计部门是参谋部门，辅佐作为综合管理者的董事长，实施董事长的指令。

· 为了确保主计部门的独立地位，对执行部门间的协调有绝对的权威，主计长最好是副董事长或专务董事。

· 修改会计部制度，主计部门要有预算、决算、成本计算及其他计算功能。而资本的筹措与运用、现金收支，以及信用关系的处理则由财务部门承担。也就是说，主计部门是参谋部门，财务部门是业务部门，分离了以前混杂在会计部门的业务。

· 主计部门由预算科、会计科、统计科、审查科构成。

该大纲引起了企业的注意，但只有少数企业能够具体着手实施。因为大纲只是展现了确立企业内部统管的必要性和大致构想，具体实施起来还会面对很多问题，企业最终没有去实践。因此，审议会的一般部会在 1953 年 2 月提出了《关于内部统管实施手续的要领》报告。除中西寅雄外，其他成员都是起草大纲的成员。

在此，除了大纲的细致规定外，还出现了两个新的着眼点。第一是"常务会"制度，是由高宫普强烈主张引入的，他说：

"（在执行董事会决定经营管理的基本方针时）在这个执行方针中，有与整个公司相关的全面执行方针和部门执行方针。以前基本上是由董事长亲自实施全面方针。结果，由于这个全面执行方针，未能充分设定部门方针的基准，也未能从整体出发合理协调部门执行方针。

在这种状态下，即便设置主计部门也运转不起来。……这种公司经营管理下如果不充分考虑如何确立综合方针，如果没有突显这些功能的机关，主计部门即使有了组织也运转不起来。而这个机关就是常务会。"

常务会的具体策略是，设立主计部门、处理主计部门与财务部或常务会的关系、主办预算统筹、统计调查、内部审查的手续。

下面来看一下快速引进常务会制度的先驱——东京瓦斯的案例。该公司在 1949 年 8 月制定了部长会议，部长会议由包含董事长在内的所有专职负责人、部长等全公司的管理层构成，它是协助董事长执行业务的协商机关，它是协商全公司综合事业规划、预算和全面执行业务策略的组织制度。

从 1954 年 1 月起开始实施的常务会制度在内容上包括常务会和部长会议。常务会把调查室作为事务局，部长会议的议长是董事长，调查室长是干事，来协助指导会议。主要承担的任务是整理、协调会议所讨论的事项和相关资料。

部长会议每周三举行，平均每月举行 3.3 次。它实质上是经营会议（Executive Committee），讨论由全体管理层决定的全面执行策略、综合事业规划和预算等重要方针。虽然协调一致后由部长会议决定，但是决定权在董事长手里，所以部长会议其实是形式上协助董事长执行业务的协商机关。但董事长又是部长会议的议长，所以理应认可部长会议的结论，因此部长会议实质上又是一个协商决定事务的所在。

（2）内部监查

《关于内部统管实施手续的要领》的第二个要点是内部审查手续。基于 1951 年 7 月实施的证券交易法，为了充分接受注册会计师的强制审查，完善确立企业的内部统管组织是个好时机。要点如下：

· 主计部门审查科当然是协助审查人员和职业审查人员完成审查，但更主要的作用是利于常务会的内部统管。

· 常务会是在主计部门或常务会事务局的协助下决定审查方针。

· 审查报告是通过主计部门提交给董事长或常务会的。

得出的结论是："审查科必须在执行和改善内部统管规程方面，成为统管者和被统管者之间的桥梁。"

这里简单回顾一下规定战后企业现状的财务方面的框架结构。由于财阀解体，战败后，大多数主要企业根据 1945 年 11 月颁布的《公司解散限制令》被指定为有限公司，有限公司被要求定期将各种财务报表提交给 GHQ 的 ESS。但由于提交的财务报表的暂付款和暂收款等在内容上存在不明确的乱计算和不统一的现象，所以 ESS 于 1947 年 12 月出台了所谓《关于工程公司和商事公司的财务报表制作的指示书》。它基于美国的会计原则，给之后的企业会计带来了很大的影响。

此外，在推进该指示书的过程中，碰巧来日本的美国统计视察团的赖斯（Reisz）团长在向驻日盟军总司令麦克阿瑟提交的视察报告书中表示，日本的工商业企业会计制度极其不完善，这成了导火索之一。戴明博士也参加了这个视察团。

于是日本决定引进美国的会计制度，1949 年 7 月，发表了经济稳定局企业会计制度对策调查会中期报告，并且在 1950 年 9 月把该报告形成制度，即《企业会计原则》。另一方面，早在 1948 年就已经制定了注册会计师法，但依据这一法规的注册会计师审查则是从 1951 年以后开始实施的。

从经营管理方面规制战后 50 年间企业行动的框架是在美国的主导下构建的，其中在细节上存在问题。其一是公开制的原则。美国企业会计中的"一般认同原则"之一是"企业会计必须根据财务报表，不让利益相关方做出错误的判断"。它由财务报表的“清晰性”和“公开性”组成，被认为“等同于美国企业的财务公开原则”。

其二与内部审查制度有关。正如我们所见，审查科要向董事长或常务会报告，而不是站在监视董事长的立场上。董事会的问题是在不设置公司外部董事，董事和执行董事被同等对待的环境中，规定了审查职务。

追溯讨论公司治理的原点就会明白，在这样的框架中也存在深层的根本问题。无论是信息公开原则还是内部审查，都是在维持企业公共性上不可缺少的条件，但直到现在都还不完美，可以说是有形无魂般的存在。

CCS 讲座虽然提出了基本方针，但遗憾的是完成面向实践的框架还相去甚远。

4 “管理”与“统管”

当时文献中的术语不统一让人很苦恼。当时，美国使用的术语也不十分统一，相同的术语被用作不同的概念，或者表示完全不同的含义。在一些报告书中也有学者解释道：“在美国人的思维中，一般不在乎如何界定事物的概念。”

典型的术语混用表现在管理和统管，还有经营等方面的基本术语上。CCS 经营者讲座一开始就对主要术语进行了定义：

首先，经营（Administration）是指决定诸多政策、分配推行这些政策的责任和权限、筹备资金和设备的活动。

管理（Management）的定义参照美国机械技师协会的

定义：

“管理（Management）是为了人类福祉，利用自然中的各种原料，准备、组织和指导用于统管的各种力量的技能（Art）和科学。”

接下来统管的定义如下（“第2章第5节　组织的思维方式”）：

统管（Control），指准确推行计划、方针、目的所需的功能、手续、检查。

但是，Control不仅是统管，在不同领域还可以翻译成管理。

Internal Control 内部控制

Budget Control 预算控制

Quality Control 质量管理

Profit Control 利益管理

19世纪60年代初期之前，企业经常使用预算统管这一术语，之后改称为预算管理。

前面已经讲到，Administration包括经营、管理、作业整体，Management是作为这个词汇的从属概念，但同时也能看到与之相反的用法。实际上，今天往往把Administration理解成Management的从属概念。

当时是什么样的？CCS经营者讲座在之后发行的若干经营书籍中，大多认可前者的解释，这是一般情况。但是，当把Management理解成最广义的范围，总括整体经营管理和部门经营管理的时候，往往会把这个广义的Management翻译成经营管理。

更加复杂的问题是美国和德国的概念也不相同。日本在战前明治维新的时候，深受欧洲的影响，战后则变成了以美国为范本。经营学上也同样，在战前引进德国的经营学，战后则重新引进美国的经营学，其中的差距自然不小。这种影响也反映在了术语的混用上。

顺便说一下，Executive 这个术语也有很多定义。在日本被翻译成“经营者”，即最高干部。在美国往往只表示“监督者的工作”。这些混用情况在美国很普通，在日本更加严重。

【原著】引自“第三章　统管、第五节　成本统管”

1　成本的第一次统管

(1) 基本成本或理论成本的统管

在第二章“公司的功能”中，有三种成本，分别是：

原始成本（Historical Cost）

预计成本（Predetermined Cost）

标准成本（Standard Cost）

成本统管的第一阶段是决定把这三种成本中的哪一种作为基本成本。为此，在决定公司的基本方针和组织大纲时，必须好好观察以公司内部为首的全社会的现状，认真预测未来，采用最有可能实现的合理成本。

日本有些公司（就我自己的调查范围内）虽然战前采用了预计成本或标准成本的方式，但现在还是原始成本，并没有恢复到之前的方式。也有些公司从战前到现在一直在采用原始成本。一般来说，大多数情况下会采用综合计算成本，而不是个别计算成本。还有些公司大致完成了成本制度，但因为运营不佳，就没有使用好不容易获得的与成本相关的资料。很少有经营者对成本深表关心，这让人感到很遗憾。希望经营者能更深入地思考成本问题。

之前已经说过，用原始成本实行健全的成本统管是不够的。经验丰富的人很清楚工作效率的高低与否。而且如果资料翔实，还能清楚地判断出是否会发生对现在的经营状况不利的变化。但是，这只是单单比较过去的某个时期和现在，没有迈向未来，所以不敢恭维只依靠原始成本的统管。

与此相对的预计成本和原始成本都是以过去的资料为基础，但在资料的处理方法和结论方面有很大的差异。换言之，预计成本是分析过去的资料，特别注意研究各项作业，讨论是否存在更好、更经济地进行工作的方法。结果显而易见是无益和无效的。为了杜绝这种无益和无效，要通过技术援助和经验改良作业方法、材料、设备。另外还要详细讨论流动资金的内容，排除无益的部分。在如此改良的基础上完成的成本就是预计成本。

通过上述说明可以得知，原始成本发展后变成了预计成本，预计成本在工厂的运营上和成本统管上都能成为更好的指标。作为成本统管基础的这个成本实际能有多大作用，取决于它在公司的所有技能上多大程度地影响了分析的范围和获取成本资料的范围。在美国大多数公司，尤其是小规模的公司都是采用预计成本，完全不考虑原始成本。我认为日本的大部分公司也最好采用预计成本，作为当前的目标。

原始成本表示工作中实际需要多少费用，预计成本表示将需要多少费用，标准成本则表示应该需要多少费用。标准成本是成本计算及其统管最后的到达点，所以大部分公司会把标准成本方式作为最终目标。

比如，把预计成本设定成基本成本作为公司的方针，接下来必须决定成本计算方法及与之相关的会计方法等其他具体方法，并且必须协调成本计算的专业部门获得与公司其他部门的合作，以便能够顺利工作。为此，成本计算方法一旦确立，就要决定实际施行的负责人及相应的工作方法，换言之，还要明确决定由谁来制作和提交成本计算所需的各种资料（材料费、劳务费、经费等）。

首先是材料费。所需资材量，制造过程中产生的残次品和切屑的预计量都是必要资料，这些都由制造部门报告。材料价格在采购材料时由采购部门提供成本资料，在公司内生产材料的时候，则从生产部门（Producing Unit）获取成本资料。劳务费中的直接劳务费是以有可能会生产出一定残次品的生产时间为基础获得的。当然，这个生产时间无论是从过去的业绩中推算的，还是根据正确的时间研究和动作研究得来的，它们都是由技术部门提供的。

此外，薪资最好是劳资部门根据充分讨论后得出的职务等级制度发放。经费一般分为制造经费和一般管理费。从另一个角度看，经费还可以进一步分为固定经费和可变经费。固定经费主要与固定资产相关，是各种税金和折旧费。其中折旧不仅是实际消耗，还应该在实际经验和技术部门的评估基础上考虑、决定固定资产变陈旧为止的情况。可变经费，比如说间接劳务费来自于与材料的处理、检查、监督、事务有关，而与直接生产无关的劳务，这些费用要基于各相关部门的报告。必须根据内容适当分为修缮费、保健福利费等费用后再报告。

以上简单分析了决定成本的方法，明确了与成本相关的部门有责任提交的必要报告、资料和其他材料，同时成本部门有责任和权限收集、整理、保管这些材料，确立基本成本，各部门有责任协助成本部门完成工作。

（2）实际成本的统管（Control of Actual Costs）

实际运用成本统管分为两个阶段。一是“制订和统管预算”，二是“收集和整理成本计算资料”。

预算确立后，经营者就能够有计划地进行支出，并且能够根据产品成本和公司的金融状态决定生产计划和组织运营，根据这些计划，还能知道自己公司的产品在一般市场是否能与其他公司竞争。进一步说，所有预算确立后，就能够决定公司各部门各层级的预算，由此各部门各层级针对预算的支出及运营就能够讨论是否存在有效的方案。

确立以上预算，自然必须要把预计成本或标准成本之一确立为基本成本。另外，为此必须备齐稳妥的生产计划、有效的制造计划、适当的材料使用标准、健全的劳动生产性、高效的组织构造、针对经费中固定部分和可变部分的详细资料等。

那么，在制订未来的预算时，必须立足于一定的生产计划和销售预期上。要估计这个预期所需的材料量和劳动量，如果这个量远超规定限额，经营者应该说明理由。另外，此时还必须说明究竟是否将预算作为统管的手段。

当薪资和材料的价格比基本成本高或低时，解释这个差异是容易的，但这个差异在决定调整产品价格时，要被作为基础资料（但这时要以公司是自由市场经济并具有充分的竞争能力为前提）。

与之相反，判断经费中的可变部分是相当困难的。为此，需要正确的判断和一定的原则。所以，要准备基本资料并结合各项经费，通过比较来探讨基本预算和实际成本。

……

所以，无论计划得多么完善，如果不对实际发生的数据进行正确的分析和判断，制订预算和统管计划也没有任何用处。

在编制预算的时候，要制订编制方法、实施方法和基本成本统管所需的统管方法等详细的计划。与此同时，各层经营者也有责任编制与自己今后工作相关的预算，并且必须承担完成工作目标的责任。

成本统管的第二阶段，是以统管的目的收集、整理、有效使用与实际成本有关的资料。为此，资料的收集必须充分翔实，并且必须是经营者便于分析实际经营和纠正不当经营的内容、形式。例如，向制造部长提交的报告如果只显示出某段时间的劳务费比预算和基本成本高，制造部长就会完全不明白是劳动时间多了，还是薪资比预期高了。因此，假设向制造部的人询问劳务费过高的理由，在这种情况下，如果没有所需的成本资料，无论向制造部的哪一科追究原因，都不会得到满意的答复。

如果成本计算和会计方法极其复杂且不实用，延迟提交报告，2~3周以内没有汇总好合适的资料，就会导致部长或其他经营者两三个月都不知道公司的业务进展情况，接下来情况会变得越来越糟糕。

当部长问课长“为什么需要这么多劳务费”时，课长必须根据适当的成本和有关统管报告，以员工是新手没有效率，或课长所无法控制的生产延迟和障碍，及其他合理的理由对增加劳务费做出解释。

或者，如果该情况发生在自己的管理事项中，课长必须陈述障碍的原因，说明要采取的纠正措施。在任何情况下，都必须知道障碍是什么，并在其未造成更大损失前，及时进行处理。

为此，经营者必须尽可能地进行实际成果的调查分析，并核对实际状况、基本成本及预算，使之迅速生成报告。根据健全的预算、成本统管计划、会计和成本计算方法及发票来源等生成的报告符合各层经营者的需要，才是带来好业绩的方法。

问答

问：把间接制造费分为固定经费和可变经费的时候，是根据情况由技术部和会计部一一协商决定呢，还是事先决定好哪些经费是固定经费哪些是可变经费呢？

答：大部分公司都有固定经费和可变经费的方针，是以此为基础决定的。

问：备用品是固定经费，但在一些特殊工程中只需要使用一次，之后就没用了，这样的备用品也算作固定经费吗?

答：要看公司的制度。在我们公司，往往由技术部和会计部协商决定固定经费和可变经费。虽说美国的成本制度发达，但意见也因人而异。

问：虽然有缺点，但我认为最好事先按照经费项目类别来决定，您觉得呢?

答：事先分类非常重要并且是好事，目前正在研究如何分类。

问：说到下级人员，是到哪个层级为止呢?

答：到第一线监督员，即车间主任。车间主任是实施生产计划的直接监督者，所以编制预算时要充分考虑他们的意见。

问：车间主任加入工会吗?

答：不加入工会。因为车间主任站在经营者一方。另外，车间主任也认为自己是站在经营者一方的。不过有的公司的车间主任也会组成车间主任工会。但是，先进公司的车间主任都是属于经营者一方的。因为经营者充分认识到，车间主任在经营者中具有非常重要的地位。

……

问：决定生产计划后需要多长时间可以完成预算的制订?

答：一开始制订预算时需要很长时间，但在实施预算制度时通常一个月就可以完成。年度预算需要60天，期间预算大约2周就可以完成。

问：因到达预算极限，导致工作不能顺利进展下去的时候，会怎样认责呢？会训斥吗？

答：超出预算的话要进行说明。逐项进行讨论，如果在统管范围内，没有关系，但如果超出范围，会予以谴责。

（285~296页）

第6章

运　营

讲座的第四章是“运营”，把为实现企业目的的组织运作方式作为对象。之前按顺序解释了方针、组织、统管，这些是公司经营的理论性发展过程。正是因为这些指导力和各部门工作的整体协调，企业才能顺利运作。本章叙述的运营要点如下：

·运营是将应做的工作分为决策、分配、实施、研讨四个阶段。工作的决策在“第一章　方针”，分配在“第二章　组织”中有所说明，这里将论述实施和研讨。

·协调的作用是为了达成企业的目的，把执行的所有功能和业务集合成和谐一致的工作。

·想要事业的永久性成功，就必须培养企业把人当人对待。为此，指导力、团队合作、联络这三项是非常重要的。

·经营中真正的指导力，并不是像曾经的老板那样的存在，而是要求兼备专业技能和高尚人格。

·团队合作意味着自发地以集体利益为先采取行动。为此，劳资间的合作是必不可少的。除了改善工作环境、公平晋升、理解工作，把员工当人对待、提高他们参与策划的意识、让他们自觉认识到自己是团队的一员，也很重要。

·经常开放联络途径非常重要。不管什么理由，只要想就可以直接和董事长面谈。

·管理要实事求是，对人进行研究、培训及运用健全的原则，才是经营者最大的责任。

1 协调

好像协调（Coordination）这个词很难理解。在“第一章 方针”的问答中有对协作（Cooperation）和协调不同点的解答，并做了举例说明。

演讲人指出联络不畅是日本企业内部的弱点。也就是说部门之间的思想沟通不畅，每个部门都优先考虑自己的利害得失。这事关协调，所以问题在于管理人，其原因不止一个。首先是自下而上的起因问题。在下级负责人讨论问题时，往往会变成被限定在部门内寻求解决方案，甚至会有地方派别。倾向于明确区分自己人和外人的日本，与接纳来自不同背景的移民的美国有很大不同。美国根据合同理性处理事务，日本是根据人际关系，而且是非正式的人际关系处理事务。

下面的解释来自于“第二章 组织”问答部分演讲人的言论：

·不仅要上情下达，还要下情上达，而且横向交换意见也是必要的。在日本很少横向交流，好像彼此之间有隔阂。

20世纪80年代是“日本式”的经营热潮，当时大家都认为日本的交流方式好，美国则是上司独占信息，不与部下分享，缺点是组织间交流的壁垒很厚。日本与美国形成了鲜明的对比，在日本的企业里，比如制造部门和检查部门的关系就很差，常常出现双方互称“敌人”的现象。

演讲人不仅指出了日本的缺点，还对日本的长处进行了解读和评价，这是意味深长的。下面是西川仪市的言论：

“以我喜欢的能乐为例。日本虽然没有管弦乐之类的指挥家，但是主角、配角等所有演员却能配合得步调一致、自然流畅，演讲人肯定会说这正是协调的结果。不过我想说，日本有自己的优良传统，只是在明治维新以后消逝殆尽罢了。”

【原著】引自“第四章　运营、第二节　协调”

2　指导力（Leadership）

以前在产业界，指导者（Leader）就是老板（Boss）。所谓老板就是将部下视为机械齿轮的独裁者，拥有至高无上的权力，部下不需要任何思考，只要像木偶一样听从命令就行了。

但是，我们渐渐开始明白，如今时代已经变了，旧式的指导者即老板，最终只会降低经营效率，他们曾经对于经营的想法是完全错误的。

从最近经济界的形势来看，有时也会出现必须服从独裁统治的情况，但不管是什么原因，没人会喜欢这种情况。结果，员工对此进行消极抵抗，经营的效率也会下降。最近时常听闻经营者或工会为了固守各自的专制独裁，引起双方纷争、彼此愤恨的案例。还要特别注意，监督者也有对独裁感到愤慨的时候，而且内心不满的程度和普通人是一样的，只不过没有表现出来。因此，请不要忘记，监督者也同样是人。

杂志*Modern Industry*1949年4月15日刊登了一则有趣的评论，谈的是新时代的指导者应该是什么样的存在。在此想转载这篇文章，并表达一下我对这个问题的看法，希望各位读者可以以此为基准反省一下各自的立场。

经营上的指导力（Executive Leadership），即管理组织所需的指导力，与其他领域的指导力不同，前者的要求比后者要严格得多。其他领域的指导者在很多情况下只要有专业知识和技能就可以指导人。经营上的指导力自然也需要专业知识和技能，但只有这些是不够的。同样，只有单纯的经营技能（Administrative Skill）也是不够的。比如，在一个大型组织体中我们经常看到，一些自己干得不错、状况不复杂的情况下也能出色地组织别人工作，但就是完全缺乏指导铁律的人，还经常看到只擅长待人接物的人。

总而言之，经营中真正的指导力，必须超越上述专业知识和技能，经营技能，待人接物技能等，也就是说，必须兼备上述所有专业技能和人格。

首先是管理层面上的专业技能（Technical Skill In Area of Management），它要有与销售、生产、人事、会计、采购，以及运营车间、科室、部门或整个公司所需的各种功能有关的知识。虽然有人从一开始并没有掌握这些知识却能出色地完成一个干部承担的任务，但一般来说，一开始就掌握这些知识是很有帮助的。另外，甚至还有干部一上任就需要这些知识的情况。这是迟早要掌握的知识，掌握得越早，对本人和公司就会越好。

其次是经营层面上的专业技能（Technical Skill In Area of Administration），它是与组织、移交责任、理清工作顺序、选拔人才、培训、提高能力等有关的知识。

上述两个专业技能，都不是与生俱来的，是一个指导者必须通过自学才能掌握的。此时，我们要铭记下面的箴言：

“你能做到的事，很多人也同样会。”（What one can do, many can do.）

那么，如前所述，只是用上述两个专业技能作为经营层面上真正的指导力还不够，还需要补充一个被称为“个性”（Personal Characteristics）的东西。有些指导者有个性，有些没有，其中还有些人学也学不会。然而，有个性的人的个性是学来的，或者至少能补充自己认为不足的地方。另外，虽然我们大部分人都有这个个性，但是由于没有表现出来，所以我们自己不会自觉认识到它是什么、多么重要、如何才能将其提高。

心理学家说，指导者的个性，与普通人有以下区别：

人们信任他。

人们追随他。

人们信赖他。

人们自愿、真诚地服从他的命令。

总而言之，指导者的个性，是由他的见解、态度、对人的行为方式等组成的，其核心是通过自己的态度和行为，让周围的人自愿追随他。拥有这种特性才有可能善于待人接物，才有可能让别人朝着自己希望的方向前进。

那么，别人自愿跟随的态度和行为，到底是什么呢？另外，构成经营上指导力的个性又是什么呢？针对这方面的研究也是最近才起步的。但是，给出接近真实的较为实际的答案倒也不是不可能。综合心理学家现有的研究资料、与人类感情和意志相关的研究、涉及指导者和被指导者双方的调查、与涉猎很广的事业界干部的面谈、来自于自我的直接经验和观察等，我们可以得出以下结论：

［1］指导者必须要有进取心（Dynamic）

有进取心或有活力，是所有正确的指导者必须具备的特性。不要忘记，看上去没有进取心，很多情况下不过是没有创造出表现进取心的机会，或者说这样的机会不多。

这里所说的进取心通常是指开拓进取、尝试新的冒险、发现新的事物、钻研未知领域等。换言之，它就是指期待变化的心、质疑现状的心、有意欲前进的冲动、想把事情做得更好的意志。所以，它表现为想要完成事情的冲动。

……

［2］指导者必须要有强烈的个人责任意识

所谓指导者，是认为自己对自己周围的人负有一定责任的人，是让周围人觉得自己是对自我行为负责的人，也是不负众望祈求工作蒸蒸日上的人。这样的人才能得到人们的信赖。

最近，指导者应有的责任意识范围在不断扩大。以前都是只让自己身边小范围的人，最多是股东之类的人觉得自己有责任，现在扩大到普通员工和全社会群众身上。这从另一方面说明产业界的经营者的权力不仅对事业内部，还对全社会产生了影响力的事实。因此，指导者为了满足自己日益增大的责任意识，必须立足于更大范围的基础和事实，在考虑自己决定的事对全社会群众来说意味着什么的基础上做出决定。

[3] 指导者必须得到大家的追随

好的指导者要有经验或懂得下级的事情，也就是说，没有追随者（Follower）的指导者不能称为真正的指导者。这里说的追随者是指那些自愿跟随的人。逼迫部下的人（Driver）并不是正确的指导者。

指导者为了得到追随者的青睐，要有意无意地使用各种办法。他不是行使指导力之类的某些特别的力量，而是让人们参与到指导力当中来。要让人们产生信赖感，表现出自己想做的事情及理由，在此基础上给他们责任和权限。这样才能让人们帮助他成功。并且指导者为了让大家有参与策划的欲望（Sense of Participation），要给他们制订计划、做出决定的权力。

……

指导者不要甘为人后，而是要先人一步，在前面引领下级。不过还要注意，如果指导者只顾自己地一味前进，下级最终会看不见他的身影，甚至会引起无法预测的混乱局面。

[4] 指导者必须和别人有强烈的共鸣

指导者还必须对下级倾注极大的关心，并爱护尊敬他们。只有这样，他们才会爱护、尊敬指导者。另外，如果掌握了站在别人的角度考虑问题的要领，就能理解该如何对人们的状态变化做出相应的反应，还能理解怎样才能活用这些反应以便让别人按照自己希望的方向进行下去。

劝导和启发是指导力的两根缰绳，而不应该过分行使指令或命令。机智、温情、外交能力、与人情相关的知识、心理学家称为 Social Insight 的读懂他人心理的能力等，都是指导者必须具备的特性。另外还要深思熟虑、体谅他人、对人性尊严有坚定的信念。

最后，指导者没有必要是所谓的好人（Good Fellow）。为了达成自己所定的目标，要有适度的纪律。但是，如果足够爱护、尊重部下，维持纪律绝不是件困难的事。

［5］指导者必须要有才干

指导者必须清楚自己的工作内容和方式。在某种程度上还必须通过自己已有的专业技能努力取得人们的信赖。指导者自己直接实行、示范确实是指导的原则，但必须要铭记，出色的熟练工未必能成为优秀的车间主任，上述方法不过是发挥指导力的某一面罢了。

指导者必须具备组织能力，通过直接部下到间接部下的层层下达命令的方式发挥指导力。

指导者还要有富有才智的创造力。同事有时候会在某个能力上比自己优秀，但指导者必须具备提出并从新角度观察、总结各种想法和信息，最后做出同事支持且无人能比方案的能力。

[6] 指导者必须有适应性

根据对方情况或周围条件而改变指导方式是有效的。神经敏感的人、有反抗意识的人、缺乏自制力的理论家都有着各自不同的指导方法。在某些特定情况下取得成功的方法未必是通用的。

一直能适应所有条件的指导者是极为稀少的，因为基本条件一变化，组织的指导精神也会时常变化。

[7] 指导者必须在个人行动和事业道德上拥有牢固的基准

个人和事业上的高尚品德都应该是指导者的责任基础。不论是个人行为、工作方式，还是平时宣扬的目标，他都必须对所有部下表现出统一的基调和规范。并且为了让部下追随，他的预见还必须要始终如一。如果指导者不能实行自己制定的基准，就太荒谬了。拥有高尚的道德基准，指导者就可以明确自律行事了。另外，如果他承认自己有实行的意志并认可有这个必要性，那么就能取得进一步发展。

真正的指导者和没有理想的指导者有着巨大的差异，其中之一就是有无道德基准。历史上犯了道德错误而下台的指导者不胜枚举。例如，希特勒和墨索里尼都拥有出色的指导技巧，都善于贸易，在实际应用方面也是一流的人物。但是，他们侵犯了道德的基本原则，弄错了目标，最终走向了灭亡。同样的事情，可以说在斯大林和佛朗哥（Francisco Franco）身上也有所体现，但他们并没有被道德基准的缺失牵制住。

［8］指导者必须具有人格

高洁——高尚的道德基准和崇高的事业精神。

一贯性——面对外部压制和表面得失也不动摇上述基准。

诚实——感情的深度和强度。

责任感——不能弃他人对自己的信赖、对他人的义务于不顾。

稳定感——以牢固而始终如一的态度对待自己的提高和其他人。

决断力——有获得他人信赖和支持的决断能力。

（355~367 页）

第 7 章

科学处理法

1 科学处理法

附录中有“组织的原则”和“科学处理法”的内容。“组织的原则”已经在讲座的“第二章 组织”中介绍过，并且在讲座中多次提到，不过在汇总成日语教材之际，为了便于理解，在附录中再简单总结一下，一定会有好处的，所以在本书的末尾处会再介绍一下。

“科学处理法”的内容非常短，接下来按照原著的顺序介绍一下：

· 决定问题点。

· 收集一切事实。

· 根据事实制订计划。

· 实行计划。

· 检查成果，确认计划实施得如何。

其内容无非是 Plan—Do—See 循环的原则，现在被称为 PDCA 循环，它作为所有活动和行为的基本规则被应用、落实在企业。它起源于 CCS 经营者讲座。

另外，当时的教材中也用“科学处理法”来表达，但是用“科学研究法”来表达或许更容易懂。因为英文教材中使用的就是“Scientific Approach”。

“科学处理法”这个词，让我想起了 20 世纪初出现的泰勒的科学管理法，它极其重要，是美国现代管理理论的原点，日本的“科学研究法”的发展变迁也是以引进泰勒的理论为出发点的。以下叙述其概要，并明确“科学研究法”在二战前后发展、后退、再出发的迂回曲折的过程，并给 CCS 经营者讲座做个定位。

住友电工作为一个在传统上强调“科学研究法”的企业，应该大书特书一番。该公司的历史中，有如下内容：

图表 7　科学研究法

与科学的管理有关的的术语有很多，本公司从一开始就反复强调的是“科学研究法”这一术语。所谓“科学研究法”，是指对工作的以下态度和次序：①决定目的；②收集与目的相关的一切必要的事实和意见；③分析和综合（Plan）；④实施（Do）；⑤通过结果检验，如果行不通就再回到②（Check and Action）。

CCS 经营者讲座在该公司强调“科学研究法”方面起到了重要作用。不仅如此，该公司的技术团队在 1945 年 8 月 15 日战败的那一天还举行了“8 月 15 日宣誓”。为什么在整个日本还没有准备好去考虑未来的时候，该公司就能早早地开始运转了呢？

下面，通过多种角度来分析日本“科学研究法”的历史发展过程。首先让我们来看一下发达国家管理理论的发展和引入日本国内的尖端理论和实践道路。其次聚焦推进“科学研究法”的K先生们的形象，概括一下他们的贡献。最后还想触及一下“科学研究法”的本质。

2 从科学管理法到“科学研究法”

(1) 在美国的发展演变

随着美国经营学的发展，1903年的泰勒发表的*Shop Management*迎来了新纪元。之后到1921年的大约20年间，科学管理法有了很大发展。

泰勒的科学管理法在内容上是由作业科学和任务科学构成的工厂管理。他在1911年发表了《科学管理法的原理》，要点如下：

(1) 管理人员要分解工作要素，对各要素进行科学的研究，排除经验。

(2) 以科学资料为基础，熟练掌握进行工具选定、培训、工作的方法。

(3) 管理人员要与工人配合运用此原理完成工作。

(4) 工作的责任由管理人员和工人共同承担。

泰勒体系以运用秒表进行任务（Task）研究而出名。在业务的效率上取得了显著成果，但另一方面，由于缺乏人性及人事行为方面的理解而备受谴责。随着对它这一非人性的批判渐渐增强，美国众议院在1914年通过了禁止法案。

但是，泰勒自己也做过如下考察：

（1）正确把劳动者一般人性里的一些要素用于作业中。

（2）分配与各自能力相适的作业。

（3）改善作业条件。

这些也可以看作是人事管理的诞生及其基础的确立。虽然之后的劳动科学在理论上出现了萌芽，但在现实运用的过程中并没有超出“效率科学”的领域。

在美国，1920 年到 1945 年的 20 多年里，可以被定位成管理的统合时期。也就是说，在预算、统计方法、市场调查、质量管理、经济调查、预测、长期计划等各自发展的同时，也走向了融合。胡佛（Herbert Clark Hoover）总统推行的“消除浪费运动”也可以算作背景式的原因之一吧。效率成为了那个时代的标语。

第二次世界大战结束不久就推行了与人、人性要素相关的研究。工作积极性、人际交流、人事关系问题、生产方式的关系等是主要的议题。实际上在 1930 年前后梅奥等人就做过研究，但由于大恐慌及第二次世界大战的阻碍而未能实践。

另一方面，说起会计学的发展就要追溯到更早以前。据说世界上最早与成本计算制度相关的书籍是英国的加克（E. Garcke）和费尔斯（J. M. Fells）合著的《工厂会计》（1887 年）。它在科学管理法上的思考契合了 20 世纪的开端。

将泰勒和吉尔布雷斯（Gilbreth）所创的科学管理法与彻奇（Church）和埃默森（Emmerson）的成本计算相结合，形成了基于标准成本的管理方式。科学管理法和成本计算，因为两者的结合产生了巨大的成果。不过，成本计算的普及是在第一次世界大战后，而标准成本的普及即使在美国最早也是在1930年以后。

为了让新理论进入实践阶段，必须要完善引进它的各种条件，而到能将其应用于实践还需要一定的时间。科学管理法也是一样，发展理论和开展实践之间有相当长的时间差。美国对泰勒体系的反对并不只来自于劳动阶层，经营一方的反对也很强烈。

另外，泰勒在人事管理理论的理论构想，到进入实践阶段至少也要将近20年的时间。因为尽管20世纪30年代根据霍桑实验已经得到了新的见解，但大恐慌和第二次世界大战还是造成了人们对它的疏远。

（2）日本经营学的诞生

接下来看一下日本经营学的理论发展和实践的演变。日本经营学的诞生有很多种说法。主流的看法是，1926年日本经营学会的创立标志着经营学的诞生。

但是，我认同的是主张1904年为它的原点的看法。1904年，上田贞次郎明确指出“科学的商业学一定要以企业作为研究对象”。不仅是商业，还应该扩大到把包含工业在内的所有企业作为研究对象。

科学的商业学必须是“钻研企业经营原则的学问”，即企业经营学，这样上田在1904年指出的观点就会有更大的意义。因为欧洲的个体经济经营学也有同样的观点，它的兴起比上田的观点领先了十年。

在这之前日本和欧洲都有商业学，研究对象都如字面意思所述只限定于商业。以前确立科学商业学是该研究的目的。以经营管理为学问的商务经营学是上田在 1904 年首次明确提出的，商务经营学上升到了从企业家的立场来论述经营方法的学术高度。

1926 年日本经营学会创立时，围绕学会的名称有过本质性的讨论，这一段插曲很有象征性。创立学会的总会当初使用“日本商业学会”这个临时名称召开了会议，参加会议的学者们围绕名称讨论了很久，最终决定用“日本经营学会”作为名称。其来龙去脉本身可以说是围绕经营学本质而展开的观点之争。也就是说，把商业这个小范围作为研究对象进行范式转移，变成把包含工业在内的所有企业作为研究对象。

仔细考量这种变迁，日本经营学是从大正末期到昭和初期，德国经济学传入后以商业学为母体，然后分裂、成立的这种说法未必正确。

经营学成立的标志是出现了企业家所说的经营目的的观点，更进一步可以理解为“组织”或“生产过程”与“成本”或“价值的过程”这些核心问题。

这样想来，笔者更想把经营学解释成是成立于日俄战争后（明治末期）、垄断资本主义时期的“商务经营学”，然后在第一次世界大战后（大正末期至昭和初期）总危机的第一阶段发展成“经营经济学”的学问。商务经营学大肆标榜其对企业家的利润追求有很大作用，但这与经营经济学从全体社会的观点出发宣扬经济目的这一点有着本质的区别。

第一次世界大战后的政治经济框架发生了很大变化。俄国的十月革命让世界上的社会主义乃至社会民主主义思潮高涨。对提高劳动者地位的要求使工会组织化的动态变化万千，企业经营也被迫进行范式转移。大家对经济要有社会性关注高涨起来，私人企业不只追求利益还要实现高度的经济效益的课题也日益显现出来。特别是在战败的德国，社会存在很大的对立，在经营经济学这个名称下的管理理论得到了发展。

泰勒的科学管理法于1903年出版后，在欧洲上市的同时被介绍到了日本。最初把它介绍到日本的是银行家星野行则。他在1911年去欧美视察的时候接触到了这本书，并在1913年翻译出版，书名为《学理性企业管理法》，同文馆的杂志《实业界》于1912年临时增刊出版，书名为《科学管理》。

在日本国内，上野阳一于1918年首次出版发行《人与企业，效率的心理》。后来关东大地震导致纸版被毁，在1923年再版时书名变成了《效率讲义要领》，上野本人感叹道，《人与企业，效率的心理》只是纸上空谈，即使没有这场天灾也打算不再印刷发行了。1929年的《产业效率论》研究了企业的实态，内容上也变得充实了。

以上述成果为基础，上野阳一在1939~1941年间发行了《效率手册》，它是战前到战时企业必需的指导书且深受企业喜爱。虽然有时代的制约，但该书在海外发达国家也得到了“在量和质上都史无前例”的高度评价。

科学管理法这个术语很难让人认为它是个学术用语，另外有学者指出科学管理法的对象不仅有企业的生产活动，有时也有家庭经济，所以和“效率”不是同一种表达。

不管怎样，效率也是科学管理的重要要素这一点是不会改变的。企业只关注效率这一领域是时代的制约。笔者反而更想给日本20世纪初期的一系列先行的行动给予高度评价。当时是在陷入战时停滞期之前，我们要严加区分当时的发展和战争时期的倒退现象，要理解那段历史。

3　先驱性的实践与K先生们的形象

（1）先驱性的实践

日本在理论、实践上与发达国家的时间间隔是大同小异的。因为例如在战前备受关注的推进效率的实际行动中，标准化需要的各种工具是前提条件，所以很少有企业能在战前实行时间和操作分析。

另外，标准成本制度也需要同样的前提条件。所以，美国进入普及阶段是在20世纪30年代以后，日本在战前得以引进该制度也只限于一部分外资企业或国营工厂而已。

接下来我们把目光转向“科学研究法”的实践演变上来。在初期热心采用科学管理法的行业是纺织业和电机产业。纺织业是面临工厂法修订和生产工序合理化的需要，电机产业则是因为产业要求而将多个生产工序合成一个体系来运营。

民营工厂中，最早真正将科学管理法引入整个工厂的是新潟铁工所的东京（蒲田）工厂。该工厂的厂长加藤重男在大正元年（1912年）留学美国和英国，进行了科学管理的实地调查，并在1915年着手施行蒲田工厂的现代化。因为该工厂采取的是小批量生产多种内燃机的形式，所以对美国的大批量生产工厂的操作研究有很多困难的地方，尽管如此还是节约了大约40%的作业时间，工人的平均工资大约提高了34%。

在纺织业界，钟渊纺织（钟织的前身）的武藤山治在1911年提倡“科学操作法”，可以算是引进科学管理法的最初尝试。该公司在大正末期开始进行操作和时间上的研究。

另外，在纺织业界最大的公司东洋纺织，山边武彦从钟渊纺织跳槽进入该公司，并于1917年开始着手研究标准操作。同年年底制定了各个工序的操作标准。公司集中了优秀员工，教授他们操作动作，然后把他们派到各个工厂进行标准操作动作的普及和指导。再结合生产技术的进步，提高了工作效率，女职工能负责的纺织机台数由一台变为两台半，纺织机的台数由一台半增加到了九台。

于是该工厂废除了以前的领班学徒制度，监督者和员工之间的人事关系变得透明了，工序管理上的日程维持也变得容易了，作业说明卡也被有效地利用起来了。还有，操作方法的标准化提高了员工的互换性，让机械操作的两班倒或三班倒变得相对容易了。不仅如此，据传该工厂在大正8年把薪资制度变成了以日薪制为标准时间的时薪制。

科学管理法的先驱不仅限于民营企业，官办工厂也是如此。在第二次世界大战前将科学管理和现代化引入工厂管理并取得成果的有吴海军工厂、国有铁道的各个工厂、为专卖局生产烟草的东京第一制作所。大正初期，议会通过了所谓的八八舰队（八战舰、八巡洋舰）建造计划，决定由吴海军工厂集中生产舰载的各种军火武器，负责人是军火部长伍堂卓雄。他曾经驻在美国，一战后有过赴欧洲视察的经历，所以采用了限规制度（Limit Gauge System），统一了该制度所需的规格，实施了作业方法、工具和设备的标准化，有计划地进行了工序安排。

将科学管理真正引入国有铁路的是工作局长山下兴家。1920 年左右他在大井当工厂厂长的时期引进了泰勒的职能制度（Functional Foremanship）并尝试改善包工制。之后在 1929 年就任工作局长后去美国和德国视察并积极推进操作研究。

他以合理缩短操作时间为目标，实施了操作改善、时间研究、标准时间估算、延误率的合理化、工资的职务化等措施。先人一步根据时间研究设定工资率的人有三菱电机的加藤威夫和野田信夫，他们受山下的邀请出席了产业研究会并交流了经验。

（2）K 先生和网络化

我们注意到个别企业发生的先驱性的经验交流开始打破企业间的壁垒。限定在某一个企业里的活动只不过是一个点，而通过企业间的交流活动就可以成长为一条线。

在休哈特首创统计质量管理的第二年，也就是 1925 年，主要在德国和美国开始了产业合理化运动。日本也在这个时候接受了欧美的合理化思想。1927 年政府也设立了产业合理化审议会，进入了积极推进合理化的第一个时期，参加委员会的企业和团体的数量在不断增加，而且它们之间的交流也网状般扩散开来。还实现了活动从线到面的发展效果。

另外，1930 年 6 月商工省的中央直属局还设置了临时产业合理局。当时应对不景气的对策是基于法令推动日本产业的同业联合化，同时主导推进真正的规格统一化和企业的科学经营管理。采用德国政府主导的产业统管方式推进同业联合，试图引进泰勒的科学管理法推进科学经营管理。

发足于此的临时产业合理局中，提出意见书最多的是生产管理和财务管理的委员会。生产管理委员会由山下铁道省工作局长担任会长，并由以下 11 名成员构成：

加藤重男、加藤威夫、野田信夫、日高矿一（吴海军工厂）、荒木东一郎（顾问）、淡路圆治郎（东京帝国大学文学院心理学教授）、竹崎瑞夫（大阪发动机制造公司董事长）、都崎雅之助（铁道省工作局）……

从战前到战时的这些生产合理化的活动，在经历了战时倒退后，成为战后继续得以提高生产的源流。最初这些活动只在一个企业先行尝试，是零星展开的，当时只不过是一个点的存在而已，而不久之后长成了线，继而变成了面。这在日本的“科学研究法”历史上应得以充分肯定，有着值得一一记录下来的价值。

所有历史都存在必然性和偶然性。如果时代背景是历史的必然性，那么可以说推动变化的个人就是偶然性。必然性和偶然性就像纺织时的经线和纬线相互交织一样，最终形成了整个历史。

我们经常讨论历史上个人的作用。历史上的英雄在推动历史变迁中的确起到了十分重要的作用。但那个特定的个人归根到底还是时代的产物，就算没有出现那个人，也一定会出现其他人来推动历史。但并不是说个人的作用等于零，特定个人的特性会对历史中的一个片段造成影响，这是绝不能被无视的。

另外，我们还要关注一个事实，历史上某一片段出现的某一个英雄，实际上是由于无数个人的存在才让他成为了英雄，正因为如此历史才得以大步向前。

我把推动“科学研究法”历史进程的人称为K先生，本书已经概述过他们的活动。我们必须认识到，K先生不单指哪一个人，而是指存在于众多企业当中的很多人。另外在很多情况下，K先生不是孤立存在的，而是指超越企业壁垒、共享真知灼见、克服无数艰难险阻的一群人。生产管理委员会就是这样一个开展网络般活动的存在。

生产管理委员会成员里也有加藤威夫的名字。本书之前讲过，此人担任过CCS经营者讲座的运营委员长，是积极的推动者，是K先生的代表。他曾是日本著名的IE工程师的创始人，具备从标准化到质量管理的广阔视野和能力。本书想发掘几处他的事迹。

他不仅吸收了美国优秀的经营合理化的思想，自己还不断做研究，可以说确立了世界最高水平的经营合理化的指针。另外，他在公司内外广受好评，还被邀请参与策划了CCS经营者讲座。

我已经说过，他进入三菱电机后不久曾在欧美接受过为期两年的企业研修。该公司从 1924 年开始长期派遣技术人员到西屋公司（Westinghouse）进行新进技术人员教育的研修课程（Apprentice Course），加藤就是这个课程的第一批学生。

他在西屋公司研修期间，学习了包工单价、速率的制订方法、标准成本的计算、时间和动作研究、工序管理、工厂统计、检查、标准化等内容。当时美国已经把 IE 改称为科学管理（Scientific Management）。

他回国后将时间研究和动作研究引入风扇电动机工厂，试图制订标准时间。当时普遍存在的情况是作业方法没有标准化，即使设置了一次包工单价，如果员工认真工作获得高额报酬，包工单价就会下降。于是，员工对公司表示强烈的不满，认为只需要适当地工作否则不划算的风气四起，这影响了员工的士气。

因此，他在标准时间的基础上设定了合理的速率，规定今后一切情况下都不降低包工单价。结果，员工获得了与自己努力程度相应的报酬。据日本银行的统计，当时发的工资远远高于全国平均工资。公司发放的工资有了大幅提高，员工的工作士气也提高了，生产量一下子变成了原来的 3 倍。真正实现了低成本高薪资的理想。

接下来是合理设定销售价格。要根据每一个用到的零部件，缜密地分析材料费、制造费等成本，再加上加工费来决定销售价格。而且在这个过程中不要使用技术人员，只要规范好它的方式方法，即使是女性也能轻松完成。

于是风扇电动机工厂在引进 IE 后取得了显著的成效，其他主要工厂也纷纷要求引进 IE。他不仅活跃在公司内部，对公司以外的活动也很积极。1940 年前后已经进入战时体制，但他还是指导临时产业合理局和日本工业协会开展了 IE 的宣传、指导工作。国铁工作局长山下兴家和吴海军工厂的伍堂卓雄等人都是同期的会员。

加藤威夫携手其他有着进步思想的人一起积极推进活动，其活动范围远远超出了企业界限。他不仅介绍 IE 的技巧，还把重点放在对 IE 思想的理解和实践上。因为他坚信，光有技巧是行不通的，只有深刻理解其根本思想才会得到高效的技术。

但是，这个第二次世界大战前的经营现代化运动，随着战时体制的到来而宣告结束。另外，发端于国有铁路的产业研究会也是同样的命运，昭和 9 年（1934 年）山下局长辞了官职，进入战时体制后，全国的工厂和事务所全都在企业报国会的统治之下，固定薪资大受推荐，包件薪资（奖励性薪资）被废除，科学管理被停止实施。

4　从地下水到奔流之势

(1)“8 月 15 日宣誓”

1949 年日本成立了产业合理化审议会，旨在实现从战败的打击中早日复兴、步入正轨的经营合理化推进策略。政府再次开展始于战前而中断于战时的经营现代化运动，成为一个重要的新起点。

审议会一开始是由综合、产业组织、产业相关设施、市场、管理、能源、中小企业的部会构成，每个产业还设置了几个部会。各部会设置了分部会。

管理部会设置了日常部会，最初的成员如下：

野田信夫（成蹊大学政治经济学系主任）、山内二郎（东京大学）、中西寅雄（大阪大学）、都崎雅之助（茨城大学工程学系主任）、淡路圆治郎（立教大学）、森川觉三（日本能率协会副会长）、加藤威夫（三菱电机董事）、上田武人（东京仪器制作所董事）、金子有造（东京都商工指导所所长）、平塚保明（工业技术院标准部部长）。

将这些人和战前的生产管理委员会相比，加藤威夫、野田信夫、都崎雅之助、淡路圆治郎等领导的名字都曾出现在战前和战时，由此可以看出经营现代化运动的继承性。另外在管理部会中还设有生产管理、财务管理、劳务管理、产业培训等部会。

那么，最早应对由战争引起的新范式的是住友电工。如前所述，该公司在 1945 年 8 月 15 日，也就是战争结束当天，就进行了“8 月 15 日宣誓”。

虽然在战争时期没有接触到技术发展的文献，但该公司的技术人员切实体验到了 B29 轰炸机的精确轰炸，痛切感受到了美国技术的强大。另外，在分析了从美军截获来的雷达等无线电武器、防弹燃料箱、防震橡胶等战利品后，不得不承认日本落后美国 10 多年之久。

该公司以北川一荣（制造部长）为首的技术人员团队认

为，与美国之间的差距的根本原因在于战前对欧美的模仿缺乏自主技术的研发。另外，他们还深刻反省到，战争导致了日本10多年的封闭锁国，所以完全中断了与最新技术动态有关的信息，进一步拉大了技术差距。

该技术人员团队在上述反省的基础上，为了向战后的工厂复兴迈进，进行了以下宣誓：

1. 努力推进开发自主创造，即使是引进欧美技术，也要避免囫囵吞枣般地追求基础技术，要让它完全变成自己的技术。

2. 重视科学管理、力求提高制造技术。

3. 努力发挥以团队合作为基础的整个公司的力量。

战败当天，很多国民要么怅然若失，因为日本必胜的梦想破灭了；要么沉浸在轻松感之中，终于从战争的重压下解放出来了。至少普通历史书都是这样描述的，看不到国民立即振作起来再次出发的记录。

该公司的“8月15日宣誓”是极其稀少的案例，我认为它应该被作为史实保留在我们的记忆中。那么，该公司为什么能够如此快速地再出发呢？这个考察很重要。以下几个原因是它的背景。

第一，对战前实践的科学管理法的继承。该公司在1933年引进了泰勒体系，并命名为职能体系，这是科学管理法的开端。由于制造标准不完善，没有发挥出预期的效果，另外还由于战争时期的倒退而一度中断，但仍有一部分人在继续学习。

第二，存在领导。率领技术团队参与"8月15日宣誓"的是北川一荣。他可能也在战争时期参加了继承科学管理法的学习会，发挥了领导作用。继承是通过个体来进行的。只把历史中的个人作用看成是推动历史的一枚棋子，和将个人视作英雄的倾向一样危险。

在这些领导的带领下，该公司在战后早早地召开了各种研究会。1946年，以《效率手册》的轮读会为母体，组织了管理研究中央委员会，各中坚职员、科长、工厂厂长、部长也分别举办了研究会。

第三，有必要指出外资合作的影响力。该公司在战前就和WE等数家海外公司有资本往来。它和其他外资企业一样，其科学管理法的引进要领先于一般企业。一般来说引进现代化管理的机遇非常高。

在这种自主性活动先行的环境下，CCS经营者讲座又起到了促进作用。参加CCS经营者讲座的关西地区运营委员长井上文左卫门（大阪制作所次长）有意识地在公司内普及现代化管理，极有热情地把现代化管理渗透到"本公司的每一个干部"身上，并进行长期的宣传。

（2）前期历史的意义

另一方面，昭和21年（1946年）7月，三菱电机的伊丹制作所召开了战后第一次工作部长会议。会上，宫崎董事长致辞道："战争结束后各地方的生产也已走上正轨。但生产虽上来了，质量却不如意。……我们必须施行质量第一主义。提高质量、降低生产费用以服务大众，最终也是公司的生存之道。”

这次会议除了设置技术部长会议、工作部长会议以外，还设置了制订执行质量第一主义的具体方案，以技术交流和提高技术为目的的技术研究会。在技术研究会T（作业研究）分部会上，针对设定标准时间、提高技术、包工制等，开始了力求统一思想的研究。该分部会在1947年开始了工作等级研究和工厂评断。1948年V（量产）分部会采用了SQC。同年，引进了TWI。1949年引进了质量管理。同年8月，在强化生产技术之际增设了标准科和技术科。第一任科长分别是旁听CCS讲座的前田幸夫和八卷直躬。

该公司的作业研究人员在1945年就已经再次设置了工作技术科，之前已经介绍过，该公司再次迅速开展的经营现代化运动，是战前先驱性的活动，是战时仅存的“地下水”般的存在，发挥了重要作用。

关注存在于战前日本的经营管理的前期历史，并不是笔者第一个提出的。我们来听听早川正寿（原日本能率协会常务理事）的言论：

“战争时期上野阳一先生的《效率手册》是我使用过的唯一教材，工厂在努力引进泰勒等人的技术方法，但我觉得已是穷途末路了。为什么呢？因为单凭泰勒的技术方法只能进行部分改善，工厂不会好转起来。始终优化一部分而缺乏对连贯性即工序管理的思考是不行的。”

令人吃惊的是，虽然人数很少，但是战争时期依然存在实践泰勒技术方法并已经开始突破该技术方法界限的技术人员。笔者确实没法回答这个疑问。从这个意义上来说可以认为，虽然对当时的局势没有影响力，但却在有意无意地寻求综合性的管理经营体系。这个意识在战后起到了让 CCS 讲座的溪流变成奔流之势的作用。早川正寿指出前期历史中“地下水”般的存在是非常重要的，不得不说这是一次重要的讲话。

我们同样可以认为，在战前就已经存在把以 CCS 讲座为滥觞的管理理论带来的冲击不止于冲击，而是领向创造出奇迹的经济复兴的根基。正因为战前和战时存在一定水平的知识积累，科学管理法才能从战时的束缚中解脱出来，并在战后开花结果。

作为战后科学经营的前期历史，无论怎么看重 K 先生们的活动都不为过。如果说科学经营像被堵住的“地下水”在战后如决堤一般奔流而来的话，K 先生们就是它的源流。

(3) 地下水的存在与缺失

但是，早川又说：

“可以说前期历史 99.9%都是由技术人员们主导的，尤其是在现场作业的改善方面等。人文社会科学家的缺失，带有某种含义，有必要明确其中的优缺点。”

壹岐晃才（东京经济大学教授）针对早川的这番言论总结道：

“早川说都是由技术人员来主导，对此我的理解是，他认为战前经济管理技术还没有在思想上‘开花结果’，或者没有以所有人为对象来考虑问题。”

前期历史的主角主要是技术人员，水平上只是拥有基本知识，看不到人文社会科学家的贡献。但是这样想真的好吗？这里存在几个问题。第一，当时的经营学和实践之间有相当大的差距，在思想上还没有达到足以影响调动现场作业的水平。第二，战争时期受到军国主义极大压迫的是人文社会科学家。这也是一大障碍。当时是一个压制“科学研究法”、精神主义压迫合理主义的时代。实行战争，需要工程方面的技术，技术人员的压力要相对小于人文社会科学家。第三，以“和魂洋才”形式追求实际利益的传统也许会给人文社会科学家带来负面影响。当时是一味全神贯注吸收发达国家先进技术的时代，没有时间消化升华成自己的思想。

前期历史在担负先驱般作用的同时，还存在着诸多制约。但即使存在制约，前期历史的作用也很重要。

在战后质量管理的发展中，存在着一个从学习战前泰勒体系开始的前期历史。进一步说，自觉意识到其中的界限而摸索新天地的精神，也如酝酿出下一个时代具有创造性的地下水一般，成为了浪涛奔流的前期准备。

笔者研究发现，日本战后在半导体领域，短时间内能追上世界水平，也是因为战前就已经存在前期历史了。也就是说，从大正时代就开始了国产化技术开发的传统，就是把战后的独立技术开发评价成前期历史也是合适的。因为半导体的确是在1947年才被发现的。日本虽然在一味地忙于学习美国的技术，但在日本也产生了很多自主技术。

科学管理法中的统计质量管理，在战前，甚至在战时也存在基于实践的积累。与之相反，在企业的存在意义等人文社会科学领域方面，却不存在从战前和战时继承而来、为再出发做准备的“地下水”。

5 科学研究法的本质

那么科学研究法的本质是什么呢？

加藤威夫留下了一封标记为 1971 年 12 月 20 日的信件，名为《给管理的指导者、我亲爱的彼得先生》，是写给经营学家彼得·德鲁克的。德鲁克在《哈佛商业评论》(*Harvard Business Review*)（1971 年 3—4 月号）上发表论文，第一次肯定了日本式经营。这封信是对德鲁克寄给他论文复印件的感谢信。信中隐含着加藤给德鲁克的理论提供了帮助的迹象。

另外，在加藤写给德鲁克的信中强调自己与欧美式的合理思考方式相一致，他写道：

“我所说的合理是合理主义（Rationalization），意思是‘经济生活中使用的理性’，细分的话，意思是合乎道理地待物、勤俭节约地对钱、合乎伦理道德地待人。”

加藤所说的合理主义，无非就是“科学研究法”。而且其中包含的伦理道德要素的广泛性和先进性令人惊叹。

科学管理法或者 CCS 经营者讲座所说的科学研究法都表示合理性。也就是说，都意味着对真理的追求。收集分析数据、制订实行方针的计划—执行—检查（Plan-Do-Check）循环本身，在CCS经营者讲座时期都是不多见的，在日本也是个先进的存在。

但是，在CCS经营者讲座中并没有见到加藤追求的道德性。不，准确地说，在介绍指导力时提到过事业道德，这也说明CCS经营者讲座具有先进性，但这只是些局部的记载。而加藤的科学研究法则是针对一个人的人格而言的，是远超时代的存在，其先进性令人惊叹。

今天当我们面对他的研究法时，会自然联想起企业伦理问题。这个问题将在第Ⅲ部讲述，这里暂不涉及。但是，如果带着这样的姿态和问题意识去持续追求科学研究法，那么企业的运转状况也会发生很大的改变吧。

加藤是什么时候萌生这个想法的，这是我感兴趣的地方。他景仰哲学家天野贞祐，由此得知，或许他这个想法的原点可以追溯到他的学生时代。他在旧制高中接受的教育，可以说受到过大正民主主义的影响。

他的书现在读起来也随处可以发现新鲜的记述。书中讲到企业经营目的的时候，他指出有必要从公众的立场、员工的立场、股东的立场、企业自身的立场来考虑问题。这与CCS经营者讲座的宗旨相通，这是他在出席CCS讲座之前就已经有的想法。因为他引用GE公司董事长杰拉德·斯沃普（Gerard Swope）1925年的论文论述过这个问题。

接下来引用一些加藤的论述作为参考：

“制作方针的时候，如果充分考虑员工的意见，在施行的时候就会顺利。

一般认为事业是以赚钱即获取利润为目的的经营，但福特主张是为了服务而经营。他认为只有把产品卖给公众，事业才会成立，所以只有服务民众才会存在事业。利润是维持和发展事业不可或缺的东西，做事业赚钱根本不是什么坏事，但它必须是在服务公众中自然产生的。

所谓方针的传达就是请员工和顾客购买你的思想。

一般来说，我们往往会比较在意工厂的生产方面，而忽略发送、包装、搬运等这类离顾客最近的环节。在设计包装的时候，一定要应用振动原理，而不能只是交给一个包装的木匠。美国在设计策划研发品或新产品的时候，从一开始就让做包装的技师参与其中。”

对于加藤来说，CCS 经营者讲座中并没有那么多令人耳目一新的内容，从下面横河电机名誉会长横河正三的话语中也证实了这一点：

“在 CCS 经营者讲座中，遇到有难度的地方，实际上是加藤先生给我解释的，因为口译人员不懂专业术语……”

加藤在战前就看了欧美的文献，他谦称自己所说的内容只不过是文献的摘要而已。但实际上他是在理解欧美先进理论和案例的基础上，进一步提出了自己的见解。他提出合理性这一崭新的概念也能说明这一点。

我再引用他在本书中的一处内容，也与刚提到的内容有关：

“工作的人赏识人格，职场是完成人格的修行地。也可以说职场是创造人的地方，所以职场的风气影响每个人人格的情况非常多。如果职场上不诚信、不正直、不正义、不协作、伪善、懒惰、粗野等恶习横行，对员工来说是最大的不幸。”

可以看出这里也指出了与道德相关的东西。在读者中也可能存在持有类似想法的人，但如此直截了当地论述职场的文章十分罕见。

6　合理性与非合理性

科学研究法衍生出了很多经营管理方法。其中之一是 IE。以下是北川一荣的证词：

“1948 年美国的国际电话电报公司（简称 ITT）为了调查住友电气工业的情况，派遣卡尔·霍特（Carl Hort）来了一年。他是 WE 公司退休的技术人员，把科学地掌握言行举止的学科称为 Industrial Engineering。这是我第一次听到 IE 这个词，之后不久我又在公司内部和学会关西分部听到过这个词，但好像当时解释得太简单了，没有引起大家足够的关注。”

IE 的定义似乎随着时代的变化也在变化。IE 一般被翻译成“经营工程学”或“管理工程学”。日本学术会议给出的定义是“它是以经济发展和人类福祉为目标，旨在从工程学的角度统合和推进社会、企业等有组织性活动的管理技术体系”。但是，这个定义范围过于宽泛且模糊，下面介绍一下美国 IE 协会（1955 年）给出的定义：

“它是对整合人、物、设备的体系进行设计、改善、确立的活动，为了明示、预测和评价从这个体系得出的结果，要在使用工程学分析、设计原理和方法的同时，依靠数学、物理学及社会科学的专业知识和经验。”

可以说其特点是它以包含人在内的所有要素为对象，而且使用的是工程学研究法。

另外，运筹学（Operation Research，以下简称 OR）也是战后不久导入日本的方法。OR 开始于 1940 年的英国，目的是防御德国空军空袭。它不仅能事前正确预测空袭造成的伤亡人数，而且把对 U 型潜艇（德国的潜艇）的命中率提高到了 8 倍。

此外，OR 在第二次世界大战中作为对抗日本陆海军的有力武器拯救了美国海军。战况不利的日本军（神风特攻队）的波状攻击给美国海军造成了巨大损害。美国数学家们从 477 组数据中用复杂的数学公式表达出自杀式战机应战时的条件，最终导出了一组解决方案。

战舰、航母、重型巡洋舰等大型舰艇可以快速变成之字形路线前进。因为走不走之字形路线都不影响它对空开火的命中率。但是，如果不走之字形路线就会逃不掉，由于目标太大，很容易被自杀式战机命中。如果驱逐舰以下的小型舰艇快速移动，就会晃动导致机关炮难以定位。相反，即使缓慢移动，由于目标小，受到自杀式战机的的命中率也很低。因此，要采用缓慢的直线运动的方式进行攻击。

日本也并非没有科学分析，但是美国更胜一筹。从结果上来看，神风特攻队用 2525 人年轻的生命击沉了 11 艘驱逐舰和 2 艘特务舰。

这种科学研究法到了战后还在被不断导入日本。战前好不容易才开始的科学研究法，在战争中美国取得了长足发展，而日本则倒退了，其代价有点太大了。

7　组织的原则

关于科学研究法，本书采用了很多表达，但都适用“合理性”这一概念。实际上，CCS 经营者讲座结尾语中的一句话，给人一些不一样的感觉：

“如果组织的原则是科学（Science），那么组织的实施则是技艺（Art）。”

意思是以合理的显性知识不能明辨一切，超越道理的隐性知识在实践阶段是不可或缺的。这一点意味深远。其一是管理理论作为学问还比较年轻，事实表明它还在发展过程中；其二是管理的重要对象包含活生生的人，只靠理性是不可能明辨一切的，我们也要从不合乎条理的一面来思考问题。

很多经营书都会提到这一句话，很多人将 Art 翻译成艺术。但笔者认为不如翻译成技能，给人一种“手艺人的技能”的印象，像在职者的技能一样。在决定重要术语含义的时候，现实中不仅使用理性，还充分调动直觉和经验来下决断的情况并不少见。无论电脑如何发达，模拟实验的水平如何之高，最终由经营者的灵感来左右判断的情况今后也一定会持续。决定含义的程度越高，越不可能根据手册指南来判断。

这种见解并非是错误的。但我接触了一些经营者的以下表达后，对 CCS 经营者讲座的结语解释发生了一些变化。

"经营之美"（出光佐三）

"经营是艺术"（松下幸之助）

对于经营的理解自然会因人而异，说不定经营终究含有艺术的要素，我把它叫作真善美。真是指合理性，善是指伦理性。21 世纪的经营中进一步对美的追求或许是新的范式吧。这个新范式的发展始于当下，今后还有漫长的旅途。

引自"附录"

2　组织的原则

目的

1. 组织是集合所有人的努力，进一步提高效率的手段。

范围

2. 组织主要处理个人与个人之间的关系。

3. 有组织的努力，等于所有个人努力的总和。

先行性（Precedence）

4. 组织要先努力。

5. 组织要先决定选定企业人才的要件，再进行人才选定。

6. 不能根据人事决定组织的性质，而应该根据组织决定人事的任命。

7. 企业越大，组织被人事左右的程度越小。

责任（Responsibility）

8. 责任主要由个人承担。

9. 责任不能与他人一起承担。

10. 责任的性质不因执行负责人的改变而改变。

责任的移交（Delegation of Responsibility）

11. 各自的责任，移交给谁就由谁来承担。

12. 各自的责任，谁的责任大就由谁来承担。

13. 任何人都不得向已经承担部分责任的他人转让相同的责任。

14. 即使移交了责任，也并不意味着免除责任。

15. 两人不能将责任移交给同一个人。

16. 责任一旦移交给谁，谁就会自动产生义务（Obligation）和权限（Authority）。

义务（Obligation）

17. 承担责任的同时，也会产生应践行该责任的同等的义务。

18. 只有责任的委托人（Delegant）能对受托人提出执行义务的要求。

19. 只有承担该责任的人才能履行责任的义务。

20. 任何人都不能逃避履行责任的义务。

21. 即使责任规定（Definition）发生了变化也不会改变履行责任的义务。

22. 必须按照委托人的意愿履行责任的义务。

23. 受托人如果因故没有按照委托人的意愿执行义务，只能放弃此次责任。

权限（Authority）

24. 所有的责任都具有与责任、义务相同的权限。

25. 权限就是为了执行责任而采取的所有必须且适当的方法。

26. 对于受托人来说，权限就是为正确行使自己义务的权力（Power）。

监督（Supervision）

27. 委托人和受托人的关系是从委任生效时开始产生，并且从性质角度看，关系一般都是固定的。

28. 监督范围仅限于被委任的范围之内。

29. 只有责任委托人才能强制履行责任义务。

30. 在企业内部，只有委任人才能进行监督，委任人以外的任何人都不能进行监督。

31. 受托人反而期待监督。因此，接受监督对于受托人来说是任务（Duty）。

32. 委托人的任务是协调好被委任的各项责任并使之顺利进行。

33. 监督的最高职能是强制组织的关系。

34. 监督具有废除或更换受托人的权利。

35. 如果委托人要求更换受托人这一要求被拒，那么在受托人执行义务失败时，委托人可以免责。

36. 监督的力度，因被委托责任的范围、程度、委托数量及受托人的能力等的不同而不同。

责任的划分（Partition of Responsibility）

37. 划分责任基准根据经营的必要程度来确定。

38. 应委任不太重要的任务，而保留（Reserve）比较重要的任务。

39. 责任在程度和范围方面都要充分移交，保留的责任切勿超越委任人的能力范围。

40. 移交责任的数量由责任的性质及保留责任而定。

41. 如果责任移交给多个人，每项责任都应尽可能具备同等的经营要素。

42. 为了有效地履行责任，受托人不能同时执行与之相反的其他责任。

43. 组织所需的经费必须和企业目的的有效性相称。

44. 应该尽量减少移交责任的层数。

责任的规定（Definition of Responsibility）

45. 规定责任时应先明确经营的各要素，再综合考虑各要素。

46. 责任的规定必须清晰、准确。

47. 移交的责任和保留的责任，需分别由专人承担。

48. 各项责任都应尽可能收集同类（Homogeneous）事项。

49. 各项责任的规定都需考虑到人的自然能力（Nationalities）。

50. 各项责任的规定应尽量让所有人都能易于执行。

51. 所有责任都不能超出执行人的能力（Capacity）范围。

52. 各项责任都应该充分运用执行责任者的全部能力。

53. 规定责任时，应该从质和量两个方面看待能力。

协作（Cooperation）

54. 在执行各项责任时，还需完成与各项责任相一致的任务。

55. 为了执行责任，有必要事先了解和责任相关的各项责任的性质。

56. 当他人执行责任的方法对自己的责任造成影响时，每个人都有向对方提议的权利（Right）。但是，在提议时，需注意应止于涉及自己责任的范围。

57. 任何人都不应排挤他人并执行他人的部分责任。

58. 为申辩责任执行方面的无能，必须向负责人说明无能的原因。

59. 因他人执行责任的失败而使自己执行的责任遭受影响时，应该寻求负责人的帮助。但是，这在对方未采纳提议后才有效。

60. 顺利执行由不同的人移交来的各项责任，是各负责人的共同任务。

61. 协同责任（Concurrent Responsibilities Conditioned Responsibilities）比一般情况下更需要高度合作。

62. 联络（Liaison）责任会使合作变得容易。

责任的连续性（Continuity of Responsibility）

63. 责任有必要连续执行。

64. 暂时不能执行自己责任的人应该事先指定临时接班人。

65. 暂时移交所有责任的人，除非逾期仍无法承担责任，否则不予免除责任。

66. 暂时移交所有责任的人应该尊重接班人善意的行为。

67. 临时接班人在继承时间内享有对责任的绝对支配权，有对负责人执行责任的义务。但是，对除负责人以外的任何人，他的行为都是在代替负责人履行责任。

68. 临时接班人在履行责任时，应尽量采取与负责人相同的方法。

组（Groups）

69. 为了正确执行组的责任，首先必须要根据多数组成员的意见做决定。

70. 有些特殊责任，一个人比两个人甚至更多的人更容易执行。

71. 只有在明确证明一个人不能完成责任的情况下，将责任移交给组。

72. 当组执行责任时，每个组成员应该将责任视为自己的责任，承担有益于各种决定的任务。

经营的阶段（Phases of Administration）

73. 从组织上来说，经营的阶段需区分为计划（Planning），实施（Doing）和观察（Seeing）三者。

74. 通常情况下，非均匀地转让经营的各个阶段，更有利于有效的经营。

75. 通常与实施相比，没有必要转让观察。而计划则比以上两者更不需要转让。

76. 从组织而言的经营目的，需区分为主要目的（Primary

Object）和辅助性目的（Auxiliary Object）。

第一模式（First Mode）

77. 与责任的范围、程度无关，组织纯粹是因为加倍的努力而成立的。

第二模式

78. 各项责任的范围（Extent）不同。这是组织的基本形式。

第三模式

79. 为达到经营的辅助性目的，有时需设立各种责任。

第四模式

80. 计划或观察的一部分，有时会委派实施负责人以外的人。

81. 简单的组织形式能够充分满足经营所需时，经营的各层面就无须划分。

82. 具有专业化性质的计划及观察，最适于分离后转让。

83. 通常情况下，与计划、观察相关的实施，只有在被转让给两个人以上时，才应该分开转让。

84. 计划和观察的责任担负着特别的任务，应注意不要打乱各责任之间的关联。

85. 如果将包括特定责任在内的所有责任都移交给一位助手（Assistant），就会产生与划分经营阶段时同样的困难。

86. 责任的范围和程度越小，对助手的需求度就会越少。

87. 负责人在执行监督时，需要借助助手的帮助，除非助手代替负责人亲自做出判断，否则其帮助就不能视为对监督权的分割或者代行。

88. 将监督受托人的权力转让给另一相同负责人的另一位受托人是可以的，但当行使监督权时，这个受托人有必要充分理解各个原则。

89. 责任没有必要拘泥于组织的某一个样式。

第五模式

90. 多重组织（Multiple Organization）是复杂企业的最后手段。

91. 责任的划分是有界限的。采用多重组织时，必须要遵守这个界限。

92. 一般把构成多重组织的各个企业当作独立的企业。

93. 希望最好给所有构成多重组织的企业提供某种辅助性的服务。

94. 通过转让计划和观察，会对复式企业的经营有所帮助。

实施（Practice）

95. 经营者必须始终保持对组织的关心。

96. 如果组织的原则是科学（Science），那么组织的实施则是技艺（Art）。

（349~402 页）

第Ⅲ部

CCS经营者讲座将带来什么

第 1 章

CCS 经营者讲座的历史使命

1　先驱性的意义和界限

（1）启蒙的意义和界限

二战后 CCS 经营者讲座在很多领域都先驱性地把新概念导入到了日本。也存在过高度评价该概念的企业或经营干部。

但是，如果真的重要，为什么在过了半个世纪的今天却将它忘得一干二净？这无疑是个问题。虽然在 CCS 刚开始的时候得到过高度的评价，但后来怎么样了呢？又是什么时候销声匿迹的呢？

听 CCS 讲座的人数当时虽然激增，然而到 1953 年以后开办的次数就一个劲儿地下滑，到 1975 年以后就完全不见了踪迹。当初的势头究竟去哪里了呢？

1951 年，有如下一则报告：

“当时将它（CCS 讲座）介绍给日本的 GHQ 当局有关负责人已经回国了，而且当时有计划且强有力地推进它的团体、政府也已不在，没有开展有组织性的活动。当时的听讲人当了演讲人，虽然在各地只是进行了2、3天的CCS课程介绍，但随着最近MTP、TWI的普及，我们时常听到有必要开设最高管理层讲座的呼声。”

或许当事人回国也是理由之一。但这只不过是一个表面现象，还有个根本的理由。是什么呢？如果先下个结论的话，CCS经营者讲座的最大意义在于它的先驱性。并且，我们应该想到CCS经营者讲座的界限也在于这个先驱性。因此，20世纪50年代中期，CCS经营者讲座就早早地结束了它的历史使命。

也就是说，在战败后的那个特殊时期，CCS经营者讲座担任了介绍最先来自美国的最新经营管理理论这一启蒙性的任务，这样去考虑比较妥当。

再来追加几条解释。第一，CCS经营者讲座的有关负责人虽然是优秀的技术专家，但都不是经营管理专家。不管是萨若松还是普罗兹曼，他们既不是经营者也不是经营学专家，这一点之前已经说明过，他们本人也谦虚地承认了这一点。这一点特别是在美国具有重要意义。也就是说美国是个重视各领域专家的社会，专业领域以外的知识水平有限并不奇怪。这和像日本这样重视通才的社会有着本质的区别。

萨若松是无线通信技术领域的专家，不是经营方针或组织论方面的专家，也不擅长质量管理。当然他接触过质量管理，但那到底只是边缘信息。在预算管理和成本制度方面就更是如此了。但是，他有理论家的气质，即使是专业领域外的知识，他也在不断努力积累、理解和传达着。

我们既不是要看低萨若松他们发挥的先驱性作用，更没有丝毫否定他们介绍来的众多理论和概念的重要性，而是高度评价了讲座的内容。

（2）专家的追赶

第一要点的对立面正是第二要点。1950 年左右，日本已经开始着手去搞各种组织的各自专业性信息并向国内介绍。例如质量管理，我已经介绍过由日科技联、日本规格协会或日本能率协会举办的活跃活动。它们也进行各种引进管理人员的教育和监督者教育，还过度引进了多种多样的课程，最终变得乱七八糟。这一点也已介绍过。CCS 经营者讲座带来的先驱性介绍，早晚也躲不过被各个领域专家追赶的命运。

（3）“消化不良”

第三，太过于开拓进取，会出现“消化不良”的倾向。其一就是美国屈指可数的 AT&T 等大企业所开始实施的最先进的概念丰富多彩。对于日本经营者来说，理解是件极其困难的事情。

例如在 CCS 经营者讲座上，强调长期计划的重要性，即使在问答中也和听讲人相互交换意见。但是，即使是美国的大企业也是到了 20 世纪 60 年代才开始普及综合性的长期计划。再来看看霍顿的著作。他 1941 年的《高层管理》和 20 世纪 60 年代两次对美国企业的实况调查，差别很明显：

“前著中提到‘对于组织团体来说其前景高于一切，无论是哪一个组织团体，把未来的目标具体化，然后提案、完成，是最高管理层的责任’。同时附言道：‘在此次研究过程中被调查的最必要的条件之一是，不论是短期的还是长期的，都应该适当地使未来的目标更加有计划性、更加明确。’换言之实情是，在20世纪40年代初期，即使是在我国众多优秀的工业企业中，虽然几乎所有员工都知道，却没有实施。

前著中基本没有提及定型的选拔、培养计划，即变动图表、接班人的计划、个人考核记录、个人的启发计划等。此后，这方面有了很大的进步，尤其这10年间的进步最为显著。

发掘要职人员并有计划地培养，甚至成为这15家公司在制订综合性的长期计划时的中心部分。制订变动图表、接班人的计划、各干部职位的培养计划，今天已经毫无例外地成为理所应当的事情。”

总之，并不能说美国等国家在举办CCS经营者讲座时就已普及了综合性的长期计划，而是在那之后的10年里才普及开来。有关培养人才的长期性计划也是同样。这一崭新的概念是在CCS讲座中得以介绍的。

附带说一句，当时的日本经济也是处于前所未有的萧条中，这对于实行经营改革来说是最不利的形势。即使假定听讲的经营者能够充分理解，全部进行实践也是十分困难的。

例如，西野嘉一郎[①]以下的话便证实了这一点：

“在CCS经营者讲座开始时，大部分劳动问题无法走上正

---

① 西野嘉一郎：他不仅是芝浦制造厂的董事长、会长，还担任大藏省注册会计师审查会会长等要职，是会计学的权威。

轨，保持着停滞不前的状态。最近逐渐稳定下来，日本只有在国际竞争中取胜才能生存，因此鉴于客观局势，日本不得不考虑经营管理问题。我想大概是各公司把之前播种的 CCS 或质量管理培养成为日本式的时代已经到来了吧。”

（4）日美的差异

第四，从“消化不良”这个意味上来看，日美的差异也是个大问题。自讲座开始以来，就有人提出反对意见，认为美国式的经营方法不适合日本，这在 CCS 经营者讲座教材的序文中也有记述。调查分析企业的实际状况后发现，“美国式的科学管理法也能充分适用于日本”。因此，这个结论让讲座得以开始。那之后的过程是怎样的呢？

首先，以 1950 年开始的日科技联为中心的组织开展统计质量管理，创造了一种名为“质量控制圈（QCC）”的新形态，即使在美国也难以见到，而且能够向美国乃至世界进行输出。这样一种日本式的转型超过了世界。

在以预算管理为中心的内部管理方面，产业合理化审议会正面受理紧急问题，运用理论甚至务实的方法简洁明了地进行答复，并形成成果。在这个过程中努力实现了合乎日本国情的制度化。

最后，来谈谈所谓的人事关系。这一部分以人为对象，所以直接引进欧美的思考方式、方法是最格格不入的。即使仅从教育培训这方面来看，合乎日本国情是个重大课题。1955 年设立的日本产业训练协会也明确要普及符合日本产业培训计划的目标，同时也具体而积极地修订了培训计划的内容。

战后十几年间的劳务管理的发展推进如下所示。可以看出，20世纪50年代前半叶出现了由直接引进美国方式向与日本国情相称的方法的转变。

第一期：1945年年末~1950年下半年　　针对工会的对策中心（劳务管理以前）

第二期：1950年秋~1952年下半年　　致力于引进美国方式的劳务管理的现代化

第三期：1953年上半年~1955年上半年　　企业合理化的规范化。致力于合乎日本国情的劳务管理

第四期：1955年下半年~　　转向受工会运动本质变化影响的劳务管理

（5）实践的工具

第五，为了从理念向实践阶段发展，用于实践的各种工具是必不可少的，但是CCS经营者讲座很少涉及这一层面的技术知识。这在某种意义上也可以说是“消化不良”的结果。因为如果消化到实践的阶段，就不能只停留在理论介绍上，而要进入到具体的应用方法上来。

以统计质量管理为例，CCS讲座虽然对正态分布曲线和3σ原则进行了理论解释，但QC七道具并非源于CCS讲座，而是在日科技联邀请的戴明和朱兰的指导下产生的，他们创造了许多培训工具。另一方面，CCS讲座是通过教材和讨论来进行培训，并不存在特殊的工具。

CCS 经营者讲座的对象是经营的高层，主要着眼于让他们理解经营和经营者的现状，所以教育的方法也与实务人员所用的培训存在差异，所以，可能也有观点认为没有必要使用视觉工具和具体格式等。但是，CCS 经营者讲座的内容如前所见充满了新颖的概念，期待尽快运用于实践，而不应该满足于只引进理念。

一般来说，理论只有在实践中得以运用才有意义。如果不传授应用方法，就不能逃出单是介绍西方情况的藩篱。CCS 经营者讲座虽然第一次介绍最高管理层的重要性及各种各样的经营方法，但没有传授如何具体展开每个方法的内容，这就要交给之后继续进行研究的各领域专家来开辟道路了。

2　挖井的人

“吃水不忘挖井人”，这句话是中国的官员在和日本恢复邦交正常化的时候使用的一句话。中日之间的冷战状态在 1972 年宣告结束，但中日之间正式恢复邦交正常化的道路依然漫长，且绝不会平坦顺利。这句话的意思是感谢那些不惧险境做出努力的先人，并将他们常记于心。

我们也应该对 CCS 经营者讲座的前辈们给以同样的评价，在战败刚结束的不利处境下，他们不辞辛苦，在管理领域先驱性地努力了一生。

如果在这里整体评价一下 CCS 讲座的话，首先要在着眼于其先驱性的基础上，去综合理解成果和界限两个方面。

CCS 讲座热在较短的时间内就降温了，并在 20 世纪 70 年代中叶就寿终就寝了。也有学者指出了以下三点原因，但在我看来上述解释更为清晰易懂。

（1）第一次石油危机以后，经营者不得不将目光投向企业以外的环境。

（2）听 MTP 课的人成了经营者。

（3）定型教育的内容是美国式的，未必符合日本的国情。

任何理由都不足以成为只有 CCS 讲座这个特定的教育课程走向衰退的证据。例如，就 TWI 来看，过去 4、5 年里有 250 万人听课，即使如今在日本产业训练协会也会打出“培养职场关键监督者”这样的标语口号来举办“培养 TWI 教练的讲习法”“TWI 10 小时讲习会”。因此，日本渡过了第一次石油危机的难关。极其美国式的教育未必符合在爱好、情感等方面存在差异的日本的经营环境。虽然如此，还是一个保留了下来，而另一个却结束了。这只能根据双方的作用与历史使命来解释。

此外，我想就 MTP 再说几句。MTP（Management Training Program）是远东空军在 1949 年为培训日本监督者而制定的，是通产省试图普及的管理人员培训计划。1952 年 9 月，演讲人的人数已经达到了 256 名，接受这些演讲人长达 40 小时培训的监督者在日本全国预计达到了 2 万名。作为推动源的 MTP 演讲人联络会在 1953 年让加藤威夫（当时为三菱电机董事）、北川一荣（当时为住友电工专务董事）担任副会长，委托工商界数十名权威人士担任顾问，并对体制进行整改。另外日经联也加入其中推进普及。

3　日本引入质量管理的过程

在这里，笔者参考质量管理逐步落实的发展情况，与 CCS 经营者讲座进行比较。1968 年 12 月举办的第七次质量管理研讨会，对日本式的质量管理特征进行了以下整理：

（1）全公司的质量管理、全体人员参与的质量管理。

（2）质量管理的教育、培训。

（3）质量控制圈（QCC）的活动。

（4）QC 诊断（戴明奖与董事长诊断）。

（5）全国性的质量管理推进活动。

以上并不是马吉尔和萨若松等 CCS 讲座的有关人员，或戴明和朱兰等后继的指导者提出的内容。而是以他们为起点，由日本的实业家和日科技联的有关人员结合日本国情创造出来的。正因为如此，才称为日本式的质量管理。

但是，行进至此的过程并不顺利。日科技联从 1949 年 9 月起就开办了名为“质量管理基础课程”的讲习会，该讲习会以企业的技术人员为对象，开展每月 3 天、长达 12 个月的长期课程，第二次课程以后变更为每月 6 天、长达 6 个月的课程，教材最初是以美国规格和英国规格为主的译本。

第一次课程结束后发现，质量管理等过于强调人的要素，无论美国和英国的内容、方法多么优秀，按原样向日本直接引进的话，怎么也行不通。因此在第二次基础课程之后，质量管理调查小组（QCRG）的成员们重新编撰了教材，并决定尽量不使用译本。

除此之外，当初的 SQC 还面临更多的问题，具体归纳如下：

（1）仅凭以往的经验和直觉来运行工厂的熟练人员认为“统计类的方法不能用，没有用”，而并非理性地排斥。

（2）必要的技术标准、作业标准及检查标准几乎不完备。即使想要制订这些标准，也会出现“因素过多，无法归纳”“即使没有标准也能顺利运行工厂”等反对意见。

（3）几乎没有数据。

（4）用于获取数据的取样调查方法和缩分方法不当，即使有数据也无用处。

（5）如果安装用于获取数据的计测器或自动记录器，员工就会误解为受到了监视，甚至发生过损坏检测仪器的事。

这些是日本工厂自战前起就存在的问题。另外，引进新方法，也会包含各类必须预想到的反对意见。这使人想起以前英国进行第一次工业革命时也存在过破坏机器的运动。

但是，身为当事人的石川馨认为：“另一方面，身为想要普及新质量管理的我们并不是没有问题。”针对推动者的问题点，他做了以下反省：

（1）统计类的方法虽然有效，但过于强调其重要性，反而令人恐惧和反感。明明采用简便的方法就足够，却要过度传授高端的方法，结果导致失败。

（2）虽然标准化进步了，但只不过是形式化的东西。虽然的确制作了规格和标准，但并没有怎么使用。提到标准，许多人都会认为，尽是规则会将人束缚住。

（3）QC 只不过是工厂或技术人员的 QC，许多经营人员、部长、科长对此并不太关心，而且也有人误认为推行 QC 会耗费钱。当时，谁在猫（经营者）的脖子上系上铃铛，才是大家议论的话题。QCRG 的成员虽然主动担任说服的任务，但可能是因为年轻，并没有引起人们的关注。

不仅是听讲方的企业有关人员，主办方也存在各种各样的问题，从这可以大概推测出在 CCS 讲座中也是如此。

4　面向 21 世纪的前奏曲

前面已经论述过 CCS 经营者讲座的先驱性和历史使命。那么 CCS 经营者讲座对于今天的我们就没有任何意义吗？如果真是如此，我们所发掘的史实就只是合乎于考古学上的含义了。果真如此吗？

的确，自 1949 年以来的半个世纪，日本在所有方面都在向以美国为首的发达国家学习，并穷追猛赶、不断努力着。在企业的经营方面也是如此，更不用说像在国际比较中人们所说的“经济一流、教育二流、政治三流”，日本勉勉强强达到世界水平的是在经济方面，是充当真正旗手的企业活动。

但是，本书序章中也概述过，企业活动存在许多问题。为了解决现在面临的问题，进一步开拓新局面，要做的事堆积如山。其中维持收益、企业伦理、作为最大课题的企业存续问题尤为紧急，这恐怕也是21世纪初的头等大事。

在处理上述问题的时候，没有从CCS经营者讲座中再次学习的地方吗？或是没有学了又忘记的东西吗？CCS经营者讲座已成为历史的遗留物了吗？

并不是这样。CCS经营者讲座开辟的道路与其说是历史的遗留物，不如说与今天紧密相连。事实上，它是一盏照亮21世纪前进道路的明灯。有些部分现在读来依然值得学习，有些部分则是过去50年间学了又忘、束之高阁的东西。任何一个都会给予我们面向21世纪的着眼点吧。

在第2章，我们想从这个指向未来的视点重新审视CCS经营者讲座。学习的要点将集中在“企业的生存的理由是什么”和“关联性（Relations）”上。有关其他要点，已在第Ⅱ部的多处介绍过。

作为由此出发面向21世纪的新着眼点，应该有①创造新的附加价值②创造关联性③无界限协创④经营质量这四个关键词。

第 2 章

创造新的附加价值

1　“企业的生存理由是什么”在今天的意义

第一，是对企业的存在意义再次确认。CCS 经营者讲座的开篇信息中提及过“企业的生存理由是什么”，听讲人带着惊讶理解内容，如今没有必要再反复解释。1949 年当时的内容强调，不单只是追求利益，向顾客、员工、地域社会提供服务也同等重要，要简洁明了地写明把以上内容考虑在内的企业目的。

这个意义到今天也没有丝毫改变，特别是鉴于企业活动在社会中所占比重增大，有关企业的社会责任，其实有许多方面应该在今天的行文逻辑上重新思考。

正值泡沫经济时期，积极参加对社会有意义活动的企业并不少见。作为社会责任，企业特别重视参加以企业市民为主的地域社会活动。当时也是慈善活动，乃至企业对艺术科学的援助活动华丽登台的时代。

但是，在 20 世纪 90 年代中期，日本的泡沫经济崩盘，直至现在还没有达成经济复苏的目标。在此逆境下，企业的活动几乎全面处于停滞状态。

另一方面，也有人在热烈议论，企业本身的活动才是企业的社会责任。他们认为提供社会必需的商品及服务，提供有延续性的事业活动才是企业的功能。

企业的社会责任，就此一点已是罄竹难书。事实是后者，即企业本身的活动也面临着极其严峻的事业环境，这是问题所在。至少在这一点上必须弄清楚问题点及应对方案。在其关联性上，下一节将阐述 CCS 经营者讲座对于今天的意义。

2 企业的社会性存在

日本的经济规模在二战后 50 年间急速扩大，最终进入了成熟社会的行列，而在今后的规模增长上，不能期待它像从前那样发展下去。

另外，企业间的竞争变得更加激烈，企业的方向性问题被重新质问。正是因为这样的环境，我们才应该再次去理解认识“企业的生存目的是什么”这个问题。21 世纪就在眼前，现在我想进一步提出一些有新意义的东西。思考的立足点与 50 年前不同，想添加两个新的着眼点。

第一点，有必要把找出“企业的生存目的是什么”的这样一个视点，从企业的位置转移到与企业紧密相关的利益相关方身上。让我们回想一下萨若松爱慕不已的 Newport News Shipbuilding（NNS）的基本方针。原文强调要考虑对公共的责任、对顾客的服务、对社会生活的影响等。

现在重新阅读这个内容发现，里面都是从企业视点出发的执行责任和服务。

20 世纪 90 年代后半叶，已经提倡“顾客价值”的概念来取代“顾客满意”的概念。两者的根本区别之一就是，“顾客满意”是企业一方的想法，以期改善顾客的满意度，与之相对，“顾客价值”则是着眼于顾客的角度。虽然两者的主观意图类似，但其结果是 180 度的大转变。

所有的利益相关方，也与顾客的情况一样，要求根本性地把视点从企业一方转变视角。

第二个要点附加了“价值”这个关键词。这一瞬间“企业的生存目的”变成了“创造价值”。只要与创造价值没有关系，无论怎样努力，都没有存在的意义。

从别处轻易获得的东西是与价值名不副实的。追求独一无二无可替代的价值才是重要的。评价价值的不是企业。就算是企业自认为拿得出手的商品，如果对顾客来说没有意义，那就只能是没有价值的商品。在第一个要点中已经指出过，这个评价来自于以顾客为首的各种利益相关方。

综合第一个要点，CCS 经营者讲座的相关信息如下：

· 顾客、员工、股东及社会，让企业追求什么样无可替代的价值呢？

新的附加价值只有被利益相关方认可，对于企业才有存在的意义。与其他公司并驾齐驱、和谐共存的时代已经过去。确立自家公司独有的事业之路还没有到来，依然遥遥无期。还需面临诸多困难。

但是，在克服困难之际要确立“企业的生存目的是什么”，如果逃避它恐怕没有出路。通往 21 世纪的道路十分严峻。企业向新型范式的转变，正是价值观从量到质的转变。尽管这条道路并不容易，但也不是不可能。

3　革新事业的概念

确立自家公司独有的事业，要以明确事业概念为前提，用图表 8 的形式可以明确笔者思考的事业概念。

图表 8　事业概念的形式

“○○○○○○○○○ 向○○○○○○○○○ 提供一个○○○○○○○○○ 不可替代的附加价值。”

第一行表示事业的主体，一般是企业名，如果是有一定规模的企业，第一行就是事业部。第二行是作为对象的重点顾客，不是填写专有名词，而是简单表达一下重点顾客的特点。第三行是自家公司所提供的不可替代的附加价值。

这里虽然没有深入到具体方法，但事实上采用这个形式来制作事业概念，是非常难的。首先，很多情况是既没有限定重点顾客，限定的定义也不明确。另外即使明确了重点顾客，也要进行不少考察，以便于战略性地表达其特点。但是，不清楚这一点，事业概念就永远完成不了，就不能推进到第三行的附加价值，而决定附加价值后再去定义顾客是本末倒置的，这样不好。

最后，就进入了从如此定义下的顾客视角来限定“不可替代的附加价值”的工作中。到底能不能提供不可替代的附加价值呢？如上所述并不容易。如果难，还可以锁定对象的事业范围。

把范围限定在一定程度上，无论是谁都能创造出有特点的东西来。问题是限定的着眼点在哪里。因为从增长潜力和收益性来看，如果没有前景，无论具有多么独特的价值都很难把事业延续下去。

作为独一无二存在的典型可以叫“Only One 事业”。我们可以把“Only One 事业”定义在事业对象的范围里，发挥卓越的优越性，并有意识地去追求这种优越性的事业。据推测，日本拥有这种事业的企业约有 1 万家以上。总之，其增长潜力和收益性都比一般企业具有更高的业绩。

虽然把独创技术作为竞争优越性的源泉的案例很常见，但未必所有的“Only One 事业”都具有知识产权，这是令人感兴趣的地方。当然，充分限定事业概念、开创独特的事业领域、获得顾客的高度评价是其共通的特点。

这也符合 COE，即英才中心（Center of Excellence）的想法。美国的大学不是模仿某个地方的有名大学，而是在某个特定领域达到国内乃至世界级的水平，并作为该领域的中心有意识地继续努力引起大家的关注。

最近在日本也见到了不是志在建立一个微型东京大学，而是发挥区域特色构想建造一个有特点的大学的案例。这还不仅限于大学，在企业里也追求同样的想法。如果是顾客只能从特定企业购买的产品，那么无论距离多么远，顾客都会订货的。而且价格不用大幅下调，企业也能接到订单。

一般认为，所谓真正的“不可替代的附加价值”，就是去实现“Only One 事业”或 COE 中所说的卓越存在，不是吗？CCS 经营者讲座的“企业的生存目的是什么”这个问题，触及了企业的生存本质。现在又重新开始了追求这个永久性课题的旅程。

4 明确所有组织的存在意义及概念

本书的课题是经营管理，主要以企业作为对象。但是，如果仔细研讨 CCS 经营者讲座的教材就会明白，其对象并不只是停留在企业上。电气通信省的方针宣言在教材（分册版）的第Ⅱ部就有相关介绍。另外，还涉及了作为业界团体的日通联的方针。

地球上存在的所有个人及组织的确都有必要再次确认生存的意义。无论是什么，只要原本就在地球上存在，的确都有独一无二的存在意义。我们要从根本上重新认识。随着时间的流逝，我们就会懈怠，不去努力反复确认存在的意义，放任自己的惰性，这是人类的习性。更何况，今天我们的社会环境已经发生了巨大的变化，曾经的存在意义在价值上也发生了改变。

如果把这个基本变化，即构造变化称作是范式变化的话，那么我们期待所有的个人和组织都要再一次去发现自己的存在价值来对应这个新范式，并发表方针宣言。这不仅适用于企业，也适用于政府、教育、医疗等所有机关部门。

50 年前电气通信省发表了方针宣言，在内容上也把面向国民的服务放在了首位。这至少在字面上比起今天美国自治团体宣告的“市民第一”来，是有过之而无不及的。在美国以马尔科姆·鲍德里奇国家质量奖（Malcolm Baldrige National Quality Award）为目标，联邦政府、地方自治团体、医院乃至军队组织，都在以“客户至上”（Customer First）为口号进行着组织内部的改革。

不要忘记日本也存在过某种范式，我们要面向新变化锐意改革。

第 3 章

创造关联性

1 关联性在今天的意义

CCS 经营者讲座介绍了许多新概念。其中有多处概念使用了“关联性”这一表达，这个事实是有象征意味的，它象征着围绕当时企业环境的变化。

人事关系、工业关系、劳资关系、职员（或员工）关系，已在第Ⅱ部第 3 章有所涉及，这里不再赘述。

但我想强调的时代背景是，企业活动在质与量上扩大、围绕企业的诸要素的相互关联变复杂的过程中，人们对各种关系的关心程度也提高了。20 世纪 30 年代人们才清楚地认识到，员工不是机器而是活生生的人，但进入实践阶段刚好是 CSS 经营者讲座的时期。此时与职场上员工的关系才变成一个现实的课题得以呈现出来。

劳资关系也在和工会的关系发生变化的时代背景下变得重要起来。换言之，不是敌视工会，而是在充分认识到它的存在的基础上，在试图设计出共存蓝图的意识下，劳资关系在美国得以粉墨登场。

在战后日本的工人运动中，最大的一次是1947年的“二·一大罢工”事件。1948年左右GHQ的方针迎来了从最初的民主化到经济复兴的大转变，工人运动也直接受到它的影响。“二·一大罢工”由于GHQ的介入遭受挫折，但经历过此次热潮的工人运动，之后也在一定的水准上得以延续下来。当时的《日经联时报》在CCS讲座的介绍记事旁边并排报道了一则专栏说“暧昧的工会观：要正视目前的劳动攻势”，传达了紧张的气息。

应对这种环境变化时，虽然日本与美国劳使关系的发展阶段不同，但日本的企业和工会之间的关系受到了质问。

下面以公共关系为主题，叙述其在今天的意义。首先来简单看一下公共关系在CCS经营者讲座中的地位。

2　公共关系的冲击

CCS经营者讲座中对公共关系的介绍，极其简洁。在“第二章　组织”中，“第四节　组织的功能”解释了公司需要的各种功能。其中在工业关系中，劳资关系（同劳动关系）和员工关系（同人事关系）之间，记述了公共关系。其重点如下：

·所谓公共关系是对有权利知道全社会、产业界、政府及其他公司的事业乃至经营状况的所有人正确表达这一状况的功能。

·正确的公共关系的第一步是在公司正确实施优秀的方针。

·如果公司的内容不好或是方针不优秀，无论怎么努力宣传，都不能掩盖其缺点，反而会招致恶评。

·作为正确的公共关系的一个条件，让员工悉知公司的实际情况是很重要的。

·公司的服务和活动有必要经常考虑来自全社会的反映。公共关系的负责人，必须站在对社会是否带来好的影响的立场上，来研讨公司的公告、让员工参加针对一般市民的福利事业的活动等。

这些无非是今天“公报”活动的基本原则。但是，说到现在的实践，未必是这样。岂止如此，实际情况是反对这一基本原则的案例也不少。

教材中的记述不但简洁明了、提纲挈领，其内容在今天也仍然具有冲击性。因为如今被要求的要点以前全都被指出过。洛克希德事件之际，当事商社开展过公开的公报活动，并成为议论的话题。该商事公布的公报上多是出现对自己有利的言论，而封闭对自己不利的言论，所以成为了议论的话题。不隐瞒事实、提供公报，需要巨大的勇气。

与向公司外发布信息一样，在公司内公开信息的重要性，教材中也有涉及，但现实中却很难说它得到了充分的实践。

我们稍微回过头来看一下当时的接受方是如何想的。听讲人中一个叫石川清的人（日本海底电线董事长）在座谈会做了如下发言：

“有这样的部门就要不断发布信息。而日本并不会这样。虽然我们还没有领悟，但是未来的日本肯定也能理解吧。”

当时，还看不见直接接受公共关系的发言。对股份公司公共性的认识还不充分，这在某种意义上也是理所应当的反应。

“美国经营者经常接受股东的监督。我们心不在焉的习性使然，总是忘记，现在不得不重新思考股份公司的定义问题。……在这一点上，我们深深感到股份公司其实是一个集体性的企业。

在我国相当于‘广而告之’‘公告’的功能，是美国最近工业经营的显著特征之一。”

所以，日本处于真正感到传达给有权知道企业实际情况的人这一公共关系的必要性之前的阶段。但是，只责怪听讲人和当时的日本经营者也许是弄错了对象。这么说是因为这个概念本身在当时的美国也是个新事物。

“第一章　方针”举了一个管理方针的实例，就是公共关系即“公共关系的方针”。介绍如下：

· 公司对社会的关系近来突然变得重要起来。导致的很多情况是，公司经营者认为有必要确立计划以便获得并维持社会的好意，以此制作所谓的“公共关系的方针”。

由于对 1900~1914 年大型企业的反感而暴露公司实际情况的风潮在蔓延，各大企业为了防御来自社会的谴责，就自己公开了信息。美国的公共关系就源自于此。而且，不单单是公开信息，为了获得社会的好评，还进一步扩大到公司开展的所有社会活动上来。也就是说，公共关系被定义为“评价公众态度、让自己的政策和行为契合公益、实施获得公众理解和接纳的行动计划的功能”。

它旨在让企业认识到自身在民主社会中的公共性，实现它，并让相关人员和一般公众理解它。在美国大肆提倡公共关系，是第二次世界大战中的政府和企业在推进公共事业上取得成效的时候。根据战后不久的调查发现，当时各企业存在的PR部门，八成都是在战争年代和战后5年内新设立的。

并且，据霍顿说，1950～1960年最高管理层对此十分关心，所以所有被调查的公司都对此非常重视。重视的要素如下：

（1）政府对经济界的关心度增大。

（2）把全国性的劳资协议用作劳动协议，结果导致报纸大肆报道。

（3）股东数量的增大和多样化。

（4）企业的社会责任增大。

（5）经营者对外部关系、员工关系的思考，从以前的单纯防御，变成采取更广泛的对策来预测今后的问题和变化。

还有，所有被调查的公司对在地域社会活动中活跃的员工和干部给予奖励。包括红十字会、共同捐献活动、童子军团体（Boy Scouts）、选举事务所等所有活动。与10年前多数企业保持中立态度，或者员工对参与公共事业表示冷淡相比，公司的积极性有了很大提高。

在时代的要求下不断进步是美国公共关系的实际情况。在CCS经营者讲座学到的内容是提供信息这一被动型的存在，所以或许未必是最新的。但是，这与正面去理解听讲人面对的经营课题还有一定的距离。

但是，在 CCS 经营者讲座之后的 2 年左右，日本国内发行的经营书上早已出现了公共关系（PR）。在 1955 年由生产性总部组织的最高管理层访美视察团的报告书中，也包含这个新鲜的概念。

从结论上来看，可以说 CCS 经营者讲座对公共关系起到了充分的启蒙作用，但从提供事实这一活动进一步发展到具有蓝图的积极性的社会活动这个观点来看，半个世纪后的今天才终于真正理解了公共关系带来的冲击。

3　无界限合作

围绕企业的各种关联性的设计，对今后的企业来说变得极其重要。在公共关系讨论中的进化过程，对展望 21 世纪的环境变化也极具启发。第一阶段限定在执行契约和公示事实信息上，第二阶段进一步把范围扩大到为实现“关联性”目标而采取的积极行动上。

今后，面对更进一步发展第三阶段，要做出全方位的努力。第三阶段的特征是，跨越企业和利益相关方之间界线的合作关系。到达的目标点也可以被表达成“无界限协创”。即消除企业的界限，通过与利益相关方的合作，积极开展创造活动，并在其中创造附加价值。

说起今天的经营组织，我们脑海中通常浮现出的是企业的内部组织。但是，经营的实际情况是，存在很多超越企业界限的组织。企业之间的合作是企业间组织，消费者参与企划商品是企业和消费者的组织结合。这样的案例，在采购方、物流方、地域社会等方面数不胜数。也可以用“超企业组织”来表达。

但在CCS经营者讲座时期，企业的界线是极其薄的渗透膜般的存在。利益相关方出入企业的外部和内部并不罕见。在切斯特·巴纳德（Chester Irving Barnard）的名著《经营者的职能》（1938年）中，使用了构成人员，即成员（Member）或贡献者这一表达。这和今天的利益相关方是同义词，但是语气不同。巴纳德的术语反映了对这个渗透膜的认识。

巴纳德作为经营学者非常出名，他还是AT&T旗下的电话公司长期担任董事长的经营者。他的著作自然来自于企业现场的经历和观察，反映出了企业的实际情况。

在展望21世纪之际，企业冲破界线重新站在原点上，意义重大。构筑这种关系第三阶段的特征就是，企业和利益相关方之间的无界限协创，在这个相互关联的新次元里，才有可能创造出企业追求的丰富的附加价值。

4 竞争和协作

“正因为追求自身利益，才需要协作”，导出这一带有刺激性结论的是政治学家罗伯特·阿克塞尔罗德（Robert Marshall Axelrod）。他推进了被称为“囚徒困境（Prisoner's Dilemma)”的游戏理论，举办了经济学、心理学等各领域的游戏理论专家参加的电脑锦标赛。在两次锦标赛上“一报还一报”策略取得了胜利。它的基本方针是协作，是只在对方背叛的时候才背叛（除此以外是协作）的一种极其单纯的策略。

“囚徒困境”游戏中有两个玩家，双方不能商量，选择每一次是协作还是背叛。不管对方怎么选择，自己选择背叛肯定是获利的，但双方都选择背叛，比都选择协作损失大。这是两难选择的缘由。

游戏不设置最终场。这一点极其重要，要假定双方将来有合作的可能性。

还有一个很有意思的案例，即第一次世界大战初期法军和比利时军队的胶着状态。虽然前线的激烈战斗僵持不下，但还是出现了敌我之间亲密的一面。并且据说在圣诞节的时候，敌我双方还建立了朋友关系，相互留情为对方考虑，还暗中达成了在下雨天休战的协议。

只说明这些，可能会引起很多疑问。开始休战的契机、达成协作的条件、最终协作的倒塌，其理由，即针对这些疑问的回答，本书不再涉及。

“囚徒困境”理论，从日常生活到国际政治场面，都有非常广泛的应用案例。因此，其应用领域不仅在政治学上，还能应用在更广泛的范围上。

在人类社会和生物界的诸多关系中，存在各种利害的对立。个人层面是街坊关系，企业层面是贸易关系或竞争关系，国家层面是扩军竞争或关税壁垒，而动物的地盘等也只不过是其中一例。据说在敌对关系的人之间有可能会发生协作关系并能自发地持续下去。更应该说大家都是利己主义者，所以才选择了协作。

电脑锦标赛中采用的多种策略的结果也颇有意思，最简单的“一报还一报”竟然是最优秀的策略，这一点实在有趣。如果是一局定胜负或是有最后回合的比赛，采用背叛策略的成绩是最好的。但是，在现实世界里，大多数情况是彼此有着长期的交往关系，一般情况是无法判断什么时候是最后一次比赛。从这个意义上也可以说游戏中设定的条件是具有现实性的。

那么，这个理论教会了企业什么呢？同行企业间要超越以往在竞争和协作之间二选一的关系，进入到相互竞争的同时又彼此提携的复杂阶段。另外，企业之间的业务合作，要把范围扩大到销售、生产、共同开发等领域。要在时间上从短期扩大到长期，在内容上扩大到生产、研究开发等伴随有投资的大规模上来。

在此背景下出现的事业环境的变化，就是事业的量增多了，在质上也增加了复杂性，单靠一家公司难以抵御风险。在半导体和飞机、汽车商务中，同样的倾向也很显著。在国际合作关系中，也报道过很多这样的案例，它已然成为了最近的常态。

面对如此复杂的事业环境，企业必须采用边竞争边协作的高等战术，并掌握它的技巧。现在已经进入奔向新型关系的时代。

日常生活中我们经常使用协作这一术语，它的本质是什么？协作只是良好的关系吗？这是绝对不可能的。说句不怕被误解的话，笔者认为，协作无非是利己主义者们赌上性命、战斗到最后的一种高层次的竞争形式。这也与阿克塞尔罗德的结论相吻合。

5　同时满足利益相关方

很久以来都强调“顾客满意”，也强调“员工满意”。并且就日本向来轻视的股东问题，日本也指出了美国式的注重股东的经营方式。“顾客满意”（CS）、“员工满意”（ES），再加上股东满意、地域社会满意及保全环境，实现这 5 种满意的经营可以称为 5S 经营。

到底能不能同时满足所有利益相关方呢？某大型企业的经营者评论道：“就像解出联立方程式一样，这几乎是不可能的。”

图表 9　“顾客满意”要优先于企业伦理、环境、社会吗？(%)

员工数	绝对优先	综合平衡	其他	总计
~999 名	23.9	39.1	37.0	100.0
~9，999	23.5	61.8	14.7	100.0
10，000~	10.5	68.4	21.1	100.0
合计	21.2	52.5	26.4	100.0

在企业现场，如何考虑和应对顾客满意与企业伦理，环境

和社会之间的平衡？就这一课题，下面介绍一个实际调查后很有趣的结果。

在调查中，实现顾客满意时，重视企业伦理、环境及社会之间的综合平衡的企业约占半数，远远超过了绝对优先考虑顾客满意的企业（21.2%）。有趣的是，员工规模越大，绝对优先顾客的比率就会越低，综合平衡的比率就会越高。

而且，调查也问了在利益相关方中顾客所处的位置。整体而言，认为顾客最重要的企业占2/3，压倒了认为顾客是“重要的利益相关方之一”的企业。但是，同样也能看出企业间的不同。

也就是说，员工在9999名以内的组织，认为顾客最重要的比率超过了70%。员工在10000名以上的大企业，认为顾客最重要的比率占42.1%，在半数以下。相反，认为顾客是“重要的利益相关方之一”的比率占47.4%，凌驾于前者之上。

不难看出，大企业更加重视顾客与企业伦理、环境、社会的综合平衡。因为中小、中坚企业与大企业相比，忙于事业经营，更倾向于关心扩大事业、确保收益等身边的问题。

虽说如此，大企业志在长期展望，而中小企业不得不专心于短期经营这一看法，是极大地受到了传统中小企业形象的影响，并不一定反映现状。实际上，小规模的优良企业有很多，也有像咨询业等不把规模大小当回事的行业。

现在不再反复强调顾客的重要性，至今为止都在努力重视CS的经营，由此可以看出过去无视消费者的时代已经发展到现在重视顾客。但是，围绕现在企业的事业环境增加了与以前无法相比的复杂性，把员工满意、股东利益及构成企业经营环境的社会和自然等各种要因看成利益相关方的必要性增加了。不仅如此，实现它们平衡的最佳方案（Optimum Solution）的必然性也正在增加，这是事实。

另外，也能看出员工满意（ES）和顾客满意（CS）之间存在对立。极少有公司在理念上把ES和CS看成两个截然不同的东西，大多数企业为实现顾客满意也会关联员工满意。尽管如此，半数的企业指出实际业务上的联动是困难的。有必要注意这一情况。

在现场第一线提供CS的员工的满意与享受CS一方的利害关系，未必是并存的，更倾向于对立。因为为了提高顾客满意度，与增大劳动密度、加班数量等强化劳动相关的问题，就会在工作中堆积如山。只要不综合考虑，就很容易妨碍联动。

以上，介绍了关于利益相关方平衡的调查结果。尽管在大企业也能感觉到对平衡的优先考虑，但那只不过是在认识的程度上，还远远没有到按照认识去实践的阶段。实际情况是，容易形成对立的员工满意和顾客满意，在实践上没有联动，反而是被割裂的。

满足所有利益相关方的同时实现企业收益的可能性，是本章的主题。展望21世纪，存在这种可能性，但是需要一定的条件，取决于加深关系的利益相关方。换言之，就是依赖于对方是否会选择继续深化关系。

如果选择与自己的基本方针、价值观相近的利益相关方，就可能构建这种关系。除这种方法以外，不存在现实性的答案。在构建这种关系的时候，或许能实现企业和利益相关方的平等关系。21 世纪的关系普遍被认为是以平等为原则的。

本节介绍的企业实情调查，是从 1996 年年末到 1997 年年初，在日本社会经济生产性本部和经营质量协议会的帮助下实施的调查。因为调查对象中有很多经营质量协议会的成员，所以调查的结果与一般企业相比更加先进。

第 4 章

创造经营质量

1 Quality 和质量管理

Quality 是什么?《新英和辞典》(研究社)的解释为:

①质、品质(Degree of Excellence);②优质、高级(High Grade)、优秀;③性质、属性(Property, Attribute)、特质、特性(Characteristic)。

虽然一开头就提到 Quality 这个词,但很明显,它并非是限定在产品这一"硬件"上的定义,而是表示质的方面的全部。我们说到 Quality 很容易联想到质量,但它原本有着更广范围的含义。

那么,为什么 Quality 成为"硬件"这一狭小的质量的同义词?我们不确定它是什么时候变化的,也不明确其中的原委。但是,追寻日本从战败后到现在的发展轨迹,虽然模糊,但仍然能看出其中的原委。

1949 年的 CCS 经营者讲座,第一次尝试系统地呈现日本战后企业经营应该前进的方向。有一个事实浮出水面,即战败不仅仅是因为国力上的优势，还在于美国的科学管理法。

美国在战争时期开发了新方法。不仅在构建战斗力方面做出了贡献，还在这个过程中促进了标准化和统计质量管理方法的实践性开发。另一方面，日本在战前 20 世纪初就介绍了泰勒的理论。引进时间与欧洲匹敌，在其先进性方面毫不逊色。其实践性的尝试也在战争时期持续着，但只是局部的，另外由于战时法规而没有进展。

而且，关于各种各样的关系，尤其是霍桑实验以来明示其重要性的人为要素，美国在战后加速了新理论和实践的进展。所以，日美之间的差距变得更加明显。

CCS 经营者讲座为了让日本企业赶上来并在国际社会中有竞争力，强调了采用管理普遍方法的必要性。也就是 Plan—Do—See 的研究法：从明确目的开始，判明问题点所在，概括计划、管理等一系列程序。

Plan · Do · See 的研究法是从“企业的生存目的是什么”这一基本方针出发，组织立案、管理、运营的经营层面的循环，同时在将其细化的实际业务层面，也能作为实践工具进行采用。在教材中被翻译成“科学处理法”，本书将其命名为“科学研究法”。

CCS 经营者讲座在介绍最高管理层等众多概念上发挥了先驱性的作用。统计质量管理也是其中之一。CCS 的马吉尔、萨若松的先前努力，奠定了戴明、朱兰两位博士在这一领域的权威并一举加速了普及。恰好在这个时候，以朝鲜战争的军需为契机，经济复兴更加起劲，在 1952 年的讲和条约下回归国际社会的同时，日本经济迎来了通过鼓励出口带来高速增长的新局面。

在经济高速增长的过程中，统计质量管理发挥的作用，就像战时美国科学管理法的二次曝光。也就是说，统计质量管理在给经济增长带来巨大贡献的同时，在经济增长的过程中，其方法也得到了显著的发展。这种相互影响的关系，与战时美国对增强战斗力的贡献和科学管理法的进展这个相互关系相匹敌。

战败不久后，日本产品“便宜、劣质”的印象从杂货、服装开始有了很大的改善。20 世纪 70 年代，在电机、汽车、机械等尖端技术领域，高品质与低成本一起对提高国际竞争力做出了贡献。

在这个过程中，我们没有忘记什么吗？这就是我们的大问题。在笔者看来，与质量管理的提高并行，我们忘记了经营的质量。那么，接下来回过头来看看两者齐头并进的来龙去脉吧。

2　为什么经营的质量被忘记

为什么经营的质量被忘记？答案很简单。因为在 CCS 经营者讲座的时候没有时间思考，在之后的经济高速增长时期也没有思考。结果，这个根源性的问题在战后 50 年非但没有解决，还大大膨胀了。在 20 世纪 70 年代之前，日本集中关心产品质量并不断改善；20 世纪 80 年代以后，日本进入了世界超级大国的行列，在一片赞美声中，疏忽了对经营质量的投入。以下补充若干说明。

1949 年，道奇的紧缩财政带来的冲击很大，日本的企业存亡在即，危机不断。对于 CCS 经营者讲座最初的听讲人——通信机制造商来说，因为麦克阿瑟把重点放在修复、完备通信网上，所以与其他产业相比，战后最早得到了快速增长。而紧随其后的是向通货紧缩的转换，这带来了很大的冲击。

无论如何，想要实践在讲座中学到的科学研究法，就不得不优先考虑如何熬过这次危机。

问题就在于高速增长时期。在日本经济实力扩大的过程中，有个时期超过了美国，被称为世界第一超级大国。在美国也能看到“Japan as number one”（日本第一）的表达。日本没有迎合这种风潮吗？在日本的经济增长引起全世界关注的过程中，我们没有太过于强调终身制、论资排辈、企业内工会等所谓“日本式”经营的优点吗？

在经济方面日本自我陶醉于飞跃式加强国际竞争力的倾向已昭然若揭。笔者从 20 世纪 70 年代初到 20 世纪 80 年代共在美国生活了 10 年。1972~1974 年，日本的经济实力还没有那么强大。虽说产品的印象有了改善，但对于普通美国市民来说，日本只不过是亚洲的一个国家罢了。我现在还记得在商学院学习国际经营的一堂课。为了说明美国式管理不是全部，我解释了日本文化和管理的特点，但无论怎么强调，认真听的同学还是很少。或许是没有人听过吧。

1982 年我去硅谷赴任的时候，美国的经济实力已经日薄西山。那时候到处都在谈日本的奇迹，带有冲击力的电视节目更是促进了议论。里根政权时期，美国在强化国际地位方面，把重点放在了强化经济方面的国际竞争力上。正因为 1985 年发表的《经济报告》、1989 年的《美国制造》也是瞄准日本再逆转战略的一环，才发挥了进一步夸耀日本强大的作用。

在美国当地公司上班的员工和顾客，全都想听听“日本式”经营的秘诀。日本的经营未必都是优秀的，美国的企业也不能说全都有问题。如果不偏向一方而是着眼于两者中的长处进行融合，就会成为更加优秀的混合型管理模式。这反而是我们在上演为美国辩护的角色。但美国人却充耳不闻。即使说 1972 年全都在用比较的表达方式，也未必是夸张。

笔者认为，问题在于 20 世纪 70 年代到 80 年代日本的应对上。在经济高速增长时期，日本把精力集中在经济课题一点上一个劲儿地突进。成为经济发展先锋的企业也聚精会神地致力于扩大规模和海外发展上。经营的质量这一课题没有成为管理层主要关心的事情。

的确，企业的社会责任是保护消费者、采取公害对策等方面。20 世纪 80 年代，有很多积极开展慈善、艺术、文化赞助等贡献社会活动的企业，这也是事实。

但是，在保护消费者过程中，仍然不断发生违反法律或接近违法的一条道跑到黑“拼命推销”式的经商方法。关于公害对策方面，企业消极应对水俣病等公害的行为也在持续，到现在还有好多人在白白牺牲。

近年来，与企业伦理相关的话题备受关注。所谓的丑闻，种类各式各样，现在仍然存在不少诸如违反法律等最基本的问题。而且，代表日本的大企业也在其列，表面化的问题只不过是冰山一角。

经济实力确实增强了，但实际情况是经济的高速增长中仍残留着非合理的要素。在追赶欧美的过程中，这些要素不但被保存下来，而且还有膨大的倾向。

经营质量的意味深远。CCS 经营者讲座的“第二章　组织”中指出了董事会的双重作用，强调了企业内部的经营执行及对股东负责的重要性。即受股东委托，而保护其利益的义务。但是，讲座中指出的“监督以董事长为首的经营者的言行举止是董事会的责任和义务”，这一点在日本直至现在都不适用。

日本很少有公司外部董事，即便有，多半也是互相持股的关系，与美国相异。战前的监视机关如财阀集团或主要交易银行等，随着环境的变化逐渐消失了，因此近于一种“无检查”状态。

在经营中，为了提高经营质量而重视股东，或像德国那样采取强化监查委员会功能的方法，无论哪一种都有必要随着经营的透明性来推进，而只有信息公开才能做到经营透明。关于这一点，有极大的改善余地。

在反思 CCS 经营者讲座中学到的东西及遗忘的东西的过程中，我们将尝试引入“和魂洋才”这个词。所谓“和魂洋才"，是明治维新时所强调的，学习西洋技术的根本宗旨是继承传统的大和魂。那时政府是以富国强兵政策为中心，推动了日本的现代化，并迅速赶上了欧美发达国家。日本在重视传统的同时又在短时期内实现了现代化，这引起了许多的关注。

但是，这在经营者讲座中却未必有效。日本在表面上掌握了质量管理的方法，或许也可以说超越了这一方法。但是，企业存在的意义，即企业的根本，以及企业的社会性存在，好像都已经被舍弃了。

3　1972 年的管理质量

质量不仅限定在硬件之中，日本也是在 1972 年才开始这项崭新的尝试。这一时期是罗马俱乐部（Club of Rome）发表《经济增长的界限》，首次对人类历来的成长路线进行认真反省的时代。

在前一年的 8 月，美国停止了美元与黄金兑换，导致进口附加税等国际金融形势发生了急剧变化。就日本而言，日元开始向浮动汇率制过渡，国家还施行计划外的日元升值。不仅如此，自 1970 年春以来逐渐恶化的经济不景气瞬时呈现出更为严重、更为持久的倾向，日本突然陷入了一个极其严峻的环境。

这一形势的舞台是 NEC，主角是当时的经营负责人小林宏治。小林是罗马俱乐部的七人成员之一，可以说他对新范式的到来有着世界级的敏感。他预见到经济增长的界限，无论从量的扩大还是从质的提高方面都感受到范式转移的必要性，于是把公司内改革的标语命名为“质量（Q）作战”。虽然当时已经开始提倡“生活质量”（Quality of Life）概念，但这在日本还是个新鲜事物，从当时的时代背景来看，也是一次极为先进的尝试。我们有必要让这个几乎鲜为人知的历史事实登台亮相。与此同时，还要关注提倡质量的小林。小林作为计算机与通信，即所谓C&C的提倡者而为人所知，在本书中他也是K先生之一。

被命名为“质量（Q）作战”的公司内改革，以下面7点为核心：

①管理的Q　　②产品、服务的Q

③职场环境的Q　　④与地域社会有关的Q

⑤人的言谈举止的Q　　⑥业绩的Q

⑦企业形象的Q

各项都制定了应该注意的要点，并任命了负责人具体推进各项实施，在此我想指出几个重要方面。第一，把质量范围扩大到企业活动的广大范围，视野广阔。关于这一点，正如经营负责人已经明示的那样，预见企业转向的必然性，即改变以往只关注量的扩大，同时还要有助于生活质量，这才是企业存在的意义。我们必须注意其中的预见性。以下是小林宏治的记录：

1996年，我参加了在洛杉矶召开的国际产业会议（IIC），那时将企业最高责任者的职责总结为以下三点：

①经济增长　②社会责任　③持久性

另外，从去年以来就一直在经济同友会的经营策略审议会上探讨“社会所期待的企业形象”这一主题。企业需维持与股东的关系，同时还要对社会各层尽责，在这一系列关系中，企业将如何定位利益呢？最终逐渐坚定信念：有助于“生活质量”才是企业存在的意义。我们整个公司都在进行着质量作战。

第二，上述 7 项是以“管理的 Q”为首位的。我们常常会听到这样的发言，质量作战中的要点在于管理质量。

说到管理质量，理所当然以经营干部为对象，但本项的负责人则明确写道“经营者、各级管理者”，以所有管理人员为对象。这是因为，除非提高整个组织的管理水平，否则很难提高其他方面的质量，同时也很难做到向新范式转移。

质量（Q）作战的第三个要点是对象范围的广度。以上述 7 项为对象来整理一下的话，可以明确今天的利益相关方的涉及面甚广。

顾　　客：②产品、服务的 Q　⑤人的言谈举止的 Q

工作人员：③职场环境的 Q

地域社会：④与地域社会有关的 Q　⑤人的言谈举止的 Q
　　　　　⑦企业形象的 Q

自然环境：④与地域社会有关的 Q

股　　东：⑥业绩的 Q

那个时代当然没有利益相关方这样的观念。无视消费者的销售和随意排放有害物质等行为令世间哗然，消费者运动及追究企业公害责任的趋势日盛，这样的时代背景不容忽视。NEC从创业（1899年）之日起就秉承着“更优生产、更佳服务”的理念。该公司从很早就确立了消除公害及保全环境的认识。从20世纪60年代末就已经开始利用本公司的技术开始了保全环境的业务。

正是因为这些经营具有先见之明，才没有把改善质量仅限定在硬件质量上，而是扩展到广泛的管理层面。

面临未曾有过的事业环境变化，当时许多企业都采取了挽救危机的策略。当时除明确打出质量旗号的实例外没有其他。并且，把管理的质量作为重中之重，将其定位在决定所有质量提高的重要位置上，也是没有先例的。

NEC的质量（Q）作战是对CCS经营者讲座中所学内容的实践，并且实践了其中的精髓。相反，只有这一家公司进行了实践，而未对其他公司产生影响，不得不说十分遗憾。

日本全国普及，即使从1972年算起也需要25年的时间。

4 日本经营质量奖的引入

1995年年末，日本制定了日本经营质量奖。其目的如下：

“本奖是从企业经营全体利益的源泉——顾客的角度出发，为表彰每年具备持续创造新价值的经营结构的企业而设。”

它是以提高经营质量为目的的制度。在授奖审查标准的开头写着经营干部的“理想和指导力”，表明了它的重要性。与指导力相关的事项由以下几项构成：

（1）明确理想、战略、方针

（2）方针的共享、参与策划、渗透

（3）目标、评价

（4）变化的管理

（5）环境条件的完善、授权

回首过往，自 CCS 经营者讲座开办以来，已历经了 50 年的岁月，可以说现在又回归到原点。回归原点，有一定的必然性。即重视经营质量，而不是只顾追求硬件质量具有必然性。

再次将注意力集中在经营质量上，无非是因为企业环境的范式转移。从各个方面都可以看出以前的扩大量产路线已经走到了尽头。向成熟社会过渡时的需求变化，消费者价值观的变化等，不胜枚举。

另外，企业与企业环境的关联性（Relations），变得更加复杂。因为要满足所有利益相关方的要求。

可以说经营质量就是在应对这些环境的过程中逐渐浮出水面的。但是，一旦这样解释，就会发现 1949 年和 1972 年的情况也是相同的。美国设置了一项以恢复产业活力为目的的制度，其中之一就是于 1987 年制定的马尔科姆 · 鲍德里奇奖。该奖项被定位为赶超日本的产业对策，它作为国家荣誉奖在白宫举行颁奖仪式，由总统亲自授予荣誉。接受表彰的企业自然皆大欢喜，只是看看各得奖公司的年度报告，也会感动得口耳相传。

图表 10　质量管理奖等的评价事项比较表

戴明奖	马尔科姆·鲍德里奇奖	欧洲质量奖	日本经营质量奖
企业的方针和计划	指导力	指导力	经营干部的指导力
组织及管理	信息与剖析	方针和战略	信息共有化与有效利用
质量管理教育和普及	战略性质量计划	员工管理	战略立案管理
质量信息收集、传达、利用	人才开发与管理	资源	学习管理
分析	工序质量管理	工序	工序管理
标准化	质量和活动计划	顾客满意度	顾客关系管理
管理	顾客至上与满意度	员工满意度	事业活动成果
质量保证		对社会的影响	顾客价值创造
效果		经营效果	
未来计划			

另外，欧洲于 1992 年设立了欧洲质量奖。这些奖项研究了日本的戴明奖，并设计了超越戴明奖的内容。也就是说，20 世纪 50 年代设立的戴明奖，把对象限定在产品自身的质量上，如今的欧洲质量奖则把视线扩大至顾客满意度上。与此相对，日本经营质量奖是在研究了马尔科姆·鲍德里奇奖后，将视线扩大至整个经营质量，旨在成为该类奖项的最高级别。

日本经营质量奖致力于打造能有望应对新社会形势的企业形象，每年的审查标准也在变化。例如，1998 年度的变更是经营干部的“理想和指导力”的得分比例增加了一倍，更加重视企业的社会责任。这反映了企业伦理的重要性。

把质量的适用范围从硬件质量这一狭窄的领域扩大到整个企业经营的质量，特别追求管理的质量，从这一方面来看，我对日本经营质量奖的期待很大。美国的马尔科姆·鲍德里奇奖，近年来报名参加的企业并不多，但有更多的企业采纳它作为公司内部改革的方法。

总而言之，日本经营质量奖不仅是为获奖所做的宣传活动，我们也期待它成为提高经营质量的根基。

第 5 章

挑战企业伦理

1　企业伦理和“企业的生存理由是什么”

(1) 企业伦理的实现

第Ⅲ部的目的在于阐明 CCS 经营者讲座在今天的意义。其着眼点在于“企业生存的目的是什么”及“关联性”。对企业而言，存续问题才是最大的风险，然而在今天，企业伦理成为左右企业存续风险的重要因素。

我们在第 5 章将以上述企业伦理为题，阐明 CCS 经营者讲座在今天的意义。在此，我们首先阐明“企业生存的理由是什么”。

企业伦理问题，并不是突然才有的。关于它的发展变化，我们在序章中已经概述过。随着时代的发展，企业伦理所关心的焦点也在发生变化。从某种意义上来说，也可以说它在“进化”。也就是说，对于企业的期待或要求越来越严苛了。

在初期的私营商店和工厂阶段，企业与作为企业所有者的个人是同一个存在。也就是说，企业与城市中的邻居并没有什么区别，人们对于邻居的期待及约定的事情等也寄期望于企业。随着企业规模的扩大，除创立者以外的各种要素逐渐融入到企业中。所有与经营的分离，职员的增加，企业办事处的分散、扩大等，都仅为其中几例。随着企业活动数量的增加，对社会的影响逐渐由量变达到了质变。

所谓企业伦理，从根本上说，就是把对个人的道德期待转嫁到企业上。也就是说，它是指精神及物质层面的价值观，从遵守法律到对正直、诚实、担忧、服务等道德的尊重等。

如此说来甚为简单，那么企业为何一直把伦理当作一个大问题呢？这主要还是在于它与企业所追求的利益之间的关系。追求利益和企业伦理之间是相互矛盾的呢，还是追求企业伦理妨碍了利益的实现呢？

本书的观点是不会妨碍。在此我们也想阐明使利益的追求与企业伦理实践能够并存的方法。这既不是空想，也不是理想至上主义。

伦理在个人看来是理所当然的事。个人为了生存就要理所当然地遵守各种社会约束，由此牺牲个人的物质、金钱生活也并非不合理。当然，金钱在每个人生活中所占的比重因人而异，即便如此，追求物质生活的富裕和遵守法律、道德这两者是可以并存的。

但是并存需要几个条件。其中之一，超越道义限制而获得巨大的财富是很困难的。也就是说，即便是通过勤奋努力及创造力的发挥获得物质上、金钱上的富足的这种行为能够得到认可，那种违反法律和背叛邻人的行为也不会被承认。

在企业中，情况也是相同的。因为通过遵守伦理的行动而获得金钱上的报酬这一存在本身是被社会认可的。所谓存在被认可，是指作为个人的独特的存在意义。并不是因为存在就自然会被认可，而后获得金钱上的报酬。如果从个人角度考虑，这一点是理所当然的。因为自身与众不同的特质被认可，所以被支付与其价值相当的报酬。

（2）企业伦理和利益的并存

企业社会普遍存在一种担心：重视企业伦理的话，利益方面不会受损吗？确实有不少企业一直以来都用金钱购买产生利益的机会。例如，产业与政府的勾结，导致先于其他公司获取信息的行为，同时伴随各种形式的收受贿赂。这种现象不仅在金融业和制造业中能够见到，在世界的每个地方也都能见到。

我们首先要牢牢记住，认识到企业伦理和实现利益这一二律背反的问题，无非是站在了过去行为的对立面上。如果说不去做不被社会认可的行为就有可能导致企业无法维持的话，那么我们不得不认为企业所肩负的社会使命已经结束了。

企业仅以企业的形式存在，是不可能自然而然获得利益的。特别是如今这个企业周遭环境发生剧变的“范式转移”时代，所有企业都必须再回到原点重新考虑自身的存在价值。以前确实有许多顾客蜂拥而至，但那已经是过去式了。企业必须要认识到，今天的顾客已经不同于昨天。这便是“范式转移”的时代。

自己的公司对于社会来说是一个怎样的存在？如果保持目

前的状况，这种存在能否持续受到好评？其判断的基准在于能否实现足够维持企业存在的利益，关于这一点有必要认真思考。

很重要的一点是，不能沿着过去的基准假定自我的存在价值。附带说一句，就像所有的人都有存在价值一样，企业也能够找到其独特的存在价值。但是，也不能忘记，我们需要为此付出努力。

地球上的生物历经数十亿年的时间生存了下来。有些物种因难以适应环境而灭绝了，也有不少物种改变自身以维持至今日。与它们的生存方式相比，人类的生存没有任何变化。不用说，企业也基本上没有变化。

在21世纪，所有企业都必须重新认真思考“企业的生存目的是什么”这一基本命题。范式的变化要求企业暂时把过去的成功体验当作零基础，返回原点，并立即开始展开重新明确公司社会意义的工作。这绝不是做一些轻而易举的事情，而是必须把它当作从零出发的重新创业。

考虑“企业的生存目的是什么”这一基本命题的立场，与第Ⅲ部第2章所陈述的创造新附加价值，从根本上来说并无二致。然而，我们在本章想要再次强调的是，在使企业伦理和利益追求并存这一问题上，该命题担负着重要的任务，我们也将明确这一点。

企业为了在伦理上获得高度评价，至少需要具备三个方面的条件。第一，企业能够得以存续。也就是说，必须获得一定的收益。第二，企业必须持有明确的价值观。如前所述，该价值观能够实现独一无二的附加价值。第三，必须明确表示对道德规范的立场。

通过明确宣布针对“企业的生存目的是什么”的方针，以上三个方面的表达才有可能得以统一。

2 企业伦理和“关联性”

(1) 契约伦理

在此我们要考察企业伦理与“关联性”的关系。首先介绍一下无矛盾地融合以下二者的想法，即追求利益的动机，和重视为他人服务、关怀的利他型价值观。

这被称为“契约伦理”，援引自美国初期为新英格兰共同体成员的福祉而制定的社会契约的构想。

契约伦理由以下三个着眼点构成。第一，以创造价值为基本目标。第二，利益和社会回报不是最重要的目标，而是其他目标积累的结果。第三，处理商务问题不是从具体的产品角度出发，而是从关系的角度出发寻找方法。

第一点的创造价值包含各种各样的内容，之前指出的固有的附加价值也是其中之一。另外，将创造价值的重心放在与企业主顾等利害相关者的往来上也是有可能的。不管怎样，在此请注意要将创造新价值作为前提。因为本章提出的第二个着眼点，涵盖在“企业的生存目的是什么”这一课题下。

本章还有一个着眼点“关联性”，正是第三点“关系的角度”。唯一成为约束将来成功的基本问题，即顾客、员工、供应商、地域社会等相互之间建构起来的各种关系。

例如，从如何长期与顾客维持紧密关系这一角度来制订市场计划，而不是从如何售出具体产品的角度。或许你会发现这与我们强调的关联性营销相类似。

“价值的创造并不是由确保业务的产品数量，而是由与各种利益相关方建立的关系来决定”，如果我们这样表达的话，那么它所涵盖的领域不仅是市场，还会继续扩大。

例如，与员工之间的关系是什么样的呢？只有与员工之间保持长期而密切的关系，员工才会信任企业，从而创造出令人自豪的企业环境。与供应商及地域社会之间的长期关系也是同样。

那么反过来我们再回到契约伦理的第二个着眼点，也就是不把利益和社会回报当作目标，而是将其置于结果的位置上。如果得到了利益相关方的信赖和协助，就自然会获得企业利益。这是在长期的关系中实现的，从逻辑上来说也是前后一致的。如果是短期关系，例如如果是一次性的顾客，顾客就会精于算计、斤斤计较，企业也会有相同的言行，这一点不会令人奇怪。

如果把企业伦理定义为不违反周围人期待的行为，那么所谓企业伦理无非指的是与企业周围诸要素的关系。这也并不意味着只要利益相关方不提出异议便可以为所欲为，最低限度是利益相关方不得违背企业的期待。

企业伦理随着企业周围的价值观而不断变化，今后也是同样。因此，以前以符合惯例为挡箭牌，在企业伦理问题上唱反调的都被视为不合情理。

那么，依照企业伦理，为防止问题的发生应怎样做呢？更进一步，要成为一直被社会尊敬的存在，应当如何做呢？

答案只有一个，即维持广泛而密切的各层面关系，能够敏锐地觉察到不同关系人价值观的变化。优先预知变化并采取应对措施是成功的关键。但这并不意味着随声附和，委身于时代潮流。最首要的前提是确立自身的价值观。也就是说，以明确前述的“企业的生存目的是什么”为前提。

那么，这时我们不能忘记，关系是复数，是以我们能够想到的所有利益相关方为对象的。如前所述，利益相关方的利益不仅不是同一的，相反，不一致倒是其常态，因此我们必须注意这一严峻的事态。

这样的话，我们必须从众多的利益相关方中找出重要的对象，以确立长期而密切的关系，因为这是不能避免的最基本的选择。关于这一点已经在实现5S经营中陈述过。

3 企业伦理和信息公开

（1）信息公开

信息公开往往指财务公开，也就是以前围绕公开财务信息展开的探讨。再加上它又关涉到最近的企业丑闻，因此要求财务信息的公正性和透明性的呼声越来越高。

另外，在限制放宽的社会中，对于消费者而言，自身责任变得更加重大，反复斟酌购买的产品、服务等相关信息对于他们来说比以往更加重要。

与这种对外公开信息相同，关于公司内部的信息公开也有多处应该事先明确。更确切地说，企业急需的是公司内部的信息公开，也可以说公司内部信息公开的发展推动着公司外部的信息公开。需要明确的是，公司内外的信息公开，是与 21 世纪所追求的企业形象密切相关的，因此有必要综合把握各种信息公开。

信息公开以前都是从保护利益相关方的利益这一角度出发展开探讨的。但是，为了实现企业自身的可持续且健全的发展，信息公开发挥着极为重要的作用。也就是说，信息公开是遵循企业伦理的可靠方法。

那么，今后的信息公开应如何来做？下面我们将从它与以前的财务公开论的三点不同来叙述。

第一，信息公开的信息对象。以前的财务公开论认为，财务信息的对象是固定的。企业信息公开制度是由商法会计制度和证券交易法会计制度构成的。前者是以保护和协调股东、债权人利益为目的，后者则是以保护包括潜在的投资家在内的所有投资家为目的。

企业活动的多边化和国际化使事业内容变得更加复杂，同时也要求企业扩大公开的内容。具体内容包括，在财务联合、中期财务报表、公开资产的时价估价额等方面，已经按照国际会计基准，提上了实施财务公开的日程。

与此相对，涉及的信息公开的对象范围，不仅包括人事、经营、技术，还包括在经营方面与决策相关的所有事项。换言之，就是提倡由原则上禁止信息公开向允许信息公开的范式转移。

当然，转换为开放网络型经营并不是21世纪突然开始的，但趋势已经在朝着那个方向加速发展了。其中，以前禁止信息公开的原则出现了不合理性，大趋势要求确立信息公开的原则。

也就是说，为发挥竞争优势，需要在信息公开方面改变基本态度。以前往往采取内部封闭型的基本立场，现在则是毅然决然地转向外部开放型。换言之，就是由禁止信息公开原则转向信息开放原则。

与之相关，还有必要简单了解一下反不正当竞争法，即禁止对其他公司营业秘密的一切不正当的侵犯行为。该法是1994年制定的新法，它遵循以前的禁止信息公开原则。如果按照以前的原则，所谓好的企业是指尊重并绝不触碰其他公司的营业秘密，同时本公司员工也必须始终履行保密本公司营业秘密的义务。结果只会促进相互之间的信息封闭，绝不会在信息公开这一方向上达成一致。

第二，信息公开的对象范围。财务公开论中将公开对象限定为股东，信息对象限定为财务信息，两者是相辅相成的。与此相对，在本论中将对象扩大至所有利害相关者。也就是除股东外，还包括员工、用户、消费者、地域社会、同业界其他企业、供应商、工会、政府机关、自治团体等广泛的对象。

员工涉及的信息对象的范围很广，而用户则仅涉及商品的安全性及未来商品计划等，其中最主要的是与所提供的商品、服务相关。但是，与企业所追求的企业理念和事业战略相关的信息，今后会更加重要。因为现在已是用户选择企业的时代，我们能够预测到其选择面之广及复杂程度。如绿色环保企业、灵活应对第三世界的人权、地域社会的企业等，选择这样的企业的时代马上要来临了。

强大的企业，对于本公司科技的公开并不会持消极态度，对同业界其他公司的信息公开也会给予肯定。这是笔者在标杆管理活动中所经历到的，如下所示，这种经历不止一次：

“无论多少我们都可以教您，但是贵公司恐怕无法模仿吧。”

隐瞒自己公司真实情况不单单因为它是秘密，很多情况下是公司的真实情况比对方差得多。说出上面那句话的企业，已经达到了可以把公司实际情况公布于众的水平，即便公布也不会丧失优势，他们具备这样的自信。

另外，就一般情况而言，笔者还想追加一点。如果能提供实际信息，总会以某种形式回馈一些信息的。保持信息实时更新，在信息管理中具有决定性的重要作用。信息应始终贯彻相互让步的原则。因此，要想获得好的信息，最有效的做法是积极地向外界发送信息。

第三点最为重要，即信息公开的目的。财务公开论将保全股东利益作为目的。相反，本论则将保全利益的对象划分为双重构造。即一方面有意识地保全相关利益者的利益，同时将保全企业自身利益作为目的的一部分。这一点是极为重要的。

在此我们从企业自身利益这一点出发来考察信息公开。对员工公开信息，也就是通过公司内部的信息公开，员工对自己所处立场及企业环境的理解度会在质、量两方面有所提高，这不仅调动了他们的积极性，企业的中枢与基层（正确表述应为“尖端”）之间的配合度也会显著提升。可以毫不夸张地断言，如果没有这些公司内的信息公开，被称作 Empowerment 的权限移交及让公司充满活力等都难以实现。

(2) 开放政策

接着，在与同行业其他公司的关系中，以前都将对方当作竞争对手。由于这种意识过于强烈，信息封闭的倾向也极强。但是，随着向开放网络型的转变，与其他公司合作的必要性急剧增强。在具备核心竞争力的经营中，运用其他公司的经营资源也是极为重要的。与其他公司的关系从一味的竞争，转向了“一面合作、一面竞争”这一高层次的战略。

通常情况下，为了追求最适宜的合作对象或设计如何活用其他公司资源，有必要尽可能敞开本公司的状态。不仅是信息，本公司今后的发展方向也要向外部展现出来，还要努力表现得容易被人看出。这对于促进相互合作是个极为重要的条件。

那么，关于地域社会又是怎样的呢？与环境保护相关的日常“公报”活动因直接关系到地域社会的利益，所以得到了肯定。但是，除此以外，如果也公开包括本公司的活动和未来战略，不仅能加深对包括自治团体在内的地域社会的理解，还关系到危机管理。

美国东芝就是这样一个典型案例。该公司因巴黎统筹委员会[1]问题受到打击时，以达拉斯为起点展开了拥护运动，于是制裁东芝的法案就被否决了。其背景就在于平日通过地域活动与地域社会建立的密切关系。

企业和利益相关方的关系未必总是友好的，实际上大多是利益上的对立。也正因为如此，维持和提高合作关系就更有必要了，信息公开便成为必要条件。

---

① 巴黎统筹委员会：英文名是 Coordinating Committee for Export to Communist Countries，是对社会主义国家实行禁运和贸易限制的国际组织，正式名称为输出管制统筹委员会。

第 6 章

寻求经营的本质

1 范式转移

所谓“范式”，可以认为它是“对于那个时代普遍存在事物的看法和结构”。

旧范式下的人们在面对新问题而无法从过去成功体验的束缚中摆脱出来时，就会产生新的范式。在空间中，它会从末端、狭窄之地产生；而在政治中，则会产生于旁系。从时间上来说，它会先行于时代，或者说因为它走在时代的前列，所以往往被主流忽视。

不久后，成功的新范式会继续扩大，以致支持者、实践者不断增加，与旧范式的对立和混乱也日趋激化。于是，曾是少数派的新范式，会占据新时代多数派的位置。

日本在国际社会中所处地位相对低下，绝不仅是因为泡沫经济破灭所带来的冲击。相反，以五五年体制崩溃为代表的社会经济基本结构的构造变化，才是范式转移最根本的原因。

范式转移一词有两种意思。一是指环境的客观变化，这是基于评论家立场的用法。二是指为应对这种环境变化，主体所采取的行动，这是基于实践立场的用法。

对于展望21世纪、希望企业能够迎来崭新形象的我们来说，当然必须置身于后者的实践立场。我们要主动地转换范式，明确其结构（引擎）和资源（能源），尽早地做准备。在此笔者想要强调的是，范式转移的可能性极大。

所谓的“日本式”经营结构，以前在产业界被认为是竞争优势的原动力，今后会转化为缺点，这样的忧惧正在逐渐增加。另外，从业种方面来说，推动日本产业发展的汽车、电机等组装加工产业，其成长的中心正在向以信息技术为核心的多媒体转换。

日本的产业会失去领导世界的能力吗？我并不这么认为。现在产业界需要的是新观念，从更本源的层面上来说，是急需持续创造新观念的能力。能够象征其重要性的是计算机领域的微软、英特尔现象。收益的根源是由生产硬件转向了Windows（微软公司）、奔腾（英特尔公司）等美国企业。而且，硬件生产的国际优势已经转移至中国台湾地区。这种依靠软件获胜的本质，正是观念。

同样，围绕企业存在方式的国际标准的议论十分活跃。甚至有悲观论认为，世界标准一直被盎格鲁撒克逊模式主导。但那是世界趋势吗？我不这么认为。贯穿21世纪的经营设计，一定是自然形成且最适合于新范式的形式。比美国式和日本式的经营更重要的是，日本能够最先公布通用于全世界的经营设计。

在传承并发展经营者讲座中提到的统计质量管理的过程中，很多时候都在把 QC 循环活动，即所谓日本式质量管理当作典型来大书特书。我过去常常在想，如果推动者一开始并不是学习汉字的国民，或者受佛教、儒学影响的国民，应用起来就会很勉强吧。也就是说，使用汉字的国民为了记住难解的汉字而十分热衷于教育，如果不是这样的国民，这个 QC 循环活动就很难落实下去。不过自从了解了不同国家一时成功的实态之后，笔者改变了想法，赞同石川馨所述：

“十分人性化的 QC 循环活动认为，只要是人，就有可能适用于全世界的任何一个国家。”

在 20 世纪 80 年代“日本式”的经营备受瞩目之时，往往会过于强调日本的特殊性。日本被认为是农耕民族，季风气候、有风土特征，因单一语言而重视意会（确实，如果要指出特殊性，还有许多其他的特殊性）。

但是，国外的看法姑且不论，我们强调的不应该是日本的特殊性，而是“日本式”经营的普遍性。也就是追求日本乃至全世界各国通用实行的可能性，然后再谈其具体方法。这样的步骤您听了或许会觉得有些奇怪。

如果强调普遍性，就有可能被广泛普及。相反，如果强调特殊性，就只能产生妨碍普及的结果。修正主义，即所谓日本异质论，在一段时期内颇受瞩目。美国向全世界宣称：日本与西欧的根本性质不同，必须据此应对日本。回想一下，这一起因正源于日本人自身。

在设计 21 世纪的经营之际，不要重复犯错，必须在考虑全球化普遍性的前提下继续前行。

2　21世纪的远景

在设计21世纪企业的经营之际，需要想象一下企业今后将会面临的事业环境。企业周围事业环境的变化，无论从质的方面还是从量的方面都异常显著，日本的主要变化可以总结为三点。

(1) 开放网络型经营

在发挥企业间竞争优势方面，已经不停留在个别企业之间竞争的水平上，而是增加了企业联合伙伴间的竞争。它是以包括电子学，特别是半导体等典型的技术革新发展及投资规模的巨大化为背景的。也就是说，仅由一家公司来承担制造，所需的投资额巨大，风险也过高。因此，在过去曾是竞争关系的企业之间开始了超越国界的企业合作。在信息通信业或航空业界也是同样，除了单纯的竞争外，协作的面在扩大，并且既竞争又合作的复杂关系也成为了常态。

此外，最近在强调具备核心竞争力的经营，可以说这与以上所说的有共同之处。也就是说，把整个经营资源注入对于本公司事业极为重要的技术、知识、功能等方面的强化中，其他领域无须自我强化，而是积极地运用其他公司的资源。具备核心竞争力的经营，换言之就是与其他公司合作。

这些都表明重视与其他公司联网的经营战略的重要性，也暗示着网络型经营将成为21世纪企业的方向。

美国西海岸的智慧谷（Smart Valley）、活跃在意大利的中小型企业等，都可以说是网络型企业的典型。美国重新激活产业，在很多方面都是向1980年前后的日本企业学习的，网络型也不例外。

日本虽然以前都是网络型的，但其显著特征是把关系主要封闭在企业团体内部。由封闭型转向开放型是今后转型的方向，能否将日本企业的弱项变为强项，是当今的课题。

（2）自立性与个体确立

在日本，以前都是以企业为主，个人从属于企业。而在今天，我们能看到摆脱这种所谓企业人的现象。尽管还处于摇篮期，也可以说处于难产阶段，但基本方向已经确立，没有后退的可能了。其根本的原动力还在于自立性与个体的确立。泡沫经济破灭后，以公司重组为名的大量裁员行动中，确实加速改变了终身契约和年功序列。但是，这些变化在经济高速发展期已经开始了，这一趋势在根本上是以价值观的多样化为基础的。

作为一名职业人自立，成为比以往更重视个人能力提升的重要原因，也促进了人们有意识地去做职业规划。我们突然跃入了一个唯有高度专业能力的人才才能生存下来的时代。另外，随着终身契约的瓦解，转行、多属性或许会成为今后备受关注的关键词。所谓多属性，指的是同时隶属于不同单位的状态。

下面，我们来思考一下提高个人能力所需的环境。下面美国的报告以供参考：

“许多企业并不阻止信息的传播，有时还会让员工公开发表信息，或者鼓励他们在技术性的学会上发言。”

劳动流动性颇高的美国，在预防信息泄露方面是有限的。另一方面，员工在公司以外的发表可能会有以下优点：

（1）通过交换信息而获得最新的技术知识。

（2）通过在公司外部发表建构网络。

（3）提高自身士气。

（4）改善自身形象。

（1）~（3）对员工和企业双方都有利；而（4）主要是员工享受的福利，这对于企业来说是有问题的。写明自己的成果，对于在同一职能领域的劳动市场推销自己十分有效。但是，对于企业来说，却有可能存在优秀人才流失的风险。

在面临信息外泄、人才流失的双重风险的情况下，为何企业仍在鼓励发表信息呢？那是因为，公司通过“热衷于提高技能、提高士气”这样的评价在提高企业的声誉，进而成为聚集人才的原动力。提高士气是成为一家优良企业的重要条件。

通过与异己者相遇，刺激了自身的智慧，发挥创造力的机会也会显著增加。在与公司内部很难得到的着眼点、企业氛围、见解等的接触过程中，激发灵感、发挥创造力，这在今后会更加受重视。并且，日本比美国更加切实地需要这一点。从历史中我们也可以看到，12 世纪欧洲觉醒期的修道院，产业革命期的咖啡馆，江户时代的“连”，或者美国西海岸，现代亚洲等，在混乱状态的交叉点上进行创造的行为，无论东、西都不胜枚举。

当事业环境的剧变成为常态，能够生存下来的企业应具备怎样的条件呢？一言以蔽之，即不断进行范式转移的企业。也就是说，是在应对环境变化时，具备一种能够自律选择合适行动机制的企业。企业和企业成员都要求企业能像其企业理念所标明的那样，在坚持基本方向的同时，灵活地行动。

为了让统一性和灵活性毫无矛盾地并存，需要整合性的组织。因此，对多样性、独创性的高度褒扬也不是偶然。

虽然日本企业很难适应像美国那样的高度的劳动流动性，但我们必须想到，日本在今后也会朝着这个方向不断发展。在美国经商的当地日籍法人，不得不面对本公司员工的流失，并且正在认可这一现象。但是，对于一旦跳槽又想再度回来的员工，多半从心理上都不会再次雇用他们。其深处潜藏着“离开公司=背叛”这样的想法。这才是封闭型心理的典型，有必要意识到这是一项需进行自我改革的事业。

(3) 国际标准

作为21世纪企业的重要条件，最后我们有必要指出的是与国际标准的契合性。谨慎起见，我想提前强调一下，这不单意味着被动的适应，由日本主动地发布供世界通用的标准这个方面也很重要。

企业活动在销售、生产、设计、研发、人事、财务等全面实现全球化的过程中，跨国企业活动对东道国的社会经济产生的影响显著提升，相互之间的关联也比以前更加广泛、更加深化。当然，对于本国企业的评价很严格，而且评价必须以东道国等受影响的一方为基准。

话说回来，所谓国际标准意味着什么呢？我们要注意，美国标准并非国际标准。现实中，有许多世界标准是由美国发布的，像 ISO9000 系列那样的欧洲主导型也不在少数，也有像会计标准那样在欧美之间不断调整的。就像所见到的事实标准那样，所谓标准，并不是理论上正确的东西总能取得胜利。这也是为什么总会有人嘲讽说："不是正义胜利，而是胜利者是正确的。"事实标准确实具有政治立场。

国际标准之所以在本国企业中寻求公正性和透明性，看看海外对近来企业丑闻的评论便可知晓。我们有必要深刻地认识到，全世界都在对日本的资本主义落后性进行集中批判。面对批判不应采取被动应对的对症治疗法，而应认识到这是具体呈现 21 世纪应追求的企业形象的绝佳机会。

公平性就不用说了，在透明性上，也希望企业不只是停留在过去对于股东的财务公开（公开财务信息），而是能大胆地公开信息。另外，透明性需表现得显而易见。也就是说，协作是企业得以成立和发展的必要条件。

3　目前所需的 K 先生

围绕 CCS 经营者讲座，本书已经介绍了许多先辈。我们以科学研究法为着眼点挑选了几个人，并命名为K先生。K先生不是某个个人，而是作为多重群像在本书多处出现，他们为推动历史发挥了重要作用。

从战时至战争刚刚结束期间，日本出现了许多K先生，这其中有什么特别的时代背景吗？尽管在1949年出现了许多K先生，但在作为21世纪入口的今天却没有出现，这是为什么呢？

1949年，日本急需在战后废墟中重建企业和国家的领导。极端一点说，K先生们集中出现的理由就在于此。相比较而言，今天日本却没有那样的危机意识。只要人能够真正地感受到必要性，就能够得到想要的结果。

本书所剩的篇幅不多了。本应迅速进入结论部分，但在此我还想简单陈述一下日本在战后不久想出来的新经营设计。1947年经济同友会发表了资本主义蓝图，它比欧美的新观念领先10年，这表明我们的先辈们具有先见之明。

经济同友会的会长大塚万丈的《经济民主化及其具体方案》论文是在1947年初春发表的。在经济同友会中，除经济复兴会议外，其内部还设有“企业民主化研究会”，从一个全新的观点研究了企业形态的民主化。

关西经营者协议会的机关杂志《经营者》在1947年3月号上刊载了这篇论文，把分离资本和经营、设立经营协议会作为基本前提。而后，诞生了备受各界瞩目的“修正资本主义”这一概念。

在此，股份企业的民主化需以经营协议会制度为中心进行，立足于这一基本认识，并让劳动者和经营者在经营协议会享有同等的表决权，借此得以确保最大限度的责任与合作。只有这样，才有可能期待资本、劳动、经营达到三者鼎立，相互牵制。

研究会围绕该论文做了进一步研究，其成果发表在题名为《企业民主化试行方案：修正资本主义的构想》的宣传册上。董事的选任也是资本、劳动、经营三者的议决权等一般性原则的对象范围。需要注意的是这里的经营意味着职员。通常情况下，经营者由职员团体选任，董事由最高层的经营职员集团选任，它作为真正的中层阶级在企业的民主化中扮演核心角色。

还应注意的一点是企业大会。企业大会是承担最高决策功能的机构，由经营者代表、股东代表、劳动者代表构成，三者人数相同。另外，股东大会要选任构成企业大会的一定数量的股东代表及监查人，并且在必要的时候设立能在企业大会上表达股东意愿的机构。利润分配遵循经营、劳动、资本三者平均分配的原则，实际上的协调则全权委托企业大会。

以前都是由经营协议会承担执行功能，如果再让它任最高决策机构，在其性质、运营等方面都会过于繁杂，因此才成立了企业大会。虽然这一构想尚未实现，但劳资协议制的实施为生产性本部所继承。

在此需注意的是，大塚方案是全世界首次提倡劳动者参与经营这一构想的先驱。即便在欧洲，也有制订经营参加法的动向。其先驱是西德的《劳资共同决定法》，也就是1951年制定的《煤炭、钢铁业共同决定法》和1952年制定的面向一般企业的《经营组织法》。因此，大塚方案要比欧美先驱们的构想领先。

即使在50年后的今天，大塚方案仍不失新鲜感。作为21世纪令人期待的公司治理构想之一，值得被充分探讨。

我们不能忘记，日本曾经存在像这样领先时代的构想。因此，只要具备条件，21世纪的新经营设计，将由日本率先构思，并且很有可能向全世界普及。

所谓的必要条件，也不是什么难事。一言以蔽之，即科学研究法。科学管理法的传统经历了由战前至战时的一段黑暗时期，在战后的土壤中开了花。此前的经过，正如读者所知的那样。

所谓科学研究法，即立足于事实，在经济方面运用合理的、道德的思维方式。通过这些基本行为，自太古以来就常常产生出新的概念。阿基米德是如此，伽利略也是如此，牛顿也不例外。这种方法在将来也会继续传承下去。

特别是在西欧，意识到以二分法为特征的西洋式思维之界限的呼声日益高涨。现在正是扫清东洋哲学与西洋哲学之间的障碍，构思新设计的时期。而舞台就在亚洲的一隅。

终　章

回归原点

1　不易与流行

(1) 向美国学习的科学研究法

CCS 经营者讲座在半个世纪以前，给日本带来了难以磨灭的影响。1949 年东京和大阪初次听讲的 44 名听讲人，紧接着自己做讲师普及讲座内容。特别是加藤威夫和井上文左卫门，他们除了在公司内部做讲座外，还数十次在日本全国各地巡回讲座，为讲座的普及做出了贡献。

另外，教材也颇受好评，第一版的纸质本磨损严重，增印也无法满足需求，甚至发行了第二版（合订本）。当时在 DIAMOND 公司担任编辑的家边壮之助如此证言道：

“真的是有太多人读了。价格很贵，从当时的常情来说基本上是普通书籍双倍的价格，真的是时代所需的内容啊。之后发行的霍顿等人的《高层管理》，实际上也卖出了 10 万册以上。而后就向德鲁克时代迈进。可以说 CCS 经营者讲座在带领日本步入德鲁克时代的过程中，充当了引路人的角色。”

直至今天，德鲁克在日本仍然吸引着众多读者。另一方面，CCS经营者讲座已经成为被遗忘的存在，或许有不少读者是通过本书才初次知道它的存在吧。

松下电器会长松下正治把50年前的教材置于手边，他发行了再版书期待与年轻的一代共享。我问他为什么这样做，他回答道：

“在思考21世纪的经营时，我认为即使业种和时代发生了改变，也还存在着不易与流行。在CCS讲座中学到的内容即为‘不易’。在技术如此进步、社会形势如此变化的情况下，企业必须跟随时代进行应对，即‘流行’。或许‘流行’在其中占据了大部分，但经营中绝不可没有‘不易’。

如果仅认为盈利就好，企业会难以维持下去。企业哲学中必须有‘不易’。

CCS经营者讲座中萨若松所讲的，是不会随着时代的改变而改变的。必须要一直贯彻下去。‘不易’的要点即企业的目的、经营理念及对利润的看法。另外还有，企业不是单独存在的，合作公司、代理店、消费者、供应商等都是联系在一起的。”

所谓“易”，是指变化的事物或者说改变了的事物，所谓“不易”指普遍不变的事物。着眼于超越时空的普遍性确实意义重大。在经营者讲座里讲授的许多事项中，也有不少普遍适用于经营的原理和原则。因为它们不失新鲜，常给我们带来新的发现。

另外还有一点无须重复，就是需要高度的鉴别力，能够严格区分普遍不变的部分，和因业种、时代及场所等环境条件而发生改变的部分。

（2）自我领会的科学研究法

松下电器的创始人松下幸之助的经营哲学，是在日本国情下开花结果的合理主义，从这个意味上来说有很多应该关注的地方。该公司的事业部制度起源于 1927 年电热部的创设，而成立事业部制度的组织是在 1933 年。这是在无法获知美国先例的情况下，根据需要独立思考出来的。

因为该公司的经营理念是在 1929 年确立的，所以我们可知它是与事业部制度的引进同时进行的。松下幸之助指出："推动事业经营，最根本的在于确立经营理念。"我们可以在他确立的经营理念中找到其经营观念的最大核心。在此，所谓的经营理念就是对"该公司为何而存在？经营是以怎样的目的和怎样的方法推进的？"问题的基本看法。正是因为以正确的经营理念为根基，经营才有了灵魂，这是松下经营理念的主要内容。与 CCS 经营者讲座的信息正相契合。

1945 年 8 月 15 日，也就是战败的第二天，松下幸之助紧急召开了经营方针发表会。会上，他呼吁骨干职员："我们必须正式兴起原来的和平产业，大量生产生活必需品，寻求日本的重建之路！"于是在 1946 年 1 月的经营方针发表会上，提出了高薪水、高效率、专业细化、提高技术等大方针，制定了当前的目标，内容如下：

"我认为本公司的产品是以大众为本位的，在实用方面是日本第一，在质量上也是日本第一。”

本书所谓的科学研究法指的是合理的思维方式及其实践，并不仅限定在引进欧美各先进国家的理论和方法上。松下公司在没有接受先进国家影响的情况下，进行了先进的实践，从这个意义上来说，应该受到高度评价。从这一观点来看，由松下幸之助带领的该公司实践，也必须包含在K先生的群像之中。

2　来自不死鸟[①]的启发

（1）美国可以，日本为何不行

1980年6月24日晚9时30分，美国的NBC播放了名为《日本可以，美国为何不行》的电视节目。

这档节目首次向美国市民介绍了萨若松、戴明博士、朱兰博士在日本所做的献身活动，是唤起全美产生重新激活产业这一问题意识的纪念碑。

20世纪80年代，美国为了摆脱困境，调动身边的一切资源，实现美国的新生。他们向日本学习，着眼于“日本式”的经营，在不顾一切地努力之后，终于成功地激活了产业经济。同时还引入了运用信息技术的各种革新技术，进而明确区分了要维持的、要丢弃的及新引进的内容，在短时期内施行了焕然一新的管理。于是美国复苏了，就像不死鸟一样。

不过，实现全新美国的蓝图，并不是从一开始就在理论上

---

①　不死鸟：菲尼克斯（美国城市）与不死鸟在英语中的发音相同，这里有一语双关之意。

描绘好的。当然，美国一直在朝着这个方向努力，但另一方面，企业现场也在做着无数次的尝试，正是所谓的反复试验。从试验中找出成功案例，而后普及开来，汇集成巨大的自我改革潮流。

日本能够做到的，美国不可能做不到。如果是这样，那么美国能做到的，日本也不可能做不到。特别是战后 50 年的历史，展现了日本成功追赶发达国家的轨迹。不放弃，也不乐观地安于现状，现在正是日本集中所有智慧和才能，寻找活路的时期。

在直面困境的时候，解决方法只有一个，那就是回归原点。回到原点，平心静气地回首过往，方能找到活路。抓住问题的核心、把握事实，是科学研究法的常规。

过去为何有可能做到呢？不是无视环境条件的变化，而是通过回归原点加深自信，明确如何应对新的环境。但是，必须嘱咐诸位，这种回归原点并不意味着去模仿过去的成功经验。环境条件的变化不允许企业被过去的成功经验束缚。回首过去抵达成功的轨迹，在与环境条件的关系中找出成功的原因，才能让企业走上活路。

我们能够回归的原点不止一个。有的企业是以创业的时间为原点，也有不少企业认为应在复兴之祖那里寻求原点。总之，目的就是正视今天的困境，激发摆脱困境的智慧，发现获得能源的源泉，尝试一切能够达到此目的的方法。

从以上观点来看，CCS 经营者讲座作为原点之一，具有值得回首的重要价值。正如本书中我们已经明确的那样，半个世纪以前从CCS经营者讲座中所学的东西，有不少已被遗忘了。通过综合性地总结，我们才清晰地看到过去50年来日本走过的轨迹。学习了什么才取得了成功呢？相反，忘记了什么才导致失败的呢？成功并非事实，而失败也同样不是事实。只有两者合为一体，实际情况才能变得明晰起来。

今天的困境比战后复兴期更加严峻。因为没有供追赶所需的样本。可以用“没有航海图的航海”来表达它的难度。因此，仅仅回首战败后的重建经验，所获得的东西并不多。但是，一般认为，通过全局把握成功与失败，就能从历史中汲取教训，这将给今天的我们以不少启示。

美国可以，日本为何不行！

美国在20世纪90年代初复苏了，接下来日本能否像不死鸟一样重新恢复元气呢？这取决于我们自身的选择。

（2）历史在重演

CCS经营者讲座始于1949年，其中心人物萨若松、普罗兹曼、波尔金霍恩等人中，只有萨若松仍健在。普罗兹曼20年前死于一场交通意外。听讲人中仍然健在者屈指可数，虽说是因为时光的流逝，但真的令人感慨颇深。50年的岁月确实是沉重的。

但是，比这更令人感到沉重的，难道不是萨若松给我们的信息吗？他在过去的20年间，多次出现在公共场合。其中，笔者从内容上最想关注的是1948年西堀荣三郎和唐津一迎来萨若松，三人一同进行的对谈。在1984年10月号的《标准化与质量管理》中，萨若松严格区分了质量中的生产质量与设计质量，进而就这两种质量展开了论述：

“我常想‘质量’问题不仅包括生产，还应扩大到观念上的质量。……我认为，我们下一步要考虑的就是‘质量’的发展问题。我们现在必须深入思考未来的质量、未来的质量管理会变成什么样。”

如上，萨若松把质量的对象由生产质量和设计质量扩大到事业、商品的观念上，而后强调经营质量将会愈发重要。其主张与本书第Ⅲ部分指出的内容相符合，然而作为泡沫经济前夜的发言，其先见之明应当得到高度评价。与此有关的更重要的信息如下：

“我认为现在令人恐怖的是历史的重演。”

战前的日本产品粗糙且评价非常低，那是企业在打入市场时仅优先考虑自我利益而不顾消费者利益所导致的结果。战后历经 40 年，当时日本的经营确实有完美的一面，但如果不考虑经营的质量，仅追求利益的话，有可能再次陷入危险的境地。

20 世纪 80 年代中叶，日美两国之间的贸易摩擦愈演愈烈。萨若松感到日本企业的行为有可能陷入一味追求利益的危险境地，所以忠告日本企业不要重复与战前相同的历史。

本书已经多次反复提到，企业的目的并不仅止于追求利益。很显然，萨若松是想重新指出要回归 CCS 经营者讲座的中心课题这一原点。

萨若松为本书寄来的致辞（参照序文），也贯彻着同样的主张。他从现居地亚利桑那州的首府菲尼克斯郊外发来信息，警诫我们不要重返历史的错误，并指出了回归原点的重要性。而通过回归原点，日本的产业经济也越发置于一个更高的层次，我们期待并且确信日本会像不死鸟一样复苏。

3 新的旅程

本书执笔之际，笔者尽可能地尝试对相关健在者进行采访。当然，采访对象多已高龄，他们关于半个世纪以前的记忆多少有些模糊不清，这都在情理之中。然而他们都异口同声地谈及方针，并记忆犹新。

以下是前田幸夫（原三菱电机常务）的感想：

"CCS 讲座中最令人印象深刻的是公司方针。我深刻地感受到经营者通过方针进行经营的重要性。当然在当时，经营的基本方针尚未确立。正因为基本方针没有确立，所以会反复犯同样的错误，质量也难以提升。在 CCS 学习基本课程的过程中，我学习到了该问题。"

本书中多次出现的西川仪市（原西川电波董事长）一开口便热情洋溢地说道：

"公司要如何为社会做贡献，获取报酬应当是贡献的结果。方针就是要明确这一点。讲座在这一问题上花费了相当长的时间。与质量管理的重视度是基本相同的。因为所有问题都是由方针派生出来的。"

事务局负责人泷本浩（原日通联调查部部长）如下感

慨道：

“没有比第一天的时候更身心疲劳的了。这是因为讲座是用我不太能听懂的英语讲授，再加上第一次接触到在日本难得一见的方针，于是想要竭尽全力地理解，所有的神经都紧绷起来了。”

CCS 经营者讲座从第一天就提及了管理这个基本命题，现在回首仍感意味深长，同时也极具象征性意义。

本书反复论及的“企业的生存理由是什么”这一课题，对于企业来说是一个终极且永远的问题。试想一下，所谓自我的存在目的，是一切生物必须持续直面的问题，说它是永恒的课题也不为过。与人思考为何要活着一样，企业也必须常常玩味这一基本命题。答案不是唯一的，它必然会随着环境条件的变化而产生巨大的变化。

与地球上生存的所有万物相同，企业也是环境的产物。因此，对于“企业的生存理由是什么”这一问题，不可能有独一无二的绝对答案。随着时空的变化，生存目的的变化反而成为一种常态。

从这个意义上来说，CCS 经营者讲座在开始提出的问题，不仅在现在不会褪色，就是在将来也不会失去其新鲜度。这是今后乃至永远需要不断思考的最基本的命题。

1949 年，正值日本从战败的废墟中再次恢复之时，呼吁该命题的声音四起。尽管听讲人对这一崭新的问题表示疑惑，但他们都在认真地思考、探讨，并努力找出其意义。

如今即将迎来 21 世纪，作为基本命题，它依然很重要。

随着问题堆积如山、企业周围的环境加速变化，“企业的生存目的是什么”这一课题的重要性反而越来越大，正如我们已经叙述的那样。关于站在新角度提出问题这一点，我们没有必要重复了。

但是，50 年的时间间隔带来了根本的不同。1949 年工作刚刚起步时，有许多老师热心地教我们，也有许多应该学习、追赶和超越的先进模范。

相比较而言，这两者在今天的我们中间都不存在了。因此，我们不能保持受教的被动态度，而要主动地设立课题。我们必须自觉意识到眼前存在的命题的重要性，然后致力于其中。另外，在回答方面也显然存在同样的问题。

在面向 21 世纪这个新起点上，我们需对 CCS 经营者讲座上提出的基本命题做自问自答，从现在开始新的旅程。

结　语

泰坦尼克现象

距现在半个世纪以前，CCS 经营者讲座因相关人员的热情得以实现，它成为昭和时代许多人学习现代管理的舞台。但是到了今天，它已经尘封在当时有限的相关人员的记忆中，不久之后还会面临被遗忘的命运。

在 1999 年这个值得纪念的时间里，我们又重新发现了 CCS 经营者讲座在今天的意义和作用，它是展望 21 世纪的指南针。对于书写者们而言，这一过程就是精心地追溯过去史实的同时又认清 21 世纪的多面思考的过程。

我在西方搜索萨若松、普罗兹曼等 CCS 方面当事人的信息，在东方搜寻健在的听讲人。为确保正确性，确认了实物教材。为了弄清当时所有经营书籍与 CCS 经营者讲座之间的相互影响，还进行了搜索实物，确认当时的执笔者、翻译者、出版工作者健在与否等工作。

“你们所做的工作就像泰坦尼克一样”，这一评价令我惊慌。做此评价的是岩佐文夫先生，与其说他是本书的编辑，不如说他是一起工作的工作人员更为合适。说起《泰坦尼克号》，是笔者执笔时颇受好评的一部电影。虽然没有看过，但我知道它描绘的是在一艘即将沉没的豪华邮轮上一对乘客之间的爱情故事。我们这项执笔计划的下场也是沉没吗？这偏偏是一起工作的工作人员的评价。

但是他的评价趣旨是显而易见的：

“看了那部电影，我发现了一个解开谜底的要素。我认为，正好与我们奔走于各个图书馆之间，寻觅健在者，探索史实的过程一模一样。”

当然，有的观众只是欣赏电影的表面，有的观众则想要知道它的过程。想到这，我决定在本书的结语部分收录一些采访时的小故事。

五十年的尘埃

早期我就已经确认过 GHQ 文书收藏于国立国会图书馆，因为我接受了青山学院大学图书馆管理员的建议。由 GHQ 发行的文书总览《GHQ 指令总集成——SCAPIN》也恰好是在 1994 年发行的。以前唯一的索引《日本管理法令研究》没有包罗所有的信息。这样反而省去了我们的烦劳。

但是，问题仍然堆积如山。实际上，CCS 发行的文书《GHQ 指令总集成——SCAPIN》并未止于已收录的范围。当然，GHQ 的指令等级分为几个阶段，我们的题目 CCS 经营者讲座本身，从整个 GHQ 来说仅属于细枝末节的水平，不能仅依赖于《GHQ 指令总集成——SCAPIN》。承担此项工作的岩佐先生曾多次去国立国会图书馆宪政资料馆查阅资料。要从缩微胶片化的古文书中找到目标文书，是一项非常耗精力的工作，多亏了图书管理员的热心帮助。

古文书通过微缩胶片化便能实现永久保存，人们往往对此深信不疑，但这就大错特错了。50年不到的时间里，微缩胶卷已经明显劣化，微缩化的资料正面临危机。

《GHQ指令总集成——SCAPIN》中收录了由GHQ统计资料局（SRS）制作的所有指令目录和事项索引的原文，以及日文翻译、解说。由此，指令（备忘）的索引编号＝SCAPIN（SCAP Index）编号、发出指令的年月日、各部门名称、指令内容的概要、已翻译内容的出处等都可一目了然，非常方便。SCAP（Supreme Commander for the Allied Powers）是驻日盟军最高统帅的略称。SCAPIN全部共2627件（包括分编号）。按照部门来看，ESS共663件，占全体的1/4，出人意料的是，CCS（366件）位居第二。

ESS之所以件数最多，是因为美军占领政策的首要目的就是解散有非公平竞争力的日本资本主义。占领下的CCS认为交流和信息管理极为重要，并将此解释为管理占领的必要条件，这与本书的趣旨是相统一的。但实际上各个部门的SCAPIN的精粗偏差仿佛是主要原因。CCS的文书有许多都是极其细致的。

最大的难关就是CCS讲座英文教材的发掘工作。在宪政资料馆搜寻资料，白白地浪费了几天时间，后来为谨慎起见又翻阅了一般图书，发现英文教材收藏于这部分图书中。这一发现正好是在图书馆年终休馆前的12月24日。

开始执笔时，我并没有记述关于教材变迁的文书，也不知有无双册版和合订版的变更。将二者比照对应，发现差异相当明显。另外，在英文教材中，也发现了日文版中被删除的部分及明显改变结构的部分。这些都已记录在本书适当的地方，以此缅怀辛苦工作的日文教材的翻译、编辑工作人员。

查找英文教材底本的工作虽然很难，但也是一项需要智慧的工作。在涉猎同一时代的经营书籍的过程中，逐渐锁定了对象。“第二章　组织”中的主要课题——经营层的三种分类，在今天看来也具有重要的启示意义，我想务必要确定其出处。霍顿等人的著作《高层管理》，无论从时间上还是从内容上都能推断出其确切的底本，但又拿不出实在的证据。本书所收录的由正三角形和倒三角形组合成的图，因没有包含在底本中，所以我放弃了。

某日，岩佐先生带着《质量管理》杂志的复印件来到与我碰头的地点。偶然发现其中有茅野健先生明确指明出处的言辞。事实上我也知道关于《质量管理》的连载报道，于是就一起去寻找。正好了解到戴明在东京大学的讲义记录存放在庆应义塾大学的数学研究室，而《质量管理》的过期杂志在工学系图书馆，于是就前往日吉校区。那天正好是庆应义塾进入寒假第一天的下午。

庆应义塾大学的信息中心对于外来人员，就像热带丛林一样。我们把数学研究室与数理学研究室弄错，又以为工学系的信息中心与日吉校区的信息中心是相同的，于是在来回奔波于两个偌大的校区期间，图书馆闭馆了，最终也没有看到《质量管理》的过期杂志。

那时，岩佐先生和我不约而同地在同一时间寻找着同一文件。我们都有工作，都是勉强挤出时间在做这项工作，在发掘文献方面，我们并没有在细节上有任何的协调，而是分开行动。

另外，好不容易找到的戴明博士的讲义记录，包括附录在内共61页，是一部题为《提炼的讲话》的小书，由于内容涉及统计学专业，所以在本书中并未涉猎。其实本书割爱的文献尚有很多。

寻觅K先生

最先找到的是加藤威夫先生。按照常规是去他任董事长的日本建铁公司咨询他的情况。虽然当时他已经隐退，但我期待着能问到他的联系方式。我从他接受勋章的文件中查到了他的履历，而从他的现居地收到传真是在11月中旬。于是我立即以其现居地“新宿区上落合”为关键词在电话簿中查询电话号码，但没有找到。

幸好公司发来的传真里有他家人的联系方式。三女儿美代子小姐的通信栏里写着“在三菱化成上班　嫁于浜田博”，于是向三菱化成咨询，很快就找到了她现居地的电话号码。美代子小姐依然健在，非常遗憾，加藤先生已经去世。但是，美代子小姐提出了许多宝贵的建议。

岩佐先生以同样的方式打听到了前田幸夫先生的消息，他不但健在、记忆清晰，而且还保存着讲座的听讲记录、听讲人的纪念照、毕业证书。他欣然答应借用给我们，能把这些收录于本书中真是喜出望外。

西川电波是 CCS 经营者讲座听讲人中的模范。该公司在之后变成什么样了呢？这当然是我要关心的事。但是，没有调查的线索。一次偶然的机会，我在书店中看了一本与索尼有关的书籍，发现了该公司的名字，十分震惊。书中写道，担任爱华顾问的吉田进先生于 1950 年左右在该公司工作。

我马上与吉田进先生取得联系，很快他于 12 月 15 日给我打电话，告知了我电话号码和住址。虽然我心里还在为几年前突然不再寄来贺年卡的事而忐忑不安，但不管怎样还是拨打了电话，结果没有人接。第二天，也就是 16 日的早晨，我又一次拨打了电话，接电话的人是一位毫不相干的男性。一问才知道，他是今年年初才办了这个电话号码。于是我向电话号码中心咨询："通过旧的电话号码可以查询到新住址吗？"回答是："我们不提供这样的服务。"

我又一次拨通了吉田顾问的电话，希望他能为我提供一些新的线索。吉田顾问是一个爽快的人，他答应我再努力找找，于是在 1 月 5 日他回复了我。这样，我才终于和西川先生取得了联系。

接下来，萨若松先生的消息也令人担忧。自 20 世纪 80 年代至 90 年代初期，我曾三次采访过他，但近些年没有他的消息。我们是从松下电器的松下正治会长那里得到了他在亚利桑那州的住址，最终收到了他的消息。本书中所收录的致辞，都是他直接传达的他本人的想法。

松下会长在 2 月初的采访中，强调了与萨若松先生的缘分。在企业的存在目的，以及与价格相关的基本想法上，都与该公司相一致，据说松下幸之助先生得知这些之后喜笑颜开。当时，松下先生一直把钢板印刷的教材常备案头，在一次介绍《福布斯》杂志的报道中获知了萨若松先生的消息，正好了解到他居住在本公司美国分部的销售店大会的会场附近，据说两人的久别重逢十分开心。

下面我要公开横河电机的横河正三名誉会长的一段逸事。

“我还很年轻，虽然已是科长，但我无论如何都想去听讲。于是就伪造了职务参加了课程班。因为我的动机是好的，所以得到了认可，就一起学习了。第一次见到萨若松，我就知道这个人不是敌人啦!”

CCS 经营者讲座的底本之一是《高层管理》。该书在日美都是经营书籍中的畅销书。我想与译者岸上英吉先生谈谈。从书的版权页上得知他在东京瓦斯工作，就立即拨打了该公司的电话。“他是不是已经隐退了……” 我以这样的开场白打听“キシガミエイキチ”（岸上英吉）先生的消息。接电话的男性立即在人事数据库中开始搜索，回答是“无此人”。

如果公司里都查不到的话，调查就束手无策了。就在我要放弃的时候，一直旁听的一位女性接过电话说:“您说的是キシノウエ（岸上）先生吧。”这样，我获知了先生的联系方式，而且知道了他“听力已经减退，但记忆力很好”。我有一种掉进数据库检索陷阱的感觉。

我想到用电话联系或许会让对方感到为难，于是就像往常一样，先给岸上先生写信，写了我要询问的问题。一周以后，当我正打算给他打电话的时候，恰巧收到了他的来信。来信中他解释道，当时翻译版的质量未必高，为了努力维持翻译水准，自己反复阅读志贺直哉和末弘源太郎的文章后才动笔的，那时感觉浑身紧张。采访岸上先生时，担任该书编辑的家边壮之助先生也在场，我才得以听闻出版时的重要信息。

最后，我采访唐津一先生是在 1998 年 12 月 21 日。他开口便说："CCS 讲座诞生的契机是我提交的月报表。"这令我大吃一惊。要点如本文收录所示。

不管怎么说，当时通信情况的恶劣现在都难以想象，东京和大阪之间通电话，平均每天只有 9 个小时。为了优先维持驻军使用的电话线路，CCS 命令把东京和大阪之间的所有接点都焊接起来。尽管如此，电话线路还是中断了，因为电子管的质量很差。不知道具体问题在哪里，但可以确定的是电子管的质量很差。据说这就是当时通信的实际情况，每月提交这样的报告，是 CCS 讲座诞生的契机。

另外，我还收到了录制 NBC 电视节目的录像带，得以直接聆听宝贵的谈话。

从采访到执笔，承蒙许多人的关照，在此应当写下诸位的姓名以表谢意，但由于篇幅所限，还请诸位谅解。本书是以半个世纪以前的"事件"为主题来写的，我们的思考始终是由现在面向未来的。这种思考与所有帮助我们的诸位是相同的，同时我也衷心希望能与各位读者共享。

1999 年 3 月

后藤俊夫

参考文献一覧

●序章

Nash, Laura L, Good Intentions Aside: A Manager's Guide to Resolving Ethical Problems, Harvard college, 1990（小林俊治・山口義昭訳『アメリカの企業論理—企業行動基準の再構築—』日本生産性本部。一九九二年）

「米国に学んだ品質管理、置き忘れた「経営の質」—今、何をなすべきか—」塩田宏之。一九九八年四月。国民経済研究協会・企業環境研究センター主催経験交流会議。

●第Ⅰ部第1章

倉野精三「通信機工業の危機と再編成」『国民経済』一九四九年七月号。国民経済研究協会

"A Proposal for a Management Training Course for the Communications Manufacturing Industry"（1949年7月27日付 CCS 内部文書・国立国会図書館所蔵）

"The Need for a Management Training Course for the Communications Manufacturing Industry"（1949年8月6日付 CCS 内部

文書・国立国会図書館所蔵）

“Summary of the Findings in a Survey of six Japanese Manufacturing Companies”（1949年6月13日付CCS内部文書・国立国会図書館所蔵）

『日本電気通信工業連合会報』一九四九年九月一日号～一九五一年三月一五日号

代元正成・村松一郎「集中生産と独占の発展」『国民経済』一九四九/一二。国民経済研究協会

「座談会：アメリカの科学的経営技術に学ぶ」『経営者』一九五〇年四月

ホーマー・M・サラソン「日本の製造工業を批判する」『経営者』一九五〇年四月

「ここにCCS講座の勝利」『日経連タイムス』一九五〇年六月二九日

井上文佐衛門「CCS講座に学ぶ：アメリカに於ける工業経営のプラクチス」『日本能率』一九五〇年七月

西川儀市「科学的経営を実施して」『経営者』一九五〇年九月

「ラジオ工業より観みたる日米生産技術の比較」『日本能率』一九五一年一・二月号

豊田博司「CCS教育を如何に実施したか」『経営者』一九五一年二月

H. M. SARASOHN, THE ROLE OF THE ENGINEER IN INDUSTRY『日本能率』一九五〇年七月

滝本浩「CCS 経営講座その後の発展：経営者再度の総出発点」『マネジメント』一九五二年一二月

「座談会：講和までの経営管理に終止符を打つ！—とくにCCS 経営講座とコントローラー・システムを中心として—」『マネジメント』一九五二年一二月

園原巌「非鉄金属鉱業界に進展するCCS 講座：経営の真髄に必然の動き」『マネジメント』一九五二年一二月

秋本恒雄「CCS 経営講座の実施を通して：中小企業発展への道」『マネジメント』一九五二年一二月

『C・C・S・経営講座　第1巻　トップマネージメントの方針と組織』ダイヤモンド社。一九五二年三月

『C・C・S・経営講座　第2巻　トップマネージメントの統制と運営』ダイヤモンド社。一九五二年九月

日本電気玉川事業部「変遷した品質管理組織」『品質管理』一九五二年一〇月号

「ワンマン社長改る」『日経連タイムス』一九五三年一〇月二九日

『科学的管理法二〇〇時間講座テキスト』中部産業連盟。一九五四年頃

「電気通信機械工業一〇年の歩み」『通信工業会報』通信機械工業会。一九五五年八月号

唐津一「組織・管理者・訓練」『通信工業会報』通信機械工業会。一九五七年五月号

『新版C・C・S・経営講座』ダイヤモンド社。一九五八

年一一月

『戦後の通信工業』日本電気通信工業連合会。一九五九年

『通信工業二〇年の歩み』通信機械工業会。一九六八年

編集委員会『日本電信電話公社二十五年史』電気通信協会。一九七七年

『電子工業30年史』電子機械工業会。一九七九年

「松下、井深氏らが学んだ40年前のGHQ講座—日本的経営のヒントに—」日本経済産業新聞一九八九年四月二四日

Wood, Robert Chapman, A Lesson Learned and a Lesson Forgotten, Forbes, February 6, 1989

Sarasohnインタビューのビデオテープ、1989、G. R. P. E. Video Recording Co.

霍見芳浩「日本的QCの隠された真実」プレジデント。一九八九年八月号

杉原四郎他編著『日本の経済思想四百年』日本経済評論社。一九九〇年

小林薫『海外企業の社是・社訓』生産性出版。一九九一年

『C・C・S経営講座』松下電器産業株式会社。一九九三年

竹前栄治『CHQ指令総集成①GHQ日本占領史序説』エムティ出版。一九九四年

「強くなれ製造業第1部□」日本経済産業新聞

竹前栄浩・中村隆英監修『GHQ 占領正史』日本図書センター。

一九九六年

E・H・ノーマン/加藤周一監修『日本占領の記録』人文書院。一九九七年

『日経連五十年史』日本経営者団体連盟。一九九八年

●第Ⅰ部第2章

Sarason, Holmer and Charles W. Protzman *CCS Management Course*, 1949

「西川電波株式会社　社長　西川儀市氏」『全ラヂオ産業界銘鑑』一九五二年

尾見半左右・豊田博司・山口襄『トップ・マネジメント』日本経済社。一九五二年

井上文左衛門他「忘れ得ぬCCSの人々」逓信外史刊行会編集『逓信史話』電気通信協会。一九六二年

Butman, John, JURAN: *A Lifetime of Influence*, John Wiley&Sons. Inc., 1997（石谷尚子訳『ジュラン一世界を舞台に品質を語りつづけた男一』トッパン。一九九八年）

近藤良夫『QC 百話一野外工学のすすめ』日本規格協会。一九九八年

●第Ⅱ部第1章

野田信夫『企業の近代的経営』ダイヤモンド社。一九五一年

経済同友会編『経営政策』ダイヤモンド社。一九四五年

『繁栄経済と経営ートップ・マネジメント視察団報告書ー』日本生産性本部。一九五六年

●第Ⅱ部第２章

Holden, Paul E. et al. *Top-management Organization and control, 1941*（岸上英吉訳『トップ・マネジメント』ダイヤモンド社。一九五一年）

古田栄一他『トップ・マネジメント講座①トップ・マネジメントの機能』ダイヤモンド社。一九六一年

高宮晋「日本の企業100社ー経営近代化の実態と問題点ー」『中央公論：経営問題特集』昭和三八年冬季号

Holden, Paul E., et al, *Top management: A Research Study of the Management Polices and Practices of Fifteen Leading Corporations*, McGraw-Hill, 1968（岸上英吉訳『現代のトップ・マネジメントー変貌する機能と役割』ダイヤモンド社。一九七〇年）

野中いずみ「日本の品質管理のOrigin SQCの導入(2)」『品質管理』一九九〇年三月号

●第Ⅱ部第３章

『ヒューマン・リレーションー・ヒューマン・リレーションー専門視察団報告書ー』日本生産性本部。一九五七年

『アメリカにおけるインダストリアル・リレーション労使関係と労務管理ー』日本生産性本部。一九五八

折井日向『労務管理20年』東洋経済新報社。一九七三年

野田信夫『近代的企業における人間問題：人事管理の中心課題として』ダイヤモンド社。一九五三年

●**第Ⅱ部第4章**

Kenichi Koyanagi (ed.), *Dr. W. E. Deming's lectures on Statistical Control of Quality*, Nippon Kagaku Gijutu Renmei, 1950 (『品質の統計的管理：W. E. Deming博士講義録』日科技連。一九五〇年)

小林宏治「品質管理はどれだけ効果があったか」『品質管理』一九五〇年四月号

「MR. H. M. Sarasohnにきく品質管理の諸問題」『品質管理』一九五〇年八月号

小柳賢一「常識の世界をかえりみる」『品質管理』一九五一年一月号

木暮正夫「Management ToolとしてのQuality Controlの発展」『品質管理』一九五一年四月号

Juran, J. M., *Quality Control Handbook*, 1951 (石川馨他監訳『品質管理ハンドブック』日本科学技術連盟。一九五四年)

『自動電話交換25年史』日本電信電話公社。一九五三年

「Juran 4会社・工場を行く」『品質管理』一九五四年八月号

石田保士・森口繁一「対談：有史以前の品質管理」『品質管理』一九五六年一二月号

「日本の品質管理の歩みを顧みて―」「品質管理」誌一〇〇号を記念して―」『品質管理』　一九五八年六月号

『アメリカの品質管理―品質管理専門視察団報告書一』(Productivity Report) 日本生産性本部。一九五九年

Shewhart, W. A., Statistical Method from the Viewpoint of Quality Control 1945（坂元平八監訳『品質管理の基礎概念―品質管理の観点からみた統計的方法―』岩波書店。一九六〇年）

『松下電器50年の歴史』松下電器産業（株)。一九六八年

小林宏治「解題」『ドラッカー全集5経営哲学編経営者の課題』ダイヤモンド社。一九七二年

森口繁一『品質管理（改版）』岩波書店。一九七九年

『日本電気ものがたり』一九八〇年。日本電気株式会社

『沖電気一〇〇年の歩み』沖電気（株）一九八一年

『続日本電気ものがたり』　日本電気株式会社　一九八一年

「三菱電機社史　創立60周年」三菱電機株式会社。一九八一年

ケネス・ホッパー「現代経営管理の思想の創造―CCSの偉大な貢献―」『産業訓練』一九八三年一〇月号

井上文左衛門「ホッパー氏の論文について」『産業訓練』

一九八三年一〇月号

塚越美樹「ホッパー氏の研究について」『産業訓練』一九八三年一〇月号

八巻直躬「CCS 講座を想う」『産業訓練』一九八三年一一月号

山口襄「ホッパー氏の論文を読んで」『産業訓練』一九八三年一一月号

塚越美樹「ホッパー氏論文の反響」『産業訓練』一九八三年一一月号

「サラソン氏を迎えて—日本の品質管理の将来—」『標準化と品質管理』一九八四年一〇月号

石川馨『日本的品質管理（増補版）』日科技連出版社。一九八四年

Hopper, Kenneth, Quality, Japan and the U. S.: the First chapter , Quality Progress, vol. 18, No. 9 (1985), p. 34

岡村総吾編　『電子管の歴史』オーム社。一九八七年

Walton, Mary, The Deming Management Method, Putman, 1986（石川馨監訳『ディング式経営：QC 経営の原点に何を学ぶか』プレジデント社。一九八七年）

米澤平次郎『自動交換こぼれ話』通信評論社。一九八八年

『岩崎通信機 50 年史』岩崎通信機（株）一九八九年

宇田川勝他『日本企業の品質管理一経営史的研究一』有斐閣。一九九五年

米田伸一、下川浩一、山崎広明『戦後日本経営史』東洋経済新報社。一九九〇年

原輝史編『科学的管理法の導入と展開』昭和堂、一九九〇年

「日本の品質管理のorigin『品質管理』vol. 41. No. 1-7. 一九九〇年

戦後日本経営研究会編著『戦後日本の企業経営』文真堂。一九九一年

近藤良夫『全社的品質管理—発展と背景—』日科技連出版社。一九九三年

Bowles, Jerry, W. Edwards Deming: The Man and the Legend, Quality Executive, January 1994

Gabor, Andrea, The Man Who Discoverer Quality, 1990 (鈴木主税訳『デミングで甦ったアメリカ企業』草思社。一九九四年)

『創立五十年史』日科技連。一九九七年

●第Ⅱ部第5章

古川栄一・高宮晋編『現代経営学基礎講座』有斐阁。一九五九年

古川栄一他監修『実践経営ハンドブック』中央経済社。一九六七年

三島康雄他『経営史』世界書院。一九六七年

西野嘉一郎『現代会計監査制度発展史』第一法規出版。一九八五年

『小池明　管理会計論文集』日本電気株式会社。一九九七年

●第Ⅱ部第7章

上野陽一「産業能率論」千倉書房。一九二九年

「本年は科学的経営管理から」『日経連タイムス』一九五〇年一月一日

「座談会：科学的経営を学ぶ：CCS経営者講座から」『日経連タイムス』一九五〇年一月一二日

石田保士「一九五六年度デミング賞を受賞して」『品質管理』一九五六年一二月号

「座談会：デミング賞実施賞受賞者は語る」『品質管理』一九五六年一二月号

日本経営学会『経営学論集第30集　経営計画の諸問題』同文館。一九五九年二月

坂本藤良『経営学史』ダイヤモンド社。一九五九年

藤田彰久『IEの基礎』好学社。一九六九年

『経済同友会30年史』経済同友会。一九七六年

壱岐晃才『証言戦後日本の経営革新』日本経済新聞社。一九八一年

『住友電工戦後技術史』住友電気工業株式会社。一九八七年

佐々木聡/野中いずみ「日本における科学的管理法の導入と展開」原輝史編『科学的管理法の導入と展開—その歴史と国際比較』昭和堂。一九九〇年

藤井光男・丸山恵也『現代日本経営史—日本的経営と企業社会—』ミネルヴァ書房。一九九一年

八巻直躬『IEとは何か—生産性と人間性の融合—』マネジメント社。一九九三年

高橋衛『科学的管理法と日本企業』お茶の水書房。一九九四年

宮本又郎他著『日本経営史—日本型企業経営の発展・江戸から平成へ—』有斐阁。一九九五年

安江良介『「日本的」経営の連続と断絶』岩波書店。一九九五年

●第Ⅲ部第1章

日経連『産業労働現勢報告』昭和二四年上期~二九年下期半年報

小山田英一他『経営人材形成史』中央経済社。一九九七年

野田一夫編集責任『戦後日本経営史』日本生産性本部。一九六五年

野田一夫編集責任『現代経営史』日本生産性本部。一九六九年

『産業訓練百年史』日本産業訓練協会。一九七一年

『日本能率協会コンサルティング技術40年』日本能率協会。一九八二年

NHK取材班『日本解剖2経済大国の源泉：QC運動・なぜ日本で成功したか』日本放送出版協会。一九八七年

野田信夫『日本近代経営史　その史の分析』産業能率大学出版部。一九八八年

●第Ⅲ部第２章

横沢利昌編『顧客価値経営』生産性出版。一九九八年

後藤俊夫「オンリーワン事業と産業再活性」『労働と経済』東京都商工労働局。一九九八年

●第Ⅲ部第３章

座談会：科学的経営管理を学ぶ—CCS講座から（上）」『日経連タイムス』一九五〇年一月一二日

Barnard, Chester I., The Functions of Executives, 1938 (山本安次郎他訳『新訳　経営者の役割』一九六八年。ダイヤモンド社)

Acelrod Robert The Evolution of Cooperation, (松田裕之訳『つきあい方の科学：バクテリアから国際関係まで』CBS出版。—九八四年

●第Ⅲ部第６章

「大企業の背徳と倫理」『中央公論：経営問題』昭和三八年春季号

国領二郎『オープン・ネットワークの経営：企業戦略の新潮流』日本経済新聞社。一九九五年

Barker, Joel Arthur, Paradigms: The Business of Discovering the Future, (仁平和夫訳『パラダイムの魔力』一九九二、日経BP出版センター（1995）

●終章

「サラソン氏を迎えて一日本の品質管理の将来一」『標準化と品質管理』一九八四年一〇月号

定价：28.00 元

定价：36.00 元

定价：30.00 元

定价：32.00 元

定价：32.00 元

定价：32.00 元

定价：38.00 元

定价：26.00 元

定价：36.00 元

定价：22.00 元

定价：32. 00 元

定价：36. 00 元

定价：36. 00 元

定价：36. 00 元

定价：38. 00 元

定价：28. 00 元

定价：38. 00 元

定价：36. 00 元

定价：38. 00 元

定价：36. 00 元

定价：36.00元

定价：46.00元

定价：38.00元

定价：42.00元

定价：49.80元

定价：38.00元

定价：38.00元

定价：38.00元

定价：45.00元

定价：52.00元

定价：42.00 元

定价：42.00 元

定价：48.00 元

定价：58.00 元

定价：48.00 元

定价：58.00 元